Theodor Karst/Renate Overbeck/Reinbert Tabbert
Kindheit in der modernen Literatur

Scriptor Taschenbücher S 92
Literatur + Sprache + Didaktik

Herausgegeben von:
Barbara Kochan · Detlef C. Kochan · Harro Müller-Michaels

Theodor Karst/Renate Overbeck/Reinbert Tabbert

Kindheit in der modernen Literatur

Interpretations- und Unterrichtsmodelle
zur deutsch-, englisch- und französischsprachigen Prosa

Scriptor Verlag Kronberg/Ts. 1976

Für Emily, Matthias, Sabine, Urs und Ute

© Scriptor Verlag GmbH & Co KG
Wissenschaftliche Veröffentlichungen
Kronberg/Ts. 1976
Alle Rechte vorbehalten
Umschlagentwurf Helmuth Krieg
Satzarbeiten computersatz bonn gmbh, Bonn
Druck- und Bindearbeiten Friedrich Pustet, Regensburg
Printed in Germany
ISBN 3-589-20382-X

Inhaltsverzeichnis

1. Einführung

Kindheit in der modernen Literatur — das ist eine umfassende und doch auch wieder begrenzte Thematik; sie zum Inhalt eines Studienbuches zu machen, bedarf der Begründung, der Erläuterung.

Das Themenelement *Kindheit* gehört wissenschaftstheoretisch in die Bereiche der Anthropologie, der Psychologie, der Soziologie, der Pädagogik und verwandter Gebiete. Im Blick auf die Absicht dieses Buches, literarischen Gestaltungsweisen von Kindheit nachzugehen, ist mit Bedacht nicht die Formulierung Kind gewählt worden. Zwar stehen einzelne oder auch mehrere Kinder im Mittelpunkt der ausgewählten Texte; mit dem umfassenderen Begriff Kindheit soll jedoch das Erkenntnisinteresse auf die Gesamtheit und Komplexität von deren Lebens- und Entwicklungsbedingungen, auf das Ensemble der Sozialisationsfaktoren gelenkt werden.

Den Lebensabschnitt Kindheit an sich zu untersuchen, zu beschreiben, zu definieren, gehört zu den Aufgaben der genannten Wissenschaften mit ihrer jeweils besonderen Sehweise. Dabei ist zu beachten, daß das Bild von Kindheit, das sich nach dem gegenwärtigen Stand der Forschungen gewinnen läßt, keineswegs als unveränderlich zu betrachten ist. Kindheit und die Vorstellung, die man sich von ihr macht, sind dem geschichtlichen Wandel unterworfen, auch wenn dies im begrenzten Zeitraum der eigenen Erfahrung nicht auf den ersten Blick deutlich wird. Wirtschaftliche Bedingungen, gesellschaftliche Strukturen, die Stellung der Familie, unterschiedliche Auffassungen vom Menschen, seiner Bestimmung und Erziehung sind einige der Faktoren, die auch die Kindheit zu einer geschichtlich veränderlichen Erscheinung machen. Auf der Grundlage biologischer Tatbestände zwar, aber doch abhängig vom jeweiligen geschichtlich-gesellschaftlichen Zusammenhang, wird Kindheit im Laufe der Zeit verschieden gesehen. Für den abendländischen Kulturbereich läßt sich feststellen, daß sich Kindheit, d. h. die Zeit von der Geburt bis zur Reifezeit, als eigenwertiger Lebensabschnitt überhaupt erst im Laufe der Neuzeit herausbildet[1]. Theoretisch definiert und begründet wurde diese Entwicklung in der Pädagogik des 18. Jahrhunderts (J. J. Rousseau). Verstärkte Geltung erlangt die Auffassung vom Eigenwert der Kindheit seit dem Ende des 19. Jahrhunderts, nicht ohne Einfluß der psychologischen und insbesondere psychoanalytischen Forschungsergebnisse und des naturwissenschaftlich bestimmten Entwicklungsgedankens (Darwin). Im 20. Jahrhundert wird der Welt des Kindes geradezu eine psychische Autonomie zugebilligt (Ellen Key: Das Jahrhundert des Kindes. 1899). Über die wirkliche Qualität der

Lebens- und Entwicklungsbedingungen des Kindes in einer hochtechnisierten und arbeitsteiligen Zivilisation ist damit jedoch noch nichts gesagt.

Diese knappen Andeutungen zur Geschichte der Kindheit verweisen auf die zeitliche Eingrenzung der Aufgabenstellung dieses Buches. Die Beschränkung auf die *moderne Literatur* erfolgt nicht nur, weil angesichts des umfassenden Themas Kindheit Beschränkung überhaupt nötig ist oder weil das Neuere, uns zeitlich Näherstehende interessanter erscheint, sie hat auch ihren sachlogischen Sinn. Von einzelnen Vorläufern abgesehen (Karl Philipp Moritz: Anton Reiser. 1785–1790), ist Kindheit, zumindest in der deutschen Literatur, bis ins späte 19. Jahrhundert kaum zentraler Gegenstand literarischer Darstellungen[2]. Natürlich spielen, von der Antike an, Kinder in der Literatur schon immer eine Rolle. Ihre Bedeutung jedoch gewinnen sie in Bezug auf das Erwachsenenleben. So kann z. B. die Eigenart eines Helden durch eingeschobene Episoden aus seiner Kindheit unterstrichen werden; in den Entwicklungs- und Erziehungsromanen des 17. bis 19. Jahrhunderts sind Kindheit und Jugend nur als Durchlaufphasen zum gereiften Erwachsenen interessant. Aber erst gegen Ende des 19. Jahrhunderts (Conrad Ferdinand Meyer: Leiden eines Knaben. 1883) wird das Kind aus sich heraus, aus seiner Perspektive literarisch zu erfassen gesucht. In der Literatur des 20. Jahrhunderts dann erlangen Kindheitsthemen eine zeitweise sogar überwuchernde Bedeutung.

Kindheit in der modernen Literatur — das bedeutet also im Erkenntnisinteresse dieses Buches Texte aus der Literatur der zurückliegenden 80 bis 100 Jahre, in denen Kinder im Mittelpunkt der Darstellung stehen und möglichst aus ihrer eigenen Lebensproblematik und -perspektive heraus gestaltet werden.

Die bisherigen, auf das Thema und den Zeitraum bezogenen Erläuterungen sind durch die im Untertitel des Buches gegebenen Gesichtspunkte zu ergänzen. Der Umfang der in Betracht zu ziehenden Literatur wird durch drei Sprachbereiche näher bestimmt. Dies bedeutet zunächst wiederum eine Beschränkung; denn um zu einer umfassenden Vorstellung vom Bild des Kindes in der modernen Literatur allein des europäischen Kulturraumes zu gelangen, müßte man möglichst viele, idealerweise alle in Frage kommenden Nationalliteraturen befragen. Indem aber Kindheitsdarstellungen aus wenigstens drei Sprachgebieten — dem *deutschen, englischen* und *französischen* — vorgestellt werden, ergibt sich doch ansatzweise die Möglichkeit, muttersprachlich begrenzte Literaturrezeption auszuweiten.

Nicht in der Absicht dieses Buches liegt es, im Sinne einer vergleichenden Literaturbetrachtung charakteristische nationale Unterschiede hinsichtlich der Kindheitsdarstellungen herauszuarbeiten. Schon vorliegende Versuche dieser Art lassen - durch die Fragwürdigkeit ihrer Ergebnisse - bewußt werden, daß hierfür eine umfassende Sichtung von Texten erforderlich wäre, wie sie im Rahmen eines Studienbuchs nicht geleistet werden kann.

Den deutschsprachigen Texten englisch- und französischsprachige an die Seite zu stellen, liegt aus praktischen Gründen nahe; Englisch und Französisch sind die an deutschen Schulen und Hochschulen vorwiegend gelehrten Fremdsprachen, so daß die Anregungen, die dieses Buch geben will, nicht nur dem Unterricht und Studium des Faches Deutsch gelten. Zwar liegen alle gewählten Fremdsprachentexte in deutscher Übersetzung vor, sie können aber auch im Original gelesen werden. Die Beschränkung auf die drei Sprachen bedeutet jedoch nicht, daß die Texte nur aus drei Nationalliteraturen im engeren Sinne stammen. Am größten ist der geographische Spielraum im englischsprachigen Bereich: Nordamerika (Mark Twain; 1876), Neuseeland (Katherine Mansfield; 1921/23) und Irland (Sean O'Casey; 1939). Die französischen Texte gehören zur Literatur Frankreichs im nationalliterarischen Sinn (Jules Renard; 1894.Raymond Queneau; 1959. Jean-Paul Sartre; 1964). Die deutschen Texte weisen wieder über staatlich-politische Grenzen hinaus (Hermann Hesse; 1903/04. Franz Kafka; 1919 . Marie Luise Kaschnitz; 1960). Die hier genannten Jahreszahlen, die die Entstehungs- bzw. Erscheinungsdaten der Werke angeben, belegen noch einmal die Zeitspanne, aus der die Texte stammen; selbstverständlich können im Rahmen dieses Bandes Gesichtspunkte einer kontinuierlichen Dokumentation unserer Thematik für die Auswahl der Texte keine oder so gut wie keine Rolle spielen.

Die *Textauswahl* ergibt sich aus folgenden Überlegungen. In der Gattung des Dramas finden sich kaum Gestaltungen der Kindheitsthematik[3]. In der Lyrik spielen zwar Kind und Kindsein eine große Rolle, insbesondere in erinnerndem Erfassen kindlichen Wesens. Aber zur Darstellung von Kindheit im Sinne komplexer Sozialisationsprozesse, um die es in diesem Buch gehen soll, eignen sich offenbar lyrische Formen kaum besser als dramatische. Die größte Affinität zur Kindheitsthematik scheint unter den klassischen Gattungen die Epik zu haben; darauf läßt schon die große Zahl erzählender Texte zu dieser Thematik schließen. Das vorliegende Buch beschränkt sich deshalb auch auf Beispiele der Erzählliteratur. Inwiefern sich für die Darstellung der Entwicklung des Kindes, seines Milieus und seiner Probleme aus der ihm eigenen Perspektive epische Mittel besonders anbieten, wird sich bei der Analyse der Textbeispiele zu erweisen haben.

Die Zuordnung der ausgewählten Texte zur Gattung erzählender Prosa muß noch weiter eingeschränkt werden. So bleibt die Trivialliteratur außer Betracht; auch Werke der Kinder- und Jugendliteratur, in denen häufig Kinder im Mittelpunkt stehen und die man deshalb hier erwarten könnte, werden nicht herangezogen. Die Auswahl konzentriert sich auf Beispiele aus der Dichtung, also aus der Literatur im engeren Sinne, die nicht von vornherein mit einer bestimmten Gebrauchsabsicht entsteht. Außer in der Thematik sollten die Texte auch in einem hohen Kunstanspruch der Sprache und der Gestaltung vergleichbar sein. Die Texte von Mark Twain und Jules Renard sind, von den Autoren nicht beabsichtigt, auch Bestandteile der Kinder- und Jugendliteratur geworden.

Literatur, Dichtung, Kunstprosa also — innerhalb dieser Eingrenzung werden die ausgewählten Texte in *drei Textsorten* gruppiert: Kurze Prosa, Roman, Autobiographie.

In der Gruppe *Kurze Prosa* werden Geschichten vorgestellt (Mansfield, Kaschnitz, Renard), die nicht in den erzählten Ereignissen, wohl aber dem psychologisch-thematischen Gehalt nach einander ähnlich sind, so daß deutlich werden mag, daß es über nationalliterarische Grenzen und verschiedene Zeiten hinweg Übereinstimmungen in der Kindheitsdarstellung gibt. In der Kurzprosa lassen sich prägnante, besonders charakteristische, für die weitere Entwicklung wichtige Ereignisse, Schlüsselerlebnisse der Kinderzeit besonders gut darstellen. Dies gilt insbesondere für die Kurzgeschichte im literaturwissenschaftlich eng gefaßten Sinne (Mansfield, Kaschnitz) als Momentaufnahme eines einschneidenden Ereignisses. Wird in dieser Textgruppe Kindheit punktuell beleuchtet, so bietet sich der Roman für die Darstellung längerer Zeitabschnitte, und das heißt zumeist Entwicklungen, an.

Die Textgruppe *Roman* beginnt mit einer realistischen, lebensnahen, auf Anklage gerichteten Darstellung (Hesse). In Twains Buch wird der realistische Ansatz — mit einem Schuß „heile Welt" — ins Artifizielle gesteigert. Bei Queneau schließlich finden sich zwar Elemente der Wirklichkeit, diese sind aber in eine Kunst-Konstruktion, in eine literarische Eigenwelt eingegangen. Aus diesen Kurzcharakteristiken, die bei den einzelnen Analysen zu entfalten sind, ergibt sich ein Spektrum romanhafter Kindheitsdarstellungen, das vom Realistischen zum Artifiziellen, literarisch Konstruierten reicht. Bei Hesse tritt die Verwandtschaft zum Entwicklungsroman des 19. Jahrhunderts hervor, beschränkt jedoch und konzentriert auf die Kindheit, mit deren Ende auch der Roman endet.

Bei der *Autobiographie* stellt sich die Frage, ob sie überhaupt der Dichtung zuzurechnen ist. Dies wird davon abhängen, in welchem Maße sie über die chronologische Wirklichkeitswiedergabe hinausgeht, als gestaltetes Modell für Allgemeineres gelten will und kann. Keine Zweifel lassen die Autobiographien über die große, prägende Bedeutung der Kinder- und Jugendzeit. Sartre gestaltet seine Kindheit als Modell seiner Philosophie. Die politische Situation Irlands mit ihren religiösen und sozialen Spannungen konzentriert sich in der Kindheit O'Caseys. Kafkas Interesse an seiner Kindheit scheint rein individuell begründet zu sein, aus der Selbstanalyse seiner Erziehung aber entwickelt sich ein psychologisch-pädagogisches Negativ-Modell. So zeigt sich, daß die Autobiographie durch die Akzentuierung einzelner Wirklichkeitselemente literarisiert werden kann; dabei weist die Darstellung von Kindheit über sich hinaus, wird in unterschiedlicher Intensität Verweis auf Überindividuelles, erhält Kunstcharakter, ohne die Funktion, persönlich erlebte Wirklichkeit wiederzugeben, zu verlieren.

Kurze Prosa, Roman, Autobiographie, vorgestellt jeweils mit einem Text der deutsch-, englisch- und französischsprachigen Literatur — das ergibt neun *Interpretationsmodelle,* in denen die Stichpunkte der Einführung konkretisiert und ausgeführt werden. In der Vielfalt der thematischen Aspekte und der sprachlich-künstlerischen Darstellungsmöglichkeiten könnte sich der besondere Reiz literarischer Kindheitsdarstellungen entfalten.

So sei hier nur beispielhaft auf einen Vergleichsaspekt der neun Texte hingewiesen, auf die Geschlechtsverteilung bei den Hauptfiguren und den Autoren. Bei den ausgewählten Autobiographien schreiben ausschließlich Männer über sich. Auch die Romane haben männliche Verfasser, doch steht bei Queneau ein Mädchen im Mittelpunkt. In der Gruppe der kurzen Prosatexte sind zwei Autorinnen vertreten, von denen allerdings nur eine (Mansfield) weibliche Hauptfiguren darstellt, während die andere (Kaschnitz) — im Bereich der Kinderdarstellungen nicht untypisch — als Autorin die Geschichte eines Jungen erzählt. Dieses sich aus der Auswahl der neun nicht unter dem genannten Aspekt ausgewählten Texte ergebende Bild kann nicht beanspruchen, repräsentativ zu sein, aber es dürfte die Verteilung von männlichen und weiblichen Autoren und Hauptfiguren bei Kindheitsdarstellungen der Tendenz nach richtig anzeigen.

Literatur braucht *Leser,* soll sie nicht als bedrucktes Papier in den Regalen der Buchläden und Bibliotheken verstauben. In der Sprache der Kommunikationstheorie ausgedrückt: Der Text ist der Kanal, über den der Autor/Sender dem Leser/Empfänger Mitteilungen macht. Zwar kann ein Autor schreiben, ohne an Leser zu denken, z. B. aus einem inneren Zwang, um sich zu befreien, um sich Erlebtes, Bedrückendes von der Seele zu schreiben, oder er produziert Texte als Ergebnis eines mehr spielerischen Umgangs mit Sprache. Lebendig wird Literatur jedoch erst — von ihrer Bedeutung für den Autor abgesehen —, wenn sie vom Leser aufgenommen wird, Zustimmung findet, zum Widerspruch reizt, Vergnügen oder Ärgernis bereitet, zum Nachdenken anregt, zur Auseinandersetzung herausfordert.

Diese knappen Hinweise auf den, wie man heute sagt, kommunikativen Prozeß der Textrezeption gelten selbstverständlich auch für literarische Kindheitsdarstellungen. Vom Thema her brauchen solche Texte kaum zu fürchten, kein Interesse zu finden. Da die Menschen dazu neigen, besonders gern davon zu hören und zu lesen, was sie selbst gesehen, erfahren und erlebt haben, und da jeder, ausnahmslos jeder Erwachsene einmal Kind war, finden Kindheitsdarstellungen in der Regel interessierte Leser, die sich durch die dargestellte Kindheit zum Vergleich mit ihrer eigenen Kinderzeit angeregt oder herausgefordert fühlen. Eine wichtige Aufgabe der folgenden Interpretationsmodelle ist jedoch, das zunächst auf den Stoff konzentrierte Interesse auch auf die Darstellungsweise zu lenken. Sprachliche Kunstwerke — ästhetisch kodifizierte Texte — mit einer speziellen Thematik sollen mit literaturwissenschaftlichen Mitteln erschlossen werden.

Dieser Zielsetzung kann man eine im weitesten Sinne *pädagogische Bedeutung* zuschreiben: Literaturwissenschaft erklärt, verdeutlicht, deutet. Mit der Thematik Kindheit treffen sich unsere Textbeispiele auf der Ebene des Stoffes mit dem pädagogischen Aufgabenfeld in einem engeren Sinn: Es geht um Kinder, ihre Erlebensweise, ihre Probleme, Entwicklung, Erziehung. In dieser Blickrichtung kann literarisch dargestellte Kindheit mit dem besonderen Interesse aller Erwachsenen rechnen, die mit dem Kind zu tun, die in seiner Sozialisation eine wie immer geartete Rolle spielen: Eltern, Kindergärtnerinnen, Lehrer, Erzieher, Jugendleiter und solche, die es werden wollen. Natürlich läßt sich über das Kind, setzt man den persönlichen Umgang als selbstverständlich voraus, durch das Studium der eingangs genannten einschlägigen Wissenschaften viel in Erfahrung bringen; eine eigene, die vielen Teilaspekte umfassende Wissenschaft vom Kind gibt es jedoch (noch) nicht. In dieser Situation läßt sich fragen, ob nicht die Dichtung und die sie vermittelnde Literaturwissenschaft auch einen begrenzten, jedoch spezifischen Beitrag zur Erkenntnis der Kindheit leisten kann. Gerade dadurch, daß in der Literatur individueller Stoff der Wirklichkeit, der an sich als Fallstudie von Interesse sein kann, überindividuelle Gestaltung erfährt, der dann, wieder auf die Realitätsgrundlage bezogen, typische, repräsentative Bedeutung zukommt, gewinnen literarische Kindheitsdarstellungen ihren Wert auch im Sinne pädagogischer Modellstudien. Läßt sich Literatur, bei aller Einseitigkeit und Subjektivität und in voller Anerkennung ihres Kunstcharakters, doch auch als verdichtete Wirklichkeit bezeichnen, so kann ihr Studium entsprechend intensivierte Einsichten in Realitätszusammenhänge erbringen.

Aus diesen Überlegungen ergeben sich auch allgemeinpädagogische und speziell *literaturpädagogische Begründungen* für die Besprechung von literarischen Kindheitsdarstellungen mit jungen Menschen, ob in der Schule, in Jugendgruppen oder wo immer sich eine Gelegenheit ergibt oder planen läßt.

Der Beitrag, den der Literaturunterricht auf diese Weise zur Ausbildung eines psychologisch-pädagogischen Problembewußtseins und Grundverständnisses leisten kann, läßt sich unter zwei Aspekten zusammenfassen: 1) Geht man davon aus, daß Fragen der eigenen Sozialisation, der eigenen Erziehung im vorpubertären Alter, besonders aber während der Pubertät selbst verstärkt ins Bewußtsein treten und selbstverständlich auch danach noch im Problemhorizont junger Menschen bleiben, so bietet sich dieser Sachverhalt an, Kindheitsgeschichten als Modellsituationen zu analysieren und ihre Problemaspekte zu diskutieren. Der Vergleich der literarischen Kindheit mit dem eigenen Leben kann dazu beitragen, die bisherige Entwicklung bewußter zu überblicken, über deren Bedingungen und Voraussetzungen wie über Zielsetzungen für die Zukunft nachzudenken und den Prozeß des Übergangs von der Fremd- zur Selbsterziehung durch die gewonnenen Kenntnisse über Kindheit positiv zu gestalten. 2) Galt der erste Gesichtspunkt der Frage, was junge Menschen, die die Kinderzeit gerade verlassen oder schon hinter sich haben, für sich selbst gewinnen, wenn sie dem Phänomen Kindheit in literarischer Ausprägung begegnen, so ist der zweite Aspekt auf die spätere Eltern- und Erzieherrolle jugendlicher Leser solcher Texte gerichtet. Hier darf erwartet werden, daß durch das Studium von Modell-Kindheiten eine verantwortliche und reflektierte Erziehungshaltung mit vorbereitet wird, eine Bereitschaft zumindest, die Komplexität der Sozialisation in der Kindheit zu erkennen und dabei eine gute Rolle zu spielen.

Die beiden für die Besprechung von Kindheitsdarstellungen in der Schule ins Feld geführten Begründungen sind durch ihre pädagogischen Inhalte notwendigerweise stark stofforientiert. Die Bedeutung, die dabei dem Literarischen der Kindheitsgeschichten zukommt, ergibt sich aus dem schon erwähnten Modellcharakter, der eben durch die Überführung des Stoffes in Kunstgebilde entsteht. Hier greifen literaturwissenschaftliche Interpretationen und pädagogische Absicht ineinander.

Im Aufbau des Buches folgen den Interpretations- die Unterrichtsmodelle, die in die Praxis des Umgangs mit literarisch dargestellter Kindheit führen sollen. Im Schlußteil werden — ohne jeden Anspruch auf Vollständigkeit — einige Untersuchungen und Darstellungen besprochen, die einen Einblick in die bisherige Forschung zur Thematik dieses Studienbuches vermitteln wollen.

Die bibliographischen Nachweise finden sich jeweils in den Anmerkungen zu den einzelnen Abschnitten. Eine umfassendere Bibliographie zur Kindheitsthematik in der Literatur ist für den Folgeband vorgesehen, der weitere Materialien zum Thema für Studium und Unterricht bereitstellen soll.

Anmerkungen

1 Vgl. die Gesamtdarstellung Philippe Ariès: Geschichte der Kindheit. Mit einem Vorwort von Hartmut von Hentig. München: Hanser 1975 (französ. Originalausgabe 1960).
2 Vgl. dazu die in den Literaturberichten unter 4. genannten Darstellungen und Untersuchungen.
3 In Gerhard Hauptmanns „Hanneles Himmelfahrt" steht die visionäre Phantasie eines sterbenden Kindes im Mittelpunkt. — Frank Wedekind nennt sein Stück „Frühlingserwachen" zwar „eine Kindertragödie", doch handelt es sich hier vielmehr um die Probleme pubertierender Jugendlicher.

2. Interpretationsmodelle

2.0 Interpretationsraster

Wer die Darstellung von Kindheit in einzelnen Kurzgeschichten, Romanen oder Autobiographien untersuchen möchte, kann sich üblicher Interpretationsmethoden und -techniken bedienen. Spezifiziert wird das Vorgehen allerdings durch die Orientierung an einer bestimmten Thematik. Einige Gesichtspunkte und Kategorien, die für die Erschließung einer literarischen Kindheitsdarstellung von Nutzen sein können, sollen im folgenden angeführt werden, wobei zunächst auf den Erkenntnisvorgang Bezug genommen wird und dann auf die Frage nach der Darstellung der gewonnenen Erkenntnisse. Diese Unterscheidung ist daran orientiert, wie schriftliche Interpretationen üblicherweise zustandekommen; sie ist nicht grundsätzlicher Art.

1. Erschließung eines Textes

Die Kindheitsthematik ist jedermann in einem solchen Maße aus der eigenen Lebenserfahrung vertraut — ganz zu schweigen von denen, die ein besonderes berufliches Interesse daran haben —, daß sie wohl auch in literarischer Präsentierung immer erst mit Kategorien der Realitätserschließung angegangen wird. In literaturwissenschaftlicher Terminologie heißt dies, daß sich die Betrachtung zunächst *Elementen des Stoffes*[1] zuwendet. In der Tat wird jede Kindheitsdarstellung durch ein bestimmtes Inventar solcher Elemente charakterisiert, wobei einige zwar immer wieder auftauchen, aber in sich wandelnder Erscheinungsform. Das Kind, das im Mittelpunkt einer Erzählung steht, kann in Beziehung gesetzt sein zu Eltern und Geschwistern, Nachbarn, Verwandten und Gleichaltrigen, Tieren und Gegenständen, Schule und Kirche, Phantasiegebilden, Träumen und Tod, Politik und Religion. Diese Liste ist beliebig erweiterbar. Es ist eine grundlegende Voraussetzung für die Gesamtinterpretation, daß solche relativ klar faßbaren Phänomene registriert werden. Ob etwa die Rolle des Vaters von einem Großvater übernommen wird (Sartre: Die Wörter), ist von erheblicher Bedeutung, und wenn Phantasiegebilde für ein Kind wichtiger sind als gleichaltrige Spielgefährten (Kaschnitz: Popp und Mingel), so wird dadurch eine ganz spezifische Lebenssituation signalisiert.

Phänomene wie die genannten treten nicht isoliert auf, sondern in übergreifenden *Zusammenhängen*. Ein Text kann sich auf die Ödipussituation konzentrieren oder auf das Erleben der Natur oder auf Sozialisationsvorgänge (etwa den Umgang mit Geld) oder auf Kompensationserscheinungen (etwa Tagträume als Folge repressiver Erziehung). Die genannten Einzelphänomene mögen für jeden, auch den flüchtig Lesenden, erkennbar sein, das Wahrnehmen solcher und ähnlicher Zusammenhänge setzt dagegen eine eingehende Beschäftigung mit dem Text voraus.

Bewußt oder unbewußt werden die Zusammenhänge jeweils unter bestimmten *Aspekten* gesehen. Wer mit Pädagogik, Psychologie oder Soziologie des Kindes vertraut ist, bringt Betrachtungsweisen von diesen Wissenschaftsbereichen her mit. Das kann hilfreich sein. Andererseits kann ein solches Vorwissen auch Erkenntnis verhindern, wenn es nämlich dazu dient, Zusammenhänge lediglich zu rubrizieren, statt im einzelnen aufzuschlüssen. Daß eine Kurzgeschichte etwa die Ödipussituation thematisiert, ist als Interpretationsergebnis nur interessant, wenn auch die Modifikationen in Thema und Darstellung herausgearbeitet werden. Jedem Interpreten bleibt es natürlich unbenommen, aufgrund spezifischer Interessen, etwa psychoanalytischer oder soziologischer, entsprechende Gesichtspunkte bei der Interpretation in den Vordergrund zu rücken. Von der Akzentuierung der Thematik in einem Text her freilich haben nicht alle Gesichtspunkte die gleiche interpretatorische Relevanz. Eine Geschichte von Frank O'Connor mit dem Titel „Mein Ödipuskomplex" läßt erwarten, daß ihrer inhaltlichen Aussage von der Psychoanalyse her besser beizukommen ist als von der Soziologie.

Bisher war ausschließlich vom Stoff literarischer Kindheitsdarstellungen die Rede, von seinen Elementen, Zusammenhängen und wissenschaftsspezifischen Aspekten. Der Stoff wird aber in jedem Werk durch ein Ensemble *künstlerischer Mittel* strukturiert. Wegen der engen Realitätsgebundenheit gerade der Kindheitsthematik kann dies allzu leicht vergessen werden. Der ältere Begriff Form wurde gelegentlich so mißverstanden, als handle es sich dabei um ein, womöglich auswechselbares, Behältnis, in dem der allein wichtige Stoff transportiert werde. Der heute bevorzugte Begriff Struktur macht eher deutlich, daß es hier um etwas dem Stoff Inhärentes geht. Wenn in einer Autobiographie die Leiden eines Kindes unter gesellschaftlichen Autoritäten dargestellt werden (O'Casey: Ich klopfe an), so erscheint hier Stoffliches in einer Strukturierung, die etwa für den Aufbau des Werkes mitbestimmend ist. Andererseits — und das ist in Anbetracht der thematischen Orientierung dieser Arbeit noch wichtiger — hat auch Strukturelles, nicht allein Stoffliches, einen Aussagewert. Daß die eben genannte Autobiographie in der dritten, nicht wie üblich in der ersten Person verfaßt wurde, ist für die Gesamtaussage des Werkes entscheidender als manche Einzelepisode.

Für literarische Kindheitsdarstellungen relevante Elemente der Struktur können hier ebensowenig vollständig aufgezählt werden wie solche des Stoffes. Aber einige besonders stark aussagebestimmende seien genannt. Da wir uns auf erzählende Prosa beschränken, sei mit der *Erzählsituation* begonnen.[2] Ganz entscheidend für das Bild einer Kindheit ist es, ob sie dargestellt wird vom ‚olympischen' Standpunkt eines allwissenden Erzählers (auktoriale Erzählung), aus der Ichperspektive einer Haupt- oder Randfigur (Ich-Erzählung) oder in der dritten Person, aber eingeschränkt auf das Bewußtsein eines Beteiligten (personale Erzählung). Die affektive Einstellung des Lesers zur dargestellten Thematik (etwa Parteinahme für das Kind, aus dessen Sicht erzählt wird, gegen eine Gruppe von Erwachsenen) wird durch dieses grundlegende Strukturphänomen geradezu reguliert. Verstärkend kann dabei der *Ton* wirken: Humor, Ironie, Melodramatik, Enthusiasmus und dergleichen.[3] Mit dem Wechsel von *Bericht* und *szenischer Darstellung*[4] erscheint das Erzählte einmal summarisch gerafft und dann wieder — ungleich eindringlicher — in konkreter Anschaulichkeit. Ein anderer Akzent wird dadurch gesetzt, daß die Phasen der *erzählten Zeit* (etwa die dargestellten Jahre einer Kindheit) in sehr unterschiedlicher Länge die *Erzählzeit* (die Zeitspanne, die das Erzählen oder Lesen eines Textes beansprucht) ausfüllen.[5] *Vor- und Rückverweise* können einen chronologischen Erzählfluß durchbrechen und besondere Eindrücke oder Motive hervorheben. Die gesamte Erzählung weist schließlich eine *Gliederung* auf, sei es nach erzähltechnischen (Beispiel: Rahmenerzählung), zeitlichen oder irgendwelchen thematischen Gesichtspunkten. Wenn diese Gesamtstruktur, die sich der Erzählzeit folgend abzeichnet, gleichsam dynamisch ist, so gibt es auch eine Art statische Gesamtstruktur, nämlich die *Konstellation der* wichtigsten *Charaktere,* wie sie sich vom Ende des Textes her darbietet. Wird für eine Kindheitsdarstellung eine spezifische literarische *Gattung*[6] gewählt, so prägen auch deren Merkmale den Gesamteindruck mit, z. B. in novellistischer Prosa der sogenannte Falke, d. h. ein Zentralsymbol, das entscheidende Wendepunkte im Ablauf der Handlung markiert. Alle bisher genannten Phänomene sind Elemente der Makrostruktur eines Textes. Im Hinblick auf die Untersuchung einzelner Abschnitte aus literarischen Kindheitsdarstellungen könnte nun noch eine lange Liste sprachlicher *Stilmittel*[7] hinzugefügt werden. Als besonders relevant für die Fragestellung dieser Arbeit sei hier nur die *Bildlichkeit*[8] hervorgehoben. Freilich, wenn Bilder durch Wiederholung zu Leitmotiven werden oder sich zu thematischen Bereichen zusammenschließen, werden auch sie zu Elementen der Makrostruktur.

Bereits aus diesen kurzen Anmerkungen zu Stoff und Struktur mag deutlich werden, daß sich das, was man im Englischen als „image of childhood" bezeichnet, das *Bild der Kindheit*, aus vielen einzelnen Komponenten zusammensetzt. Der Begriff „image", der ja für einige Lebensbereiche auch ins Deutsche übernommen worden ist, läßt erkennen, daß es sich hierbei um etwas handelt, das mit dem aus der sogenannten Realität Vertrauten, also etwa mit Kindheit aus eigenem Augenschein, nicht identisch ist. Ja, die Frage nach dem *Realitätsbezug* ist für jede Kindheitsdarstellung das eigentlich Entscheidende.[9] Sie muß in jedem Einzelfall geklärt werden. Ist dies etwa eine realistische Widerspiegelung oder eine symbolistische Konstruktion oder eine ins Komische übersteigerte Nachzeichnung der Wirklichkeit? Die Frage nach der *Intention* des Werkes schließt sich in der Regel unmittelbar an: Dient es der Unterhaltung oder verfolgt der Autor moralische, pädagogische oder sonstige Absichten?

Erst wenn Realitätsbezug und Intention erfaßt sind, läßt sich die *Bedeutung* einer literarischen Kindheitsdarstellung richtig abschätzen. So kann etwa in dem realistisch dargestellten Kriegsmilieu einer Kurzgeschichte ein Kind als ein Symbol unverdorbener Lebenstüchtigkeit erscheinen, das auf eine erschütterte Existenz von heilendem Einfluß ist (Salinger: Für Esmé). Die Bedeutung zu ermitteln, scheint umso einfacher zu sein, je artifizieller eine Erzählung ist. Die meisten Kindheitsdarstellungen der letzten hundert Jahre sind jedoch dem Realismus verpflichtet. Dieser literaturhistorische Befund verstärkt die Versuchung, die Frage nach Bedeutung, Realitätsbezug, Intention und vielleicht auch Struktur gar nicht zu stellen und sich auf das rein Stoffliche zu beschränken. Damit aber bliebe die Beschäftigung mit dem Thema in einem vorliterarischen Bereich.

Was in der Interpretation einer literarischen Kindheitsdarstellung an Elementen des Stoffes und der Struktur herauszuarbeiten ist, richtet sich nach den Gegebenheiten des jeweiligen Textes. Die in diesem Kapitel genannten Elemente sind, wie schon betont, weder vollständig, noch sollten sie vollständig in jedem untersuchten Text erwartet werden. Was dagegen stets zu ermitteln ist, das ist die Bedeutung der Kindheitsdarstellung und in diesem Zusammenhang auch der Realitätsbezug. Die Bedeutung, ablesbar an Realitätsbezug und, falls vorhanden, einer signifikanten Intention und rückführbar auf einzelne Elemente von Stoff und Struktur, kann dann über die Interpretation des einen Werkes hinaus auch in übergreifendere Reflexionszusammenhänge aufgenommen werden, nicht nur literaturhistorischer, sondern auch etwa soziologischer oder pädagogischer Art.

2. Darstellung der Interpretationsergebnisse

Die bisherigen Ausführungen bezogen sich auf den Vorgang der Erschließung einer literarischen Kindheitsdarstellung, noch nicht ausdrücklich auf dessen *schriftliche Fixierung.* Im Hinblick auf diese ist über den untersuchten Text hinaus auch der Verständnisprozeß eines potentiellen Lesers der Interpretation zu berücksichtigen. Prinzipiell sollte in drei Schritten vorgegangen werden:[10] 1. sollten die „Bezüge zwischen Sprachtext und außertextlichen Situationen" aufgezeigt werden, die für ein Vorverständnis notwendig sind *(texteinordnende Analyse).* Wichtig wären etwa Angaben über Erscheinungsland und -jahr und möglicherweise über Lebensumstände des Autors und Besonderheiten der Rezeption. 2. folgt die Analyse im engeren Sinne *(textordnende Analyse).* „Ihre Aufgabe ist es, soweit irgend möglich textimmanent zu bleiben."[11] 3. schließlich geht es darum, „aus Ergebnissen der 1. und der 2. Phase zu einer integrativen Stellungnahme"[12], einer umfassenden Auswertung des Textes zu gelangen *(textbewertende Analyse).*

Die *erste Phase,* die die notwendige Vorinformation zu vermitteln hat, wird in der Regel knapp ausfallen. Die *zweite* macht dagegen den Hauptteil der Untersuchung aus. Folgende weitere Unterteilung bietet sich hier an. Es dient der Orientierung des Lesers, wenn zunächst ein Gesamteindruck von dem untersuchten Text gegeben wird. Dies geschieht am einfachsten durch eine Inhaltsangabe, die die wichtigsten stofflichen Elemente enthält und Zusammenhänge zwar beschreibt, aber noch nicht aufschlüsselt und deutet. Anschließen könnte sich das Aufzeigen einer Gesamtstruktur, je nach Text entweder der „dynamischen" Struktur des Aufbaus oder der „statischen" Struktur der Personenkonstellation. Die Ausdifferenzierung des Gesamteindrucks im Fortgang der werkimmanenten Analyse hängt vom stofflichen Inventar und von der Komposition des Textes ab. In der *dritten Phase* sollte dann versucht werden, in logischer Anknüpfung an die vorausgegangene Analyse von Stoff und Struktur die Gesamtbedeutung der interpretierten Kindheitsdarstellung festzuhalten. Die Angabe, welcher Art der Realitätsbezug eines Textes ist, wird am besten einleitend angedeutet — im Zusammenhang der Vorinformation oder der Inhaltsangabe — und im Fortgang und Abschluß der Interpretation näher ausgeführt.

1 Zu dem Begriff Stoff vgl. Elisabeth Frenzel: Stoff- und Motivgeschichte. Grundlagen der Germanistik. Berlin: Erich Schmidt ²1974.

2 Franz Stanzel: Typische Formen des Romans. Göttingen: Vandenhoeck & Ruprecht 1964. S. 16-17. Als kritische Stellungnahme dazu vgl. Erwin Leibfried: Kritische Wissenschaft vom Text. Stuttgart: Metzler 1970. S. 243-245.

3 Vgl. einschlägige Artikel dazu in literarischen Lexika, etwa „Humor" in: Gero von Wilpert: Sachwörterbuch der Literatur. Stuttgart: Kröner ²1959 und Joseph T. Shiphey: Dictionary of World Literature. Paterson/N.J.: Littlefield, Adams & Co. 1964; oder „Ironie" in: Fischer-Lexikon Literatur 2/1. Hrsg. v. Wolf-Hartmut Friedrich u. Walter Killy. Frankfurt/M. 1965.

4 Stanzel, S. 11-15.

5 Günther Müller: „Erzählzeit und erzählte Zeit." In: Festschrift für P. Kluckhohn und H. Schneider. Tübingen 1948. S. 195-212. Ders.: „Über das Zeitgerüst des Erzählens." Deutsche Vierteljahrsschrift für Literaturwissenschaft und Geistesgeschichte. 24 (1950). S. 1-32.

6 K. W. Hempfer: Gattungstheorie. Information und Synthese. München: Fink 1973.

7 Das einschlägige Fachbuch ist: Heinrich Lausberg: Elemente der literarischen Rhetorik. München: Hueber ⁴1971.

8 Vgl. Fischer-Lexikon Literatur 2/1.

9 Vgl. zu diesem Problemzusammenhang etwa Erich Auerbach: Mimesis. Dargestellte Wirklichkeit in der abendländischen Literatur. Bern: Francke ²1959; Walther Killy: Romane des 19. Jahrhunderts. Wirklichkeit und Kunstcharakter. Göttingen: Vandenhoeck & Ruprecht 1967; Viktor Žmegač: Kunst und Wirklichkeit. Bad Homburg/Berlin/Zürich: Gehlen 1969.

10 Peter Hartmann: „Zur Klassifikation und Abfolge textanalytischer Operationen." In: S. J. Schmidt (Hrsg.): Zur Grundlegung der Literaturwissenschaft. München: Bayerischer Schulbuch-Verlag 1972. S. 124-142.

11 Hartmann, S. 131.

12 Hartmann, S. 135.

2.1. Kurze Prosa

2.1.1. *Katherine Mansfield: Das Puppenhaus*

1. Hinweise zum literaturgeschichtlichen und biographischen Kontext

In einem Kapitel über Kindheitsdarstellungen in der modernen Kurzprosa kommt einem Text von Katherine Mansfield in doppelter Hinsicht
ein repräsentativer Wert zu: Sie gilt nicht nur als Meisterin der Kurzgeschichte, gleichrangig einem Tschechow und Joyce[1], sondern auch
als Autorin mit einem „tiefen, zarten und humorvollen Verständnis
für Kinder".[2]

„Das Puppenhaus", im Original „The Doll's House", wurde 1921
geschrieben und 1923, nach dem Tode der Verfasserin, in dem Sammelband „The Doves' Nest and Other Stories" zum erstenmal veröffentlicht.[3]
Die Erzählung gehört zu ihren besten. In eine umfangreiche deutsch-
sprachige Anthologie von Kindheitsdarstellungen aus dem englischen
Sprachbereich wurde sie aufgenommen als „ vielleicht die schönste und
einsichtsvollste Geschichte dieser Sammlung".[4] In einem neueren
Aufsatz dient sie — in etwas einseitiger Auslegung — als charakteristisches Beispiel der frühen Moderne, von dem heutige englische Kurzgeschichten im Hinblick auf die Kindheitsthematik abgehoben werden.[5]

Der dargestellte Realitätsausschnitt steht in einem klar erkennbaren
biographischen Zusammenhang. Er sollte benannt werden, damit keine
falschen Bezüge hergestellt werden.[6] Die Autorin wurde als Kathleen
Mansfield Beauchamp 1888 in Wellington/Neuseeland geboren, das dritte
von fünf Kindern eines Bankiers. Nach einigen Schuljahren in London
hielt sie es in ihrer Heimat nicht mehr aus, kehrte nach England zurück
und begann sich hier, durch ihren zweiten Mann John Middleton Murry
in die literarische Bohème eingeführt, intensiv dem Schreiben zu widmen.
Eine Erkrankung an Tuberkulose ließ sie mehrfach den europäischen
Süden aufsuchen; 1923 ist sie in Frankreich gestorben.

Die Hinwendung zur Kindheit in Neuseeland, dem Stoff, der dem
„Puppenhaus" und überhaupt den besten von Katherine Mansfields
Erzählungen zugrunde liegt[7], wurde durch ein erschütterndes Erlebnis
ausgelöst. 1915 kam ihr jüngerer Bruder Leslie nach London, und in
langen Gesprächen erinnerten sich die beiden der gemeinsamen Kinderjahre. Kurz darauf wurde der Bruder Opfer einer Bombenexplosion
hinter der Front des Weltkriegs. Die tief betroffene Schwester beschloß,
die gemeinsame Vergangenheit in Worten lebendig zu halten. „Aber

alles muß erzählt werden mit einem Gefühl des Mysteriums, einem Glanz, einem Nachglühen, denn du, meine kleine Sonne, bist untergegangen."[8]

Mit einem Bild des Lichtes, aber bezogen auf die geographische Situation Neuseelands, hat die Autorin dann auch versucht, das Wesentliche an einer ihrer Kindheitsgeschichten zu bezeichnen: „Ich habe eine vollkommene Leidenschaft für die Insel, auf der ich geboren bin. Ja, am frühen Morgen dort, erinnere ich mich immer, fühlte ich, daß diese kleine Insel in das dunkle blaue Meer getaucht ist während der Nacht, nur um sich beim Erglänzen des Tages wieder zu erheben, ganz behängt mit leuchtendem Schmuck und glitzernden Tropfen . . . Ich habe versucht, diesen Augenblick einzufangen — etwas von seinem Funkeln und seinem Geschmack."[9]

Man kann in diesem, Inhalt und Darstellung des Erzählten bestimmenden Erinnerungsbild das spezifisch Neuseeländische in Katherine Mansfields Kunst sehen.[10] Es ist aber auch ein Impuls, der — über die autobiographischen Gegebenheiten hinaus — der Beschreibung von Kindheit ihre charakteristische Frische und Leuchtkraft verleiht.

Besonders „Das Puppenhaus" zeigt nun, daß dieser Impuls nicht etwa zu einer verfälschenden Verklärung führt, sondern eine harte und klare Wiedergabe auch mißlicher Erfahrungen der Kindheit geradezu begünstigt. Personen und Umstände der Geschichte sind in den frühen Lebensjahren der Autorin eindeutig nachweisbar.[11] „At Karori" lautete der erste, provisorische Titel.[12] Damit ist ein Ort in der Nähe von Wellington bezeichnet, wo die Beauchamps ein Landhaus hatten, wo Kathleen mit ihren beiden älteren Schwestern in die Grundschule ging und sich mit den Töchtern der Waschfrau Mrs. MacKelvey anfreundete. Auch Tante Beryl, eine jüngere Schwester der Mutter, hat es tatsächlich gegeben. Die Geschichte ist zweifellos realistisch, aber doch nicht so einhellig, wie diese Nachweise vermuten lassen könnten. Daß sie auch symbolische Züge hat, deutet sich schon in den ersten Notizen an, die sich die Autorin zu der Geschichte machte. Sie lauten auf Deutsch: „In Karori: Die kleine Lampe. Ich habe sie gesehn. Und dann schwiegen sie."[13]

2. Untersuchung

2.1. Inhalt

Im Mittelpunkt der Geschichte steht ein Puppenhaus, das den drei Töchtern der Familie Burnell von einer alten Dame geschenkt wird. Die Freude der Kinder beim ersten Anblick kontrastiert mit der Aversion ihrer Tante Beryl, die sich an dem Geruch des frischen Farbanstrichs stört. In der Schule dient der ältesten der drei, Isabel, der Reiz des Geschenks dazu, ihre führende Stellung unter den Mitschülerinnen zu sichern, indem sie eine Auszeichnung daraus macht, wer zur Besichtigung eingeladen wird. Ausgeschlossen bleiben die beiden schüchternen, komisch ausstaffierten Töchter der armen Wäscherin Frau Kelvey, Außenseiterinnen unter Kindern, die von den Vorurteilen bürgerlicher Eltern bestimmt sind. Nachdem alle Mädchen außer den zweien das Puppenhaus gesehen haben, kommt es auf dem Schulhof zu einer beißenden Verpottung der Kelveys durch Isabels Freundin Lena. Am Nachmittag desselben Tages erlaubt Kezia, die jüngste der Burnellschen Mädchen, den zwei Ausgestoßenen, als sie an ihrem Hof vorbeikommen, das Puppenhaus zu sehen, an dem ihr selbst von Anfang an eine kleine bernsteinfarbene Lampe einen ungewöhnlichen Eindruck gemacht hat. Die plötzlich in den Hof tretende Tante Beryl, die sich ihrerseits von einem Mann bedroht fühlt, jagt die geächteten Mädchen davon und schilt Kezia. Die jüngste der beiden Kelveys aber teilt ihrer Schwester beglückt mit, daß sie die kleine Lampe gesehen habe.

2.2. Aufbau

Der Ablauf der Geschichte läßt sich aufgrund verschiedener Indizien in drei Abschnitte aufteilen. *Thematisch* lassen sich diese folgendermaßen unterscheiden. Der erste beschreibt die Ankunft des Puppenhauses und die Reaktionen der Tante und der Kinder. Der zweite handelt davon, wie Isabel in der Schule den neuen Besitz in Prestige ummünzt, und schließlich wird im dritten Kezias freundliche Behandlung der Kelveys kontrastiert mit deren Verspottung durch Isabels Freundin.

Der erste und zweite Abschnitt sind auch durch signifikante *Schauplätze* voneinander getrennt: Hof des Burnellschen Hauses und Schulhof. Der dritte Abschnitt wiederholt beide, indem er sie, entsprechend den genannten Situationen, miteinander kontrastiert. Dabei ergibt sich zugleich von der Lokalisierung her eine Art Ringkomposition der ganzen Geschichte. Inhaltlich bedeutsam an Wahl und Abfolge der Schauplätze ist, daß der mehr private, an dem sich auch das Puppenhaus befindet, Kezia zugeordnet ist, der mehr öffentliche dagegen der stark gesellschaftlich orientierten Isabel.

Die Aufteilung der „erzählten" *Zeit* unterstreicht die genannte Strukturierung. Zwischen den Abschnitten gibt es jeweils eine Zäsur, zunächst von einer Nacht („am nächsten Morgen", heißt es im ersten Satz des zweiten Abschnitts[14]) und dann von mehreren Tagen („Tage vergingen", beginnt der dritte Abschnitt). Der Verlängerung der zeitlichen Zäsuren entspricht eine Ausdehnung der Erzählzeit von Abschnitt zu Abschnitt, wie an deren Seitenzahl leicht festgestellt werden kann. Diese zunehmende Ausdehnung sowohl der Erzählzeit wie der erzählten Zeit ist strukturelles Korrelat inhaltlicher Aussagen, so besonders der expliziten Feststellung zu Beginn des zweiten Abschnitts: „Als immer mehr Kinder das Puppenhaus sahen, verbreitete sich sein Ruhm." Wichtig ist dabei zugleich, daß die Bestätigung dieses Ruhmes durch die Kelveys erst ganz am Schluß erfolgt. Die zeitliche Schlußposition ist eine Projektion der gesellschaftlichen.

Was das *Auftreten der Personen* betrifft, so ist am Aufbau ferner bemerkenswert, daß Tante Beryl, die einzige deutlich hervortretende Erwachsenenfigur, am Anfang und am Ende der Geschichte erscheint. Darin kommt unmißverständlich zum Ausdruck, daß die Welt der Kinder, um die es hier geht, von Erwachsenen beherrscht wird. Umso auffallender ist, daß das letzte Wort dann doch die kleine Außenseiterin hat. Ihre Schlußposition ist also nicht als völlig negativ zu sehen, sondern eher als ambivalent.

Eng mit der Struktur verbunden ist schließlich auch ein *Dingsymbol,* nämlich die kleine Lampe, die gegen Ende aller drei Abschnitte genannt wird. Im ersten kulminiert in ihrer Hervorhebung die Begeisterung der Kinder über das Geschenk, im zweiten zeigt sich daran die unterschiedliche Bedeutung des Puppenhauses für Isabel und Kezia und im dritten die Möglichkeit einer Übereinstimmung von Kezia und den Kelveys.

Der Aufbau dieser Geschichte erlaubt mehr als vielleicht andere Komponenten einen Rückschluß auf seinen *Gattungscharakter.* Der offene Schluß, mindestens was die Handlung betrifft, läßt sie als eine Kurzgeschichte erscheinen. Doch hat sie auch novellistische Züge, denn die strukturbildende Funktion der Lampe erinnert stark an die des Novellenfalken. Die Tendenz zur Ausmalung des Situativen ist wiederum kurzgeschichtenhaft, doch beschränkt sich der Text ja nicht, wie viele Kurzgeschichten, auf eine einzige Situation, und der Wechsel der Situationen kommt der Entwicklung einer „unerhörten Begebenheit", wie sie für Novellen charakteristisch ist (und ist die Ankunft des Puppenhauses nicht auch eine?), immerhin nahe. Katherine Mansfields „Puppenhaus" läßt sich also verstehen als eine Mischform von Kurzgeschichte und Novelle.

2.3. Feinanalyse

In der folgenden Analyse wird zunächst der erste Abschnitt detailliert untersucht und dann die Entwicklung von Figurenkonstellation und Interaktionen, Bildbereichen und Schlüsselwörtern innerhalb des Gesamttextes herausgearbeitet. Der Einleitungsteil eines Textes empfiehlt sich für die Feinanalyse deshalb, weil er einerseits keine für das Verständnis nötigen Informationen voraussetzt und weil andererseits alle wichtigen Entwicklungslinien von ihm ausgehen. Was hier genau erfaßt ist, kann im weiteren Verlauf des Textes summarisch behandelt werden. Eine Analyse, die dem *ganzen* Text Satz für Satz und Absatz für Absatz folgt (in allzu wörtlicher Übernahme der Methode des „close reading"), dürfte, da sie Schwierigkeiten haben wird, die Erkenntnisse prägnant darzubieten, für den Leser bald an Interesse verlieren.

2.3.1. Erster Abschnitt

Der erste Abschnitt thematisiert die Begeisterung der Burnellschen Kinder über das Puppenhaus im Gegensatz zu der ablehnenden Haltung der Tante. Dabei sind es vor allem drei Komponenten, die ihn strukturieren: 1. Beschreibung des Puppenhauses und der Reaktionen, die es auslöst, 2. Erzählperspektive und 3. Ton der Erzählung.

Der erste Absatz stellt das ankommende Puppenhaus nur von außen dar: Platz neben der Futterkammer, Farbgeruch, der von ihm ausgeht, und Sackleinwand, die es umgibt. Mit diesen Angaben, die eher Unwert als Wert implizieren, ist es den Erwachsenen zugeordnet, mit der auffallendsten, dem Farbgeruch, der deutlich hervorgehobenen Tante Beryl. Die Hervorhebung der Tante erfolgt dadurch, daß die personale Erzählperspektive, die eingangs die Sicht aller Bewohner des Burnellschen Hauses wiedergibt (,,die *liebe* alte Mrs. Hay"), im fünften Satz auf sie speziell bezogen wird. Tante Beryl erscheint als ein Mensch, der zwar in der lobend-herablassenden Bemerkung über ein großzügiges Geschenk die Anstandsregeln der Gesellschaft wahrt, aber mit allzu heikler Geruchsempfindlichkeit auch einen typischen Erwachsenenegoismus bekundet. In der Übertriebenheit beider Äußerungen und in deren Widersprüchlichkeit liegt zugleich eine Ironie, durch die sich der Erzähler von der gleichsam zitierten Seh- und Verhaltensweise distanziert.

Der Übergang vom ersten zum zweiten Absatz ist auffallend gestaltet: Ein Satz wird abgebrochen (,,And when it was . . .", heißt es im Original) und dann doch fortgesetzt (,,There stood the doll's house"), wobei die Fortsetzung auch als selbständige Einheit betrachtet werden kann. In dieser Stilfigur artikuliert sich nicht nur der Vorgang des Auspackens, sondern auch die Lösung kindlicher Spannung, als das Puppenhaus endlich den Blicken freigegeben wird. Damit ist auch schon gesagt, daß in diesem Absatz die Erzählperspektive sich der Sicht der Kinder annähert. Entsprechend wechselt der Ton von distanzierter Ironie zu mitfühlender naiver Bewunderung. Die dargestellte Freude an den ungebrochenen Farben und der Naturtreue von Details („*wirkliche* Glasfenster", „*tatsächlich* auch eine kleine Veranda") und vor allem der Vergleich „wie eine Schnitte Karamellzucker" sind ganz kindgemäß.

Im dritten Absatz wird das Gefühl der Kinder durch Exklamation und Wiederholungen (wunder-wundervolles, Teil/Teil) noch stärker artikuliert und zugleich auf den Begriff gebracht (Freude/Neuheit). Durch eine rhetorische Frage wird auch der von der Tante beanstandete Geruch in die positive Grundstimmung einbezogen. Eine vom Erzähler zitierte Aufforderung der Kinder treibt sodann den Vorgang des Öffnens voran.

Diesmal, im Übergang zum vierten Absatz, löst sich die Spannung nicht gleich. Ein retardierendes Moment ergibt sich im Handlungsablauf: Ein Haken klemmt. Nachdem aber die Hausfront aufgeschwungen ist, tritt mit den staunenden Kindern auch der Erzähler zurück. Direkt an den Leser gewandt kommentiert er — gleichsam auf einer metasprachlichen Ebene — das Öffnen des Puppenhauses als etwas, was man sich von allen Häusern wünsche und was vielleicht in der Nacht von Gott getan werde. Diese Aktivierung eines Restes kindlicher Wünsche und Vorstellungen, der sicher in den meisten der Angesprochenen vorhanden ist, und die damit verbundene Beschwörung einer mythisch-religiösen Sphäre sind geschickte rhetorische Mittel, die Sympathie des Lesers, die schon bisher kaum zu Tante Beryl tendieren konnte, vollends für den Standpunkt der Kinder zu gewinnen.

Bezogen auf die mit Spannung verfolgte Öffnung des Puppenhauses, stellt der ganze vierte Absatz mit seinen Abschweifungen eine Retardierung dar. Die Pünktchen nach dem letzten Satz bezeichnen ein Ende der Unterbrechung, und mit dem emphatischen „Oh-oh!" der Kinder am Beginn des fünften Absatzes setzt dann die letzte Phase des Entdeckungsvorgangs umso nachdrücklicher ein. Die Beschreibung des Hausinneren knüpft in Perspektive und Ton an die des Hausäußeren an, wenn auch Farbgebung und Naturtreue von Details womöglich noch stärker hervorgehoben werden. In der zweiten Hälfte des Absatzes wird die Erzählperspektive auf Seiten der Betrachtenden eingeengt auf die Sicht des Mädchens Kezia und, verbunden damit, wird auf Seiten des betrachteten Objekts die Aufmerksamkeit auf ein besonders hübsches und naturgetreues Detail gelenkt: eine kleine bernsteinfarbene Glaslampe. Durch die Hervorhebung (der ganze erste Abschnitt der Geschichte scheint auf sie hinzuzielen) und die Verbindung mit der Gefühlswelt Kezias wird die Lampe zu einem Symbol. Sie steht für Schönheit und Angemessenheit, Freundlichkeit und Wärme. Demgegenüber knüpft sich an die allzu großen und steifen Puppen, die das Haus zu bewohnen scheinen, die Vorstellung eines Mißverhältnisses. Repräsentieren sie vielleicht die Erwachsenen samt den ihnen schon ähnlichen Heranwachsenden, die in eine Welt unschuldiger Kindlichkeit nur Disharmonie bringen?

Blicken wir vom Ende des Abschnitts noch einmal zurück, so läßt sich zusammenfassend sagen, daß das Bild der Kindheit, das hier gezeichnet wird, vor allem unverfälschte kindliche Begeisterungsfähigkeit über einen schönen Gegenstand wiedergibt und zugleich konventionellem und überreiztem Erwachsenenverhalten entgegenstellt. Der Erzähler ergreift eindeutig Partei und veranlaßt auch den Leser dazu, indem er das Erwachsenenverhalten ironisiert, die Reaktion der Kinder aber, synchronisiert mit dem Öffnen des Puppenhauses, so geschickt entfaltet, daß sich eine Identifizierung — zumal vermutlich noch vorhandene kindliche Vorstellungen des Lesers direkt angesprochen werden — kaum vermeiden läßt.

2.3.2. Entwicklung von Personenkonstellation und Interaktionen

Die fast simple Personenkonstellation hie unverdorbene Kinder, dort verdorbene Erwachsene wird im zweiten Abschnitt nicht beibehalten. Nach Kezia und Tante Beryl im ersten Abschnitt tritt im zweiten Kezias älteste Schwester Isabel in den Vordergrund. Sie und ihre Freundinnen repräsentieren im Gegensatz zu Kezia eine Mehrheit von Kindern, die Vorurteile und Verhaltensmuster der Erwachsenen schon weitgehend adaptiert haben. Isabel, die offenbar anfangs die Begeisterung Kezias über das Puppenhaus teilt, beginnt nun für sich vorteilhafte Konsequenzen daraus zu ziehen. Das Puppenhaus wird für sie von einem Gegenstand interesselosen Wohlgefallens zu einem Mittel gesellschaftlichen Prestiges.

Zu Beginn des Abschnitts wird zunächst, durch Isabel selbst unter Berufung auf die Mutter, die führende Rolle der Ältesten unter den Burnellschen Kindern herausgestellt. Im weiteren Verlauf sehen wir sie die Rolle, dank dem Prestige des Puppenhausbesitzes, auch in der Öffentlichkeit der kleinen Schulhofgesellschaft beanspruchen.

Diese Gesellschaft ist dadurch charakterisiert, daß sie sich gegen zwei auffallende Kinder abgrenzt, nämlich die beiden Töchter einer armen Waschfrau, von deren Mann gemutmaßt wird, daß er im

Gefängnis sitzt. Die Situation der kleinen Kelveys wird szenisch veran-
schaulicht, indem die zwei außerhalb des Kreises von Mädchen
erscheinen, die sich um die ihr Geheimnis preisgebende Isabel drängen.
In die Darstellung der Schulhofszene wird dann ein summarischer Bericht
eingeschoben. Hier wird ausdrücklich gesagt, daß die Ächtung der
Kelveys auf einige der angeseheneren Eltern, einschließlich der Burnells,
zurückgeht, die ihren Kindern verboten haben, mit ihnen zu sprechen.
Alleiniger Grund ist offenbar soziales Vorurteil. Das Ausgestoßensein
bei gleichzeitig völliger Abhängigkeit konkretisiert sich darin, daß die
beiden Mädchen in einer schlecht sitzenden Kleidung stecken, die sich
aus abgenutzten Materialien der begüterten Familien zusammensetzt.
Unterschichtenspezifisches Verhalten kommt in der Formulierung
„unsere Elsie" („our Else") als Bezeichnung der älteren für die jüngere
Schwester zum Ausdruck. Diese Verwendung des Possessivpronomens
„our", so üblich sie in Arbeiterfamilien des englischen Sprachbereichs
ist, läßt aber auch noch etwas von einem Zusammenhalt anklingen,
der im Hinblick auf die Kelveys sogar explizit festgestellt wird: „Die
Kelveys verfehlten nie, einander zu verstehen." Darin scheinen sie sich
von den Kindern der bürgerlichen Burnells positiv zu unterscheiden.

Wenn nach dem auktorialen Bericht die Darstellung der Schulhofszene
mit Isabel im Mittelpunkt fortgesetzt wird, sagt Kezia etwas, um die
Schönheit der kleinen Lampe zu rühmen. In Anbetracht der führenden
Position ihrer Schwester, die, eingangs beansprucht, jetzt voll realisiert
ist, wird sie aber gar nicht beachtet. So ergibt sich nun, am Ende des
zweiten Abschnitts, die Konstellation, daß Kezia von Isabel ähnlich
an den Rand gedrängt wird wie die Kelveys von der ganzen bürgerlichen
Gesellschaft.

Am Anfang des dritten Abschnitts scheint sich das Puppenhaus ganz
zu einem gesellschaftlichen Prestigeobjekt entmaterialisiert zu haben,
und zwar über den zweiten Abschnitt insofern hinausgehend, als der
Kreis derjenigen Kinder, die es gesehen haben, genau die gesellschaftlich
Akzeptierbaren bezeichnet. Schließlich sind es alle außer den beiden
Kelveys. Ausdrücklich setzt sich Kezia bei der Mutter für sie ein —
eine entscheidende Dreieckskonstellation —, wird aber schroff abgewiesen. Daß die Mutter auf die Frage nach dem Grund des Ausschlusses
ebenso starr wie inhaltsleer antwortet: „Du weißt ganz gut, warum
nicht.", zeigt gleichermaßen die Stärke und Unbegründbarkeit gesellschaftlicher Vorurteile.

Die zweite Schulhofszene der Geschichte entfaltet, wie das Vorurteil,
das in der ersten nur beschrieben wurde, massenpsychologisch aktiviert
werden und in aggressive Handlung umschlagen kann. Nach der Aufregung, die das Burnellsche Puppenhaus bei den Kindern verursacht hat,

breitet sich, als es alle gesehen haben, Langeweile aus. Auf die Bewunderung von einem Werk fast vollkommener Schönheit folgt nun ein Akt psychischer Gewalttätigkeit, der sich gerade gegen diejenigen richtet, die von der allgemeinen Euphorie ausgeschlossen waren. Isabels Freundin Lena will Lil Kelvey dadurch verletzen, daß sie im Beisein der anderen Kinder fragt, ob es stimme, daß sie einmal ein Dienstmädchen werde. Wenn dies für das Empfinden bürgerlicher Kinder eine schmachvolle Aussicht ist, so verfehlt es in Anbetracht der Erwartungen eines Arbeitermädchens den gewünschten Effekt, so daß aus der beabsichtigten Beleidigung eine Blamage der Angreiferin wird. Da aber setzt diese ein zweitesmal an und sagt Lil mit aller Gehässigkeit auf den Kopf zu — was sicher bisher noch niemand den Kelveys gegenüber geäußert hat, weil es nur eine unbewiesene Vermutung ist —, daß ihr Vater im Gefängnis sitze. Die ungeheuer belebende Wirkung der Äußerung bei den Zuhörern hat mindestens einen zweifachen Grund: Zum einen befriedigt sie ein gerade in Kindern latent vorhandenes sadistisches Lustgefühl, zum andern geht wohl auch eine Befriedigung davon aus, daß hier in Mißachtung der Konvention etwas vage Vermutetes endlich einmal ausgesprochen wird. Für die ganze Szene ist kennzeichnend, daß die Kinder Verhaltensweisen der Erwachsenen imitieren. „(Sie) nickte Isabel zu, wie sie es ihre Mutter bei solchen Gelegenheiten hatte tun sehen", heißt es von Emmie und von Lena: „Sie stemmte die Hände in die Hüften." Sind es in der ersten Schulhofszene nur Vorurteile, die von den Erwachsenen übernommen werden, so in der zweiten also auch ausdrücklich Verhaltensweisen. Die aggressive Äußerung scheint nun eine geradezu kathartische Wirkung zu haben, die alles von den Eltern Adaptierte aufsprengt und den Kindern ausgelassene Kindlichkeit wiedergibt: „Noch nie waren sie so hoch gesprungen . . ." Freilich geht eine derartige Regeneration auf Kosten derer, denen die Rolle des Sündenbocks aufgezwungen wird.

Gegenüber der Schulhofszene scheint die abschließende Szene im Burnellschen Hof in einem nahezu gesellschaftsfreien Raum zu spielen. Gesellschaftliches Leben vollzieht sich im Hause, denn es ist Besuch gekommen, und auch die beiden älteren Mädchen werden davon absorbiert — von Isabel kaum anders zu erwarten. Kezia dagegen stiehlt sich zur Hintertür hinaus. Sie schwingt auf dem Hofgatter, eine Tätigkeit, die das Nichtbeachten festgezogener Grenzen versinnbildlicht. So führt sie denn auch die vorbeikommenden Kelveys gegen Lils Bedenken („Eure Ma hat unsrer Ma gesagt, ihr dürft nicht mit uns sprechen.") in den Hof und beginnt ihnen das Puppenhaus zu zeigen. „Freundlich" heißt es von ihrem Verhalten, wie das ihrer ältesten Schwester als „herrisch" und „stolz" charakterisiert worden ist. Das Gefühl der Aufhebung gesellschaftlicher Zwänge erweist sich aber als Schein. Das Puppenhaus, das sich zu Beginn der Geschichte wie das Sinnbild eines herrschaftsfreien Raumes geöffnet hat, wird jetzt am Ende, nachdem Kezia es auch jenseits aller Verbote als solches vorführt, von Tante Beryl zugeschlagen. „Kalt und stolz" jagt sie die Geächteten vom Hof und setzt damit die ungeschriebenen Bestimmungen einer grausamen Gesellschaft in Kraft. Ihr aggressives Auftreten erhält einen zusätzlichen psychologischen, wenn nicht sozialpsychologischen Hintergrund. Sie selber leidet unter der Erpressungsdrohung eines Mannes, der den kurzen Hinweisen zufolge wahrscheinlich wie die Kelveys der Unterschicht angehört, und ihr Verhalten gegenüber den Kelveys schafft ihr dementsprechend eine Erleichterung, ähnlich wie Lenas Verhalten ihre Mitschüler in eine Hochstimmung versetzte. Ob also eine ganze Gemeinschaft oder ein einzelner Unlustgefühle abreagiert, beide Male richten sie sich gegen die Schwächsten eines gesellschaftlichen Systems, die durch verbreitetes, wenn auch unbegründetes Vorurteil dafür freigegeben sind.

Am Ende der Geschichte steht die beglückte Mitteilung der jüngeren der mißachteten Schwestern an die ältere: „Ich hab' sie gesehn, die kleine Lampe." Damit deutet sich eine Transzendierung einer Welt an, in der Kinder von Erwachsenen, Freundliche von Stolzen und Arme von Reichen, kurz die Schwächeren von den Stärkeren beherrscht werden. Vor aller Determinierung durch gesellschaftliche Konventionen und Vorurteile können die jüngsten Töchter aus reichem und aus armem Hause, Kezia und Elsie, in der Bewunderung eines Sinnbilds der Schönheit und Angemessenheit, Freundlichkeit und Wärme übereinstimmen. Die Freude solcher Art bedarf keines Sündenbocks. Diese Interpretation mag zunächst einmal so stehen bleiben. In bezug auf die Gesamtbedeutung der vorliegenden Kindheitsdarstellung wird sie noch problematisiert und genauer erörtert werden.

Die Analyse der Folge von Interaktionen im zweiten und dritten Teil der Geschichte könnte ergänzt werden durch eine Untersuchung des Wechsels von Erzählperspektive und Ton. Es kann hier jedoch zusammenfassend gesagt werden, daß dieser Wechsel nach den gleichen Prinzipien erfolgt wie im detailliert untersuchten ersten Teil: Durch Veränderungen der Perspektive werden verschiedene Personen oder auch Gruppen dem Leser nahegebracht, indem ihm aus deren Sicht zu sehen erlaubt wird; durch Veränderungen des Tones reguliert der Erzähler Sympathie und Antipathie gegenüber den Figuren der Geschichte. Wo Ironie auftritt, ist sie gegen gesellschaftliche Geltungsansprüche gerichtet, etwa in der Wiedergabe von Auffassungen der Eltern und Äußerungen Isabels oder in der Beschreibung der Kelveys. Kezia wird dagegen mit soviel undistanzierter Einfühlung dargestellt, daß man annehmen kann, die Werte, die der Erzähler durch sie repräsentiert, sind auch die seinen. In diesem Sinne könnte man Kezia als emotionale und moralische Bezugsfigur in der Welt dieser Geschichte bezeichnen.

2.3.3. Bildbereiche und Schlüsselwörter

Bildbereiche und Schlüsselwörter unterstreichen, was in der Analyse der Entwicklung von Personenkonstellation und Interaktionen herausgearbeitet wurde. Den Kelveys sind Vergleiche aus der Tierwelt zugeordnet. Lil sieht aus „wie eine kleine Vogelscheuche", Elsie „wie eine kleine weiße Eule". Tante Beryl verjagt die beiden, „als wären sie Hühner", und bezeichnet sie in ihren Gedanken als „kleine Ratten". In dieser Erniedrigung von Menschen durch die Gleichsetzung mit Tieren äußert sich die Verachtung einer Gesellschaft für diejenigen, die arm sind und durch ihre Armut auch noch auffallen. Selbst in bezug auf Kezia heißt es von den Kelveys: „Wie zwei kleine herrenlose Katzen folgten ihr die beiden." Der Vergleich hat hier nichts Verächtliches wie in den anderen Fällen, zeigt aber, daß die Tierähnlichkeit, die den Ausgestoßenen von der Gesellschaft zugeschrieben wird, von diesen selbst schon bis zu einem gewissen Grade verinnerlicht ist.

Dreimal ist in der Geschichte von Blumen die Rede. Durch vergleichbare Kontexte sind die Stellen aufeinander beziehbar. Die Blumen, die Lil Kelvey der Lehrerin mitbringt, sind in den Augen der anderen Kinder ordinär, und die Reaktion der Lehrerin darauf läßt erkennen, daß sie es ganz mit den anderen Kindern hält und nicht etwa, wie von ihrer Stellung zu erwarten wäre, zwischen ihnen und den Kelveys vermittelt. Am Anfang des zweiten Abschnitts, als der herrische Charakter Isabels hervorgehoben wird, heißt es von ihren jüngeren Schwestern, daß sie stumm durch die dichten Dotterblumen am Straßenrand pflügen, und als die Kelveys zu Beginn der letzten Szene auftauchen, wird vermerkt, daß die Schatten ihrer Köpfe ebenfalls in jenen Dotterblumen zu sehen sind. Jeweils werden also die Abhängigen unter den Kindern einer Blumensorte zugeordnet, die nicht nur dadurch gekennzeichnet ist, daß sie am Straßenrand blüht, sondern auch dadurch, daß sie nach allgemeinen Empfinden so ist, wie die Kinder Lil Kelveys mitgebrachte Sträuße einschätzen, nämlich ordinär.

Was die Dotterblumen mit den Kelveys und den jüngeren Burnell-Kindern verbindet, ist also offenbar der Gesichtspunkt der Geringschätzigkeit in den Augen der Gesellschaft. Denkt man aber an die goldgelbe Farbe der Blumen, so ergibt sich auch eine Beziehung zum zentralen Symbol der Geschichte, der kleinen bernsteinfarbenen Lampe, und durch diesen ästhetischen Gesichtspunkt erscheint das Geringgeschätzte dann, diesseits gesellschaftlicher Kriterien, als etwas besonders Wertvolles.

In bezug auf die Lampe fällt außer der Farbbezeichnung noch ein anderes Adjektiv auf, und zwar „wirklich". Für Isabel ist damit die Vorstellung der naturgetreuen Nachbildung verbunden. „Ihr könnt sie von einer wirklichen nicht unterscheiden", sagt sie zu ihren Schulkameradinnen, und in diesem Sinne war auch schon bei der ersten Vorstellung von „wirklichen" Glasfenstern und „wirklichem" Bettzeug die Rede. Eine abweichende Bedeutung scheint jedoch das gleiche Adjektiv zu haben, wenn es aus Kezias Perspektive in prädikativer Stellung im letzten Satz des ersten Abschnitts genannt wird: „Die Lampe war wirklich." Es mutet fast so an, als ob hier eine andere als die empirisch erfahrbare Wirklichkeit gemeint ist, ja eine nahezu platonische, die sich nur in einem Rausch der Begeisterung erschließt. Das wäre ein Gegenbild zu einer Welt, in der — wie es Isabel versteht und durch eigenes Verhalten bezeugt — das Kleine dem Großen nachgebildet wird und in der der Realitätsbezug der Großen darin zum Ausdruck kommt, daß eine Tante Beryl über das Wunder eines Puppenhauses nur aus egoistischem Impuls und nach konventionellem Muster bemerken kann: „Wahrhaftig (im Original „really", also ebenfalls eine Variante von „wirklich"), der Geruch von Ölfarbe … genügte, einen ernstlich krank zu machen."

3. Erörterung der Bedeutung

Daß die Geschichte in der Darstellung einer Kinderwelt, die direkt und indirekt von Erwachsenen beherrscht wird, weitgehend realistisch verfährt, scheint evident und wurde ja durch Nachweis autobiographischer Elemente zusätzlich erhärtet. Entscheidend ist nun aber, daß — in einer gewissen Spannung zum realistischen Ansatz — auch symbolische Züge vorhanden sind.

Sehr lebensnah und konkret wird vor Augen geführt, wie Kinder in einer auf Besitz und Herrschaft ausgerichteten Gesellschaft Schaden nehmen. Ein Puppenhaus, das zunächst Gegenstand unverfälschter Begeisterung ist, wird bei Heranwachsenden, die vom Denken ihrer bürgerlichen Eltern infiziert sind, zu einem Mittel des Prestiges und der Klassenabgrenzung. Vorurteile, die die gleichen Kinder in Form von elterlichen Ermahnungen verinnerlichen, geben ihnen die Legitimation, sich an der Beleidigung zu Parias erklärter Unterschichtenkinder zu weiden.

Es ist bezeichnend, daß nur die jüngste von drei Mädchen einer der Bürgerfamilien noch nicht von der Gesellschaft verdorben ist. Das mag an Geschwisterkonstellationen im Märchen erinnern, hat aber einen sehr einfachen Grund darin, daß sie wegen ihres geringen Alters noch kaum in den Sozialisationsprozeß eingetreten ist, der — der Geschichte zufolge — so verhängnisvolle Wirkungen hat. Ihre Begeisterung über das Puppenhaus hält auch am Ende der Geschichte an, und die vorurteilfördernde Ermahnung der Mutter hat *sie* noch nicht verinnerlicht. So kann sie denn die von der Gesellschaft geächteten Kinder an ihrer Begeisterung Anteil haben lassen, indem sie ihnen gegen das Verbot der Mutter das Puppenhaus zeigt.

Wenn die meisten der Kinder aus bürgerlichem Hause indirekt durch die Gesellschaft Schaden nehmen, so die von ihr Geächteten direkt, und zwar ausgeführt durch jene Mehrheit. Die Möglichkeit, sich zur Wehr zu setzen, scheint ausgeschlossen, und so sind die Hilflosen um so empfänglicher, als ihnen angeboten wird, in einem quasi gesellschaftsfreien Raum die Begeisterung des kleinen Mädchens aus einer Bürgerfamilie zu teilen. Die gemeinsame Freude an etwas fast vollkommen Schönem ist eine Art Kompensation für die Leiden, die ihnen durch ihre gesellschaftliche Situation aufgezwungen werden.

Dies ist jedoch, betrachtet man es als eine Art Lösung der Klassenproblematik, recht fragwürdig. Die Reproduktion der Klassengesellschaft durch Indoktrination der nachfolgenden Generation wird dadurch nicht etwa aufgehoben, sondern punktuell erträglicher gemacht und also unterstützt.

Nun läßt sich freilich von einer Kurzgeschichte überhaupt nicht erwarten, daß sie zu den Problemen, die sie darstellt, auch Lösungen anbietet. So ist denn bemerkenswert, daß die vorliegende Geschichte in dem Punkt, wo solch eine Erwartung aufkommen könnte, von der realistischen zur symbolischen Darstellungsweise übergeht. Die Klassengrenzen überwindende Gleichgestimmtheit des kleinen Mädchens aus der herrschenden mit dem aus der beherrschten Schicht ließe sich natürlich immer noch — wie bereits angedeutet — realistisch erklären, nämlich mit einer entwicklungspsychologischen Begründung. Aber der abschließende Bezug auf das zentrale Symbol der ganzen Geschichte führt über den realitätsnahen Stoff hinaus in die in einem literarischen Text höherwertige Dimension des Strukturellen, und daher ist ihm mit einer psychologischen Argumentation aus der uns vertrauten Realität nicht hinlänglich beizukommen.

Die Vorstellung herrschaftsfreier Harmonie, die von dem Symbol der kleinen Lampe in Verbindung mit zwei sehr jungen Kindern aus verschiedenen Gesellschaftsschichten ausgeht, hat, jenseits psychologischer Erwägungen, die hoffnungsvolle Qualität des Utopischen. Wenn also die Geschichte Kindheit einerseits darstellt als Projektionsfeld für die Antagonismen der Erwachsenengesellschaft, so andererseits, wenn auch nur andeutend, als einen repressionsfreien Gegenentwurf dazu. Bei dieser antithetischen Konzeption hat es den Anschein, als ob die Erwachsenengesellschaft schlechthin böse sei, was der Utopie keine Chance zur Realisierung ließe. Es sei aber daran erinnert, daß es immerhin auch ein Mitglied der Erwachsenengesellschaft ist — wenngleich von deren Exponenten ebenso herablassend behandelt wie Kinder —, das das Puppenhaus geschenkt hat, samt der Lampe, von der solch eine erstaunliche Wirkung ausgeht. So mag denn die Sache der Utopie nicht nur von kleinen Kindern vertreten werden. Gegen sich aber hat sie auf jeden Fall die Herrschenden gleich welchen Alters.

Unbeschadet des hiermit erreichten Interpretationsergebnisses sei noch ergänzt, daß die Geschichte, wie sich aus Erzählperspektive und Ton erschließen läßt, von einem Standpunkt aus entwickelt wird, der auf Seiten der Mittelschicht liegt. Als deutlich erkennbare Bezugsfigur wurde ja schon Kezia genannt. Von einem Standpunkt auf Seiten der Unterschicht aus würde wahrscheinlich die Kritik am Verhalten der bürgerlichen Familien anders aussehen. Der utopische Gegenentwurf könnte im Prinzip gleich sein, doch würde er sich vielleicht nicht an die Vorstellung früher Kindheit knüpfen. Das Bild von der Unverdorbenheit des kleinen Kindes stammt aus einer bürgerlichen Tradition des Denkens, zu deren Begründern Rousseau gehört.

Anmerkungen

1 Sylvia Berkman: Katherine Mansfield. A Critical Study. New Haven & London: Yale U. P. 1951. S. 150-157. — Vgl. auch die Dissertation: Peter Halter: Katherine Mansfield und die Kurzgeschichte. Zur Entwicklung und Struktur einer Erzählform. Bern: Francke 1972.
2 Nach: Emile Legouis/Louis Cazamian: A History of English Literature. London: Dent & Sons. Rev. Ausg. 1960. S. 1359.
3 Collected Stories of Katherine Mansfield. London: Constable. Nachdr. 1972. S. 382-384.
4 Geschichten über Kinder. Auswahl u. Vorwort v. Mary Hottinger. Zürich: Diogenes. Nachdr. 1972. S. 10. Der Text dieser Ausgabe (S. 99-111) liegt der nachfolgenden Interpretation zugrunde.

5 Raimund Borgmeier: „Welt im Kleinen. Kinder als Zentralcharaktere in der modernen englischen short story." Poetica, 5 (1972). 1. S. 98-120. Bes. S. 100-102.

6 So wird die Geschichte in einer Interpretation fälschlich charakterisiert als eine von Katherine Mansfields „sensibelsten Studien des Lebens des britischen (!) Mittelstands". Alvan S. Ryan: „The Doll's House." In: Insight II. Hrsg. v. John V. Hagopian & Martin Dolch. Frankfurt/M.: Hirschgraben 1970. S. 248.

7 Berkman, S. 11, 199-202.

8 Zit. nach Berkman, S. 71.

9 Zit. nach Berkman, S. 83.

10 Nelson Wattie: „Katherine Mansfield: Was She a New Zealand Writer?" Druck der New Zealand Embassy. Bonn, 16 March 1975. S. 6.

11 Berkman, S. 18-20.

12 Collected Stories, S. 384.

13 Collected Stories, S. 384.

14 Auf Seitenangaben (vgl. Anm. 4) kann wegen der Kürze des Textes verzichtet werden.

2.1.2. Marie Luise Kaschnitz: Popp und Mingel

1. Vorinformation

Marie Luise Kaschnitz (eigentlich von Kaschnitz-Weinberg; 1901-1974) hat Kinder und junge Menschen öfter zum Thema ihrer Werke gemacht.[1] In den Erzählungen „Das dicke Kind", „Das Mädchen ‚M'-Nesemann", „Jennifers Träume" und „Ein Tamburin, ein Pferd" werden Situationen von Kindern beschrieben; in diesem Zusammenhang gehört auch „Popp und Mingel".

Die Geschichte erschien 1960 in dem Erzählband „Lange Schatten"[2], der starke Beachtung und große Verbreitung gefunden hat. Die Autorin bedient sich hier der kleinen Form der kurzen Erzählung, von der sie sagt, daß diese sie besonders reize. Die in diesen Texten vorherrschende Ich-Erzählhaltung begründet sie damit, daß sie sich in dieser Form „stärker als in der Er-und-Sie-Erzählung mit dem sogenannten Helden oder der Heldin identifiziert."[3] Dieses Verfahren der Autorin, sich in die Situation des Ich-Erzählers hineinzuversetzen und aus seiner Perspektive zu schreiben, gewinnt für die fiktionale ich-erzählende Darstellung kindlicher Figuren besondere Bedeutung.

2. Werkanalyse

2.1. Inhalt

In der Geschichte erzählt ein etwa zehn- bis zwölfjähriger geschwisterloser Junge von seinem Leben als Schlüsselkind. Da beide Eltern ganztägig arbeiten, erwartet ihn in der leeren Wohnung niemand, wenn er von der Schule nach Hause kommt. Er wärmt sich sein Essen auf und erledigt oft auch Hausarbeiten wie Bettenmachen und Wegräumen des Frühstücksgeschirrs. Auch abends und sonntags haben seine Eltern kaum Zeit für ihn; sie gehen ins Kino oder fahren mit Freunden weg.

In dieser Situation der seelischen und erzieherischen Vernachlässigung und Einsamkeit schafft sich der Junge eine Ersatzfamilie. Ein alter Fußball ist sein Wunschvater „Popp", eine alte Puppe fungiert als Ersatzmutter „Mingel"; eine Schwester und ein Bruder, ebenfalls in Gegenständen vorgestellt, vervollständigen die Phantasiefamilie.

Diese Wunschfamilie, die er in einer Pappschachtel verborgen hält, holt der Junge nach der Schule hervor und spielt mit ihr Nachhausekommen. Wachträumend stellt er sich vor, wie er freudig begrüßt wird; man ißt zusammen und macht gemeinsam Spiele.

Eines Tages ist seine erfundene Familie verschwunden; er kann die Gegenstände nicht finden; seine Mutter hat sie, deren Bedeutung sie nicht kennt, weggeworfen. Als der Junge in seiner Aufgeregtheit beim Suchen den Gasherd anzündet, kommt es beinahe zu einem Wohnungsbrand. Den Erwachsenen bleibt der Hintergrund dieses Ereignisses unbekannt. Der Junge, den jetzt nichts mehr zu Hause hält, schließt sich einer Bande an.

2.2. Thematische und zeitliche Einordnung

Die Geschichte läßt sich im ersten Durchgang als psychologische Studie zur Einsamkeit eines Kindes lesen. Auf sich selbst verwiesen, ohne elterliche, geschwisterliche oder sonstige Gesprächspartner, sucht das Kind die ihm verweigerte affektive Zuwendung und die fehlende Nestwärme durch die Kraft seiner Einbildung, durch einen Tagtraum zu kompensieren. Solche durch Langeweile und Einsamkeit hervorgerufenen Probespiele mit imaginären Partnern sind der Psychologie am häufigsten im Alter zwischen vier und zehn Jahren bekannt.[4] Das Ende der Tagträume und die Zuwendung zur Realität (der Bande) wären in dieser Lesart als zutreffende Symptome für das Ende der Kindheit zu verstehen.

Mit dieser kinderpsychologischen Dimension ist die Geschichte jedoch nicht voll zu erschließen. In der Detailanalyse der Hauptfigur und ihres Verhaltens werden weitere Bedingungsfaktoren einer Kinderexistenz zu beschreiben sein. Hier sollen zur Grobcharakterisierung des Textes zunächst noch die soziologischen und zeitgeschichtlichen Rahmenbedingungen genannt werden. Die Geschichte spielt in der späten Nachkriegszeit; die Hinweise auf das Arbeits- und Konsumverhalten der Eltern sowie einige Einzelheiten sprechen für eine Einordnung des Geschehens in die Hauptphase des sogenannten Wirtschaftswunders, also in die fünfziger Jahre. Auf dieser Verstehensebene liest sich die Geschichte als eine zeit- und gesellschaftskritische Analyse von Erziehensverhalten, bei dem das Kind zugunsten materieller Interessen vernachlässigt wird. Als Beispiel poetischer Kritik an Zeiterscheinungen ist der Text literaturgeschichtlich den literarischen Spiegelungen des wirtschaftlichen Wiederaufstiegs nach dem 2. Weltkrieg zuzuordnen.[5] Die in der Darstellung dieser Zustände und Entwicklungen enthaltenen Problemaspekte gesellschaftlicher, politischer, psychologischer und moralischer Art konzentrieren sich bei „Popp und Mingel" auf das Thema des seelisch und erzieherisch benachteiligten Schlüsselkindes.

Die gesellschaftskritisch-soziologische und die psychologische sind keine einander ausschließenden Lesarten der Erzählung; sie ergänzen einander. Ob die gesellschaftlich-wirtschaftlichen Bedingungen die Situation des Jungen in der späten Kindheit verschärfen und deren Ende beschleunigen, oder ob sich unter den psychischen Bedingungen der auslaufenden Kinderzeit die soziale Konfliktsituation und Problematik der konsumorientierten Kleinfamilie besonders deutlich offenbaren, das sind verschieden gesetzte Akzente bei der Rezeption einer Erzählung, deren Bezug zur Wirklichkeit wohl nicht auf die Zeit des Wirtschaftswunders beschränkt ist.

2.3. Erzählperspektive, Sprache und Struktur

In „Popp und Mingel" füllt die Darstellung einer Kindheitssituation nicht nur stofflich die Geschichte ganz aus, durch die völlig durchgehaltene Ich-Erzählung der kindlichen Zentralfigur ist auch erzähltechnisch alles auf diese bezogen, erlangen alle Personen, Gegenstände und Ereignisse ihre Bedeutung aus der *Perspektive* des Ich-Erzählers. Die Kind-Perspektive wird noch verstärkt, indem die Autorin den Jungen seine Geschichte nicht mündlich erzählen, sondern „aufschreiben" läßt. Dieses Verfahren mag als Ausdruck für die höchstmögliche Identifizierung der Autorin mit ihrem kindlichen Ich-Erzähler gewertet werden. Psychologisch gesehen dokumentiert das Aufschreiben der „gewissen Sachen", über die er mit niemand reden kann, die Einsamkeit des Jungen. Es ist der Versuch einer sozusagen literarischen Bewältigung seines Problems, z. B. in Form eines Tagebuchs. Allerdings erzählt der Junge auch, daß er das Aufgeschriebene wieder zerreißt; d. h. die vorliegende Geschichte kann, textimmanent gesehen, nur ein Teil dessen sein, was der Ich-Erzähler aufgeschrieben hat.

In der Bemerkung vom Zerreißen des Aufgeschriebenen enthüllt sich aber auch der fiktionale Charakter des Textes. Hier zeigt sich, daß Autor und Ich-Erzähler eben nicht identisch sind und der Text kein mehr oder weniger beliebiges dokumentarisches Zeugnis ist; er ist ein durchgestaltetes, kompositorisch wohl arrangiertes Stück Kunstprosa. Der psychologische und soziologische Realitätsgehalt ist dadurch jedoch keineswegs geringer, aber verdichtet. In der Geschichte dieses Jungen konzentrieren sich Wirklichkeitselemente, die in ihrer Häufung vielleicht übertrieben wirken können, mißt man sie an konkreten Fällen, die aber genauso gut hinter der Wirklichkeit noch zurückbleiben können. Die Literatur liefert ein Modell der Wirklichkeit.[6]

Zur Glaubwürdigkeit der Erzählperspektive eines etwa zwölfjährigen Jungen gehört ein entsprechender *Sprachstil*. Vom Wortschatz her unterscheidet sich die Sprache des Jungen kaum von der Umgangssprache, wie sie auch Erwachsene sprechen. Der attributive Gebrauch von kaputt — „eine kaputte Puppe" — könnte als altersmundartlich bewertet werden. Die Kraftausdrücke „du Scheißhündchen … du Dreckshündchen" lassen sich kaum auf ein Sprachalter eingrenzen, und wenn der Gebrauch des unpersönlichen Fürworts „man" — „auf jeden Fall war man dann nicht mehr so allein" — altklug klingen mag[7], so wäre dies bei einem Einzelkind keineswegs ungewöhnlich. Deutlicher sind kindersprachliche Merkmale im Satzbau zu erkennen. Auffällig ist die häufige Verwendung koordinierter Satzreihung, wobei der zweite Hauptsatz oft mit „und" angeschlossen wird, z. B. „Da ist mir ein furchtbarer Verdacht gekommen, und ich bin in die Küche gerannt …" Wörtliche Rede wird ohne Markierung in den eigenen Erzählfluß eingefügt: „… wenn mein Vater ihn sieht, sagt er, schmeiß doch den verdammten SA-Mann weg. Aber ich behalte ihn …" Die Satzkonstruktionen sind in der Regel leicht überschaubar, die Parataxe überwiegt. Durch diese Sprache, deren Elemente sich in der Altersmundart der späten Kindheit finden, die aber auch den mündlichen Sprachgebrauch der Erwachsenen kennzeichnet, entsteht die Leichtigkeit des Gesprächstons.

Der Junge erzählt seine Geschichte als Erinnerung und Bericht vom Ende her. Sein bisheriges Leben und das Ereignis jenes „Unglückstags" werden im Perfekt mitgeteilt (vom 2. Absatz bis zum vorletzten Satz des Textes).

Auffallenderweise geht der Bericht da ins präsentische Erzählen über, wo der Junge über seinen Umgang mit seiner Ersatz-Familie spricht: „Diese ganze Familie halte ich in einer Schachtel in meinem Spielschrank versteckt …" bis „Und dann fängt Mingel ein bißchen an zu weinen …" Das Präsens dieser ziemlich genau in die Mitte des perfektischen Berichts eingebetteten Absätze dürfte Ausdruck der inneren Nähe und emotionalen Zuwendung des Erzählers zu seiner Phantasie-Familie sein.

Der Standpunkt des Erzählers liegt in der Gegenwart: Der Text setzt präsentisch ein — „Noch immer fragen sie mich alle, wie das gekommen sei … (1. Absatz) — und kehrt nach dem erinnernden Bericht — „ich erinnere mich ganz deutlich" — am Schluß zu dieser Zeitstufe zurück — „und unten pfeifen die Jungens von der Bande".

Durch die beiden *Zeitebenen* erhält der Text eine Rahmenstruktur, in der die Haupterzählung als Erinnerung mit einem präsentisch intensivierten Kern in die Ebene der Gegenwart, die am Schluß in die Zukunft übergeht, eingesenkt ist. Durch die perfektische Distanzierung kann der Ich-Erzähler seine bisherigen Lebensumstände und das besondere Ereignis aus einer nachträglichen (Bewußt-)Seinslage beleuchten, die auch über Alternativen zu spekulieren erlaubt („Ja, natürlich, alles das hätte ich tun können...").

Mit der distanzierten Betrachtungsweise gewinnt der Erzähler eine hohe Reflexionsebene, die gelegentlich im Widerspruch zu seinem Kind-Status zu stehen scheint. Dieses ausgeprägte Bewußtsein von der eigenen Person und ihrer Situation erklärt sich wiederum vom Ende der Geschichte her, davon abgesehen, daß für die Spätphase der Kindheit, der unser Ich-Erzähler zugehört, eine stark entwickelte Reflexionsfähigkeit anzunehmen ist. Der Text verdeutlicht die Bewußtseinshöhe dadurch, daß der Verlust der Phantasie-Familie dem Jungen zum einschneidenden Erlebnis, fast zum Schock wird, der ihm das Ende seiner Kindheit signalisiert: „...jetzt weiß man mit einem Mal, daß man kein Kind mehr ist."

Der Zeitraum, von dem der Junge berichtet, die *erzählte Zeit* also, läßt sich nicht genau angeben. Den Verlust von Popp und Mingel stellt er am Nachmittag des 1. November, „am Tag vor Allerseelen", fest. Es war „ein dunkler Tag". Von der Gegenwart des Erzählers aus liegt dieses Ereignis nur wenig, vermutlich einige Tage oder Wochen zurück („neulich"); so dürfte diese Gegenwart auch ein Novembernachmittag sein („es wird schon dunkel"), an dem der Junge zur Bande stößt. Der Verlust der Ersatzfamilie beendet eine Epoche des Doppellebens in der Wirklichkeit und im Wachtraum, deren Dauer wiederum nicht genau angegeben wird. Man wird mehrere Monate, wenn nicht Jahre ansetzen können, wenn man die verschiedenen Informationen über die häuslichen Verhältnisse der wirklichen Familie auf ihre Zeitelemente hin beachtet (z. B. Sparen für ein Auto). Das Gleichbleibende der Situation über längere Zeit drückt der Junge in dem Satz aus: „So war das alle Tage, wenn ich von der Schule nach Hause gekommen bin."

Dieser nicht genau bestimmbare, aber doch längere Zeitraum wird in der Ich-Erzählung, insbesondere im perfektischen Berichtsteil unter den für das Kind wichtigsten Aspekten gerafft, so daß der vorliegende Text in 15 bis 20 Minuten zu lesen ist (*Erzählzeit*).

Will man den Text gattungsmäßig näher bestimmen, so findet man Elemente der *Kurzgeschichte*. Im Blick auf die im Schlußsatz vom Ich-Erzähler formulierte Einsicht bietet die Geschichte einen Abschied von der Kindheit. Mögen die Umstände, die mangelnde elterliche Zuwendung das Ende der Kinderzeit beschleunigen[8], Kindheit ist umso mehr das zentrale Thema des Textes, als gerade ihr Ende dem Kind-Erzähler als Schwellenerlebnis bewußt wird. Dieses fast blitzlichtartige („jetzt

weiß man mit einem Mal...") Gewahrwerden eines „Lebensbruchs"
ist ein charakteristisches Merkmal vieler Kurzgeschichten. Im Handlungsablauf wird dieser Altersbruch durch den Verlust der Ersatz-Familie
repräsentiert; im letzten Satz des Textes tritt er voll ins Bewußtsein
des Erzählers. Das veränderte Bewußtsein läßt ihn „die Nixe in der
Buntglasscheibe" mit anderen Augen sehen. Hat sie an jenem Früh-
nachmittag „noch ein bißchen geleuchtet", so geht er nun, mit den
„Händen recht forsch in den Hosentaschen", an ihr „vorbei" — „die
hat einem früher sehr gefallen". So wird die Nixe, Sinnbild für Geheimnisvolles und Märchenhaftes, zum Symbol der Kindheit, die er nun
hinter sich läßt.

Auch die Kurzgeschichtenelemente Offenheit des Anfangs und des
Schlusses lassen sich, wenn auch mit Einschränkungen, feststellen.
Beginn und Ende des erzählten Zeitabschnitts sind, wie sich schon
aus den Hinweisen auf die erzählte Zeit ergibt, keine abrupten Einschnitte,
über die hinaus alles offen und unbekannt wäre.[9] Was der Leser über
die Situation des Kindes erfährt, läßt ihn leicht dessen bisherige Entwicklung und Sozialisation erschließen. Der Erzähler selbst bereitet ein solches
in die Vergangenheit interpolierendes Lesen vor, wenn er seine Erinnerung stuft in die Normalität des Alltäglichen („So war das alle Tage...")
und in das besondere Ereignis jenes „Unglückstags". Auch die weitere
Lebenslinie des die Schwelle der Kindheit überschreitenden Jungen kann
der Leser leicht ausziehen: Er wird nun, um „nicht mehr so allein"
zu sein, in die Bande eintreten und dort Dinge tun, die er bisher für
„ganz stupide Sachen" hielt. So treten in der ausschnitthaften Darstellung
eines Stücks Kinderzeit im Ansatz auch schon die folgenden Jugendjahre
in Erscheinung. Die für die Art der weiteren Entwicklung bestimmenden
Dispositionen der Kindheit kulminieren im Verlust der Ersatzfamilie
zu einer Entscheidungssituation: Die defizitäre Erziehung mußte das
Kind nicht unausweichlich auf die Straße werfen. Erst der Wegfall
der Wachtraum-Kompensation des emotionalen Mangels treibt den
Jungen frühzeitig aus der Kindheit, aus dem Haus, in die Bindung
der Bande und möglicherweise in die Kriminalität („Autoreifen aufste-
chen und Schaufenster kaputt schmeißen"), die damit kausal auf Kind-
heitsbedingungen rückbezogen werden kann.

3. Ausdifferenzierung: Das Doppelleben des Kindes

Das Doppelleben des Ich-Erzählers in der Wirklichkeit und in einer Phantasiewelt wurde in den Grundzügen schon skizziert. Genau beschreiben lassen sich die beiden Bereiche, wenn man die *Personen* und die Beziehungen des Jungen zu ihnen betrachtet.

3.1. Die Wirklichkeit

Ein Zeichen der Einsamkeit des Kindes ist der Mangel an Umgang, an Kommunikation mit anderen Menschen. Für die Abwesenheit der Eltern, auf die das Einzelkind besonders angewiesen wäre, gibt es keinen Ausgleich. Es fehlen nicht nur Geschwister, auch von Großeltern oder anderen Verwandten, die wenigstens teilweise eine emotionale Eltern-Ersatz-Funktion übernehmen könnten, ist keine Rede. Die Beziehungen des Kindes zu Nachbarn oder Mitbewohnern des Hauses erschöpfen sich im Ärgern des Hundes „hinter der Tür rechts im zweiten Stock". „Erwachsene" werden zwar erwähnt, aber nur als anonyme Neugierige, die „haben später wissen wollen", wie das gekommen sei. Von ihnen erwartet der Junge kein Verständnis; er weiß, was sie gerne hören wollen, aber er sagt ihnen nicht die Wahrheit. Das Spiel mit „seiner" Familie bleibt sein Geheimnis; davon sollen seine Eltern nichts erfahren „und die Lehrer auch nicht, und erst recht nicht der Arzt", den seine Eltern vor ihm unangemessen verniedlichend „Onkel Doktor" nennen. Elternhaus, Schule, Arzt — wichtige Erziehungs- oder Einflußinstanzen — besitzen nicht das Vertrauen des Kindes; es ist auch kein Bemühen zu erkennen, Vertrauen zu gewinnen oder zu erhalten. Von der Rolle der Schule im Leben des Jungen erfahren wir nur, daß er „auch immer viel Schularbeiten zu machen" hat. Der Arzt macht nur „ein merkwürdiges Gesicht" und ist hilflos. Auch die Freunde der Eltern können mit dem Kind nichts anfangen; es sind „Erwachsene, die keinen Schritt zu Fuß gehen wollen".

Nicht nur unter den Erwachsenen, auch unter Jüngeren, Gleichaltrigen gibt es niemand, mit dem der Kind-Erzähler menschlich bedeutsamen Umgang hat; kein Klassenkamerad, Spielgefährte oder Freund wird erwähnt. Für den Umgang mit Kindern bieten sich ihm nur negative Möglichkeiten an; die „Kinder im Parterre, die so frech sind und sich fortwährend streiten", gefallen ihm nicht; eine Sozialisationsmöglichkeit in einer ‚peer group' bietet die Bande an, deren Verlockung er so lange widersteht, wie er sich in seiner Ersatz-Familie selbst Geborgenheit schafft. Nach deren Wegfall wird die Bande Gegenspielerin zu seinen

Eltern. Zwischen die Inhaltslosigkeit seiner Elternbeziehung und die Verlockungen der Bande („unten pfeifen die Jungens von der Bande") gestellt, entscheidet sich der Ich-Erzähler für diese: „... auf jeden Fall war man dann nicht mehr so allein."

Alle Personen der Realitätsebene, Erwachsene und Jüngere, bleiben in der Geschichte namenlos. Auch der Name des Erzählers bleibt uns unbekannt, was nicht nur in der Konstruktion der Ich-Erzählung begründet ist; im Berichtsteil wäre der Name des Kindes aus dem Mund des Vaters oder der Mutter gut mitteilbar gewesen. Daß die Namen der Eltern nicht erwähnt werden, wird zunächst als normal hingenommen; das Kind nennt sie im Bericht „meine Mutter" und „mein Vater". An keiner Stelle werden diese Funktionsbezeichnungen durch affektbesetztere Benennungen, durch Koseformen wie Mama, Mutti, Papa, Vati usw. ersetzt. Diese in der Benennung erkennbare emotionale Zurückhaltung den Eltern gegenüber wird am deutlichsten im Vergleich zur Phantasie-Familie. Deren Mitglieder haben alle Namen; die Geschwister heißen Harry und Luzia, die Eltern Popp und Mingel. Man wird die Namen- und Klangsymbolik nicht überstrapazieren, wenn man in diesen mit Papa und Mama, freilich auch mit Mutter alliterierenden Namen für Vater und Mutter wärmere, freundlichere Töne erkennt, die den individuelleren, empfindsameren und aufgeschlosseneren Beziehungen zum Kind, zu den Kindern entsprechen.

Die Eltern des Jungen glauben offenbar, ihre Erziehungsverantwortung mit der materiellen Versorgung ihres Kindes zu erfüllen. Nahrung, Kleidung, Taschengeld sind reichlich vorhanden. Auffallend ist das mangelnde Einfühlungsvermögen in die Lage des Kindes, das Unverständnis für Wünsche und Bedürfnisse, die materiell nicht zu befriedigen sind (vgl. besonders den 1. Absatz). Die Einsamkeit des Kindes kann auch durch besonders „feine Wurst" nicht aufgehoben werden. Das Geld scheint der einzige Wertmaßstab zu sein. Die dem entsprechende pädagogische Haltung bemüht sich nicht um erzieherische, menschliche Angebote an das Kind, sondern gibt ihm den erzieherisch nicht verantworteten Freiraum, in seiner Angst „einfach wieder fortzugehen", „auf den Hof oder zu den Kindern im Parterre"; die Eltern „hätten auch nichts dagegen gehabt", wenn er ins Kino gegangen wäre; sie erlauben ihrem Kind, seine Einsamkeit stundenweise mit einer käuflichen Scheinwelt zuzudecken.

Die Fehleinschätzung des Kindes, seiner Bedürfnisse und Möglichkeiten führt einerseits zu einer gewissen Überforderung, andererseits zu einer Unterschätzung seines Entwicklungsstandes. So hängt ihm seine Mutter morgens den Hausschlüssel an einem Wäscheband um den Hals, obwohl er ihn „natürlich genausogut in die Hosentasche stecken könnte".

Noch stärker fühlt sich der Junge unangemessen kleinkindhaft behandelt, wenn seine Eltern den ihnen unbekannten Arzt vor ihm den Onkel Doktor nennen. Belastend wirkt sich auf das Kind aus, wenn es nach der Schule beim Eintritt in die leere Wohnung auch noch damit rechnen muß, die Betten der Eltern machen und den Frühstückstisch aufräumen zu müssen. Die Überforderung liegt nicht in der damit verbundenen Arbeit, sondern in der Erfahrung, es hier mit familiären/ehelichen Konfliktstoffen zu tun zu haben. Wenn „es so unordentlich aussieht", schreit der Vater, „der sehr nervös ist", seine Frau an, die dann gereizt unter Hinweis auf die Ratenzahlungen für Musiktruhe und Kühlschrank ihren finanziellen Beitrag zum Lebensstandard zur Disposition stellt. So entsteht die groteske Situation, daß der Junge, der unter der mangelnden Zuwendung seiner unter den Konsumzwängen stehenden Eltern leidet, durch sein einfühlsames Tun das elterliche Verhalten begünstigt, indem er Streitanlässe vorbeugend aus der Welt schafft.

Die schöne Erwartung, die die Mutter mit dem Kauf eines Autos verbindet, daß sie dann „alle drei zusammen in den Wald fahren werden" und dort spielen, verwirklicht sich nicht, weil den Eltern ihr Kind und seine Bedürfnisse weniger bedeuten als ihre Erwachsenen-Freunde, „die keinen Schritt zu Fuß gehen".

Die Mutter, die ganztags im Büro arbeitet, „weil sie da unter Menschen wäre", nutzt auch die Abende keineswegs, um sich mit dem Kind zu beschäftigen; sie geht lieber mit dem Vater ins Kino; weder zu Gesellschaftsspielen noch zum Vorlesen ist sie bereit. Da er „ja jetzt schon ein großer Junge wäre", solle er seine „Bücher allein lesen". Der vergebliche Wunsch des Jungen, daß seine Mutter „wieder einmal krank" werde, so daß er sie pflegen könne, ist das Verlangen des Kindes, die Mutter zuhause zu haben und in ihrer Nähe sein zu können. Die erzieherische Unbeholfenheit oder Nichtbereitschaft des Vaters ist noch größer; unfähig zu einem erklärenden Gespräch, befiehlt er dem mit einem Spielzeug-Soldaten in brauner Uniform spielenden Jungen, „den verdammten SA-Mann" wegzuwerfen.

3.2. Die Phantasie- und Wunschwelt

Zu dem insgesamt trüben Bild, das der Junge, ohne anzuklagen, von seiner häuslichen Situation zeichnet und dem die Düsternis jenes Novembertages entspricht, steht das Helle und die Freundlichkeit der erfundenen, erträumten, ersehnten Familie in starkem Gegensatz. Offenbar ist die Heimkehr von der Schule in die unaufgeräumte Wohnung, wo ihn niemand erwartet und wo er sich sein Essen selbst aufwärmen muß, ein besonders deprimierender Augenblick in seinem Tagesablauf. Denn genau an diesem Punkt setzt der kompensierende Gegenentwurf des Jungen an; er spielt Nachhausekommen. Da wird er mit fröhlichem, lautem Lachen empfangen; die ganze Familie erwartet ihn. Popp mit seinem „freundlichen Vollmondgesicht" nennt ihn „unseren Jüngsten" (den man wohl ein bißchen verwöhnt). Mutter Mingel nennt ihn „Söhnchen", schließt ihn in die Arme und kocht für ihn. Mit Bruder Harry unterhält er sich über seine Erlebnisse in der Prärie — d. h. auch sein außerhäuslicher Lebensraum, die Schule, wird zu Reizvollerem, Lebendigerem umgeformt. In der Phantasiewelt kann der Junge auch eine heldenhafte Rolle spielen (wilde Mustangs fangen), wie sie in kindlichen Wachträumen möglich ist. In diesem Bereich der phantastischen Ablösung der Wirklichkeit gehört auch die Mondrakete.

Popp und Mingel sind Eltern, die um das Wohl ihrer Kinder besorgt sind; sie haben Zeit für sie, sind immer zuhause und unterhalten sich mit ihnen, beteiligen sich an einem Gesellschaftsspiel — für den Jungen Spiel im Spiel — und freuen sich mit und an ihnen, empfinden ihre Kinder als Glück — „wenn wir unsere Kinder nicht hätten". — Die kompensierende Phantasie des Jungen wünscht sich dabei dennoch keine Eltern, die dem Kind alles zu Willen tun; eine Mondfahrt würden sie nicht erlauben; auch setzt Vater Popp Grenzen, wenn der Junge seine Phantasie-Schwester Luzia neckt („Laß sie in Ruhe."). Die Vorstellung liebender, gut gelaunter, fürsorgender Eltern verbindet sich mit dem Respekt vor der gern akzeptierten Autorität.

3.3. Die Bedeutung der Kompensation

Ein Vergleich der wirklichen mit der erfundenen Familie verdeutlicht, was dem Kind-Erzähler fehlt und was er sich wünscht. Schon rein quantitativ wird der Ein-Kind-Familie die größere Familie gegenübergestellt. Das Zusammenleben mit zwei weiteren Geschwistern regt zu Spielen an, entwickelt Phantasie; man neckt einander, hat gemeinsam kleine Geheimnisse vor den Eltern (Verstecken der Zettel) und ist fröhlich. Dieser Geschwisterwunsch des Einzelkindes wäre vielleicht nicht so stark, wenn die Eltern die Problematik des geschwisterlosen Jungen erkennen und ihr Rechnung tragen würden.

Die Wunschwelt der Anerkennung, der Wärme und Geborgenheit muß der Junge verlassen, wenn mit der Heimkehr der Eltern die Realität wieder einbricht. Da kann er „seine Familie" nur noch in aller Eile wegpacken. Die Aufregung über deren Verlust wird erst voll verständlich, wenn man die Bedeutung dieses Rollenspiels als Kraftquelle für das

Kind erkennt. Bei diesem Spiel ist ihm die Zeit „immer ganz schnell vergangen"; weder die Kinder im Parterre, noch die Bande können ihn locken; die triste Realität seines Lebens wird erträglich.

Offenbar hat seine Mutter bei einer Putzaktion die für sie bedeutungslosen alten Sachen weggeworfen. Der Junge ist nun auf seine Realität zurückgeworfen, die er jetzt umso intensiver empfindet: Die Wohnung ist „so entsetzlich öde und still". In dieser Situation geschärften Bewußtseins wird dem Jungen klar, daß der Verlust des phantasiegeschaffenen Paradieses unwiederbringlich ist und das Ende der Kindheit bedeutet. Um noch einmal „gewissermaßen eine neue Familie zu gründen", dafür ist er „wahrscheinlich längst zu alt". In dem Bewußtsein, daß er zu Hause „fortan immer so allein sein würde", sieht er seinen Weg in die Bande vorgezeichnet. Sein Bedürfnis nach Wärme und Licht zeigt sich im Entzünden der Gasflammen. Die Gefährlichkeit der Flammen, die für ihn „lebendig und hell und warm" sind, könnte auf die zerstörerische Kraft unterdrückter Triebe und Bedürfnisse verweisen. Dabei denkt er, „daß man mit den Flammen vielleicht auch reden kann". Hier wird noch einmal das dringende Bedürfnis nach Gespräch und Aussprache deutlich, das von den Eltern nicht befriedigt wird. Der Junge macht ihnen daraus keinen Vorwurf — „sie sind, wie sie sind, und ich mag sie gern" —, aber über „gewisse Sachen" kann er eben nicht mit ihnen reden. Er klagt seine Eltern nicht an, aber er schafft sich eine bis ins Detail reziproke Gegenwelt, deren Existenz eine um so schärfere Anklage darstellt. „Die Ersatzfamilie deckt das Versagen der realen Eltern auf."[10] Durch sie kann das Kind „über eine längere Zeitspanne hinweg den Mangel und die Fehlleistung in der Wirklichkeit ausgleichen".[11]

4. Bedeutung der Kindheit und ihrer Darstellung

„Popp und Mingel" — durch den Titel verweist die Autorin auf den Kerngehalt ihrer Geschichte, auf den Wunsch und das Bedürfnis des Kindes nach Vater und Mutter, die ihm mehr bieten als Wohnung und Brot. Es ist der Wunsch nach Gemeinschaft auch im Geistigen und Seelischen (Gespräche und Spiele), nach Geselligkeit und Gemeinsamkeit (Geschwister). M. L. Kaschnitz beschreibt also das Kind als ein Wesen, das auf Beziehungen angelegt und angewiesen ist. Mit dieser allgemeinen Bestimmung steht das Kind stellvertretend für den Menschen überhaupt.

Die konkreten Lebensbedingungen des kindlichen Ich-Erzählers zeigen, was dem Kind fehlt. Die gesellschaftlich-psychologische Realität in der Geschichte bietet ein Negativbild, dem das Kind selbst den positiven Entwurf einer kindergerechten Welt gegenüberstellt. Dabei wird die Kinderfeindlichkeit nicht als bewußte Böswilligkeit, sondern eher als Unwissenheit der Erwachsenen dargestellt.

Mit der Darstellung der Ahnungslosigkeit der Erwachsenen von der kindlichen Eigenwelt bestätigt die Autorin einen wichtigen Aspekt der Kindheitsdarstellungen im 20. Jahrhundert. „Die schon bei Broch und Kafka angedeutete Kontaktlosigkeit zwischen der Welt der Kindheit und ihren Gesetzen einerseits und der Welt der Erwachsenen und ihren Gesetzen andererseits hat sich bis in die jüngste Gegenwart in der deutschen Literatur als Thema und Motiv erhalten."[12] Auch die diesem Aspekt zuzuordnende Beobachtung, daß die Kinder die Erwachsenenwelt durchschauen[13], findet sich in unserem Text bestätigt.

Die ganz in der Perspektive des Kindes belassene Darstellung gibt der Geschichte etwas Unmittelbares, Authentisches. Da der Ich-Erzähler sich zudem der Wertungen enthält, wird die Bewertung der Fakten und Problemaspekte ganz dem Leser zugeschoben. Da die meisten Leser wohl für den Jungen Partei ergreifen werden, muß auf die Gefahr sentimentaler Voreingenommenheit für das Kind geachtet werden. Hier könnte die Beachtung der gesellschaftlich bedingten Faktoren im Verhalten der Eltern zu deren besseren Verständnis beitragen, ohne daß sie damit von ihrer auch individuell zu verantwortenden Erziehungsaufgabe entlastet würden. Da jeder Leser auf jeden Fall sich als Rollenfigur im Text wiederfindet — er ist Kind oder war Kind und ist Erwachsener, möglicherweise Mutter oder Vater — wird die Erzählung auch zu einer Herausforderung, die eigene Auffassung und Praxis in Erziehungsfragen und im Umgang Kinder-Erwachsene zu überprüfen.

Wurde eingangs auf den Realitätsbezug der Geschichte von Seiten des Autors hingewiesen, so sieht sich nun auch der Leser vor die Notwendigkeit gestellt, zwischen der Wirklichkeit des Textes und seiner eigenen eine Beziehung herzustellen.

Anmerkungen

1 Das Thema Kindheit bei M. L. Kaschnitz behandelt ausführlich Anita Baus: Standortbestimmung als Prozeß. Eine Untersuchung zur Prosa von Marie Luise Kaschnitz. Bonn: Bouvier 1974 (Abhandlungen zur Kunst-, Musik- und Literaturwissenschaft Bd. 129. Phil. Diss. Saarbrücken 1971). Vgl. bes. das 3. Kapitel.
2 Marie Luise Kaschnitz: Lange Schatten. Erzählungen. Hamburg: Claassen 1960. Als Taschenbuch: München: dtv 243, 1964. Für Studium und Schule

billig greifbar bei Winfried Ulrich (Hrsg.): Deutsche Kurzgeschichten 7.-8. Schuljahr. Stuttgart: Reclam 1973, S. 30—37 (Arbeitshefte für den Unterricht. RUB 9506).

3 M. L. Kaschnitz in: Horst Bienek: Werkstattgespräche mit Schriftstellern. München: Hanser 1962. Zitiert nach der dtv-Ausgabe ²1969, S. 50.

4 Baus, S. 321 f. mit Nachweisen aus der psychologischen Literatur. Die altersgemäße Angemessenheit des Spielverhaltens nach psychologischen Kriterien wird auch aufgezeigt bei Birgit Klein: Dargestellte Kindheit in Kurzgeschichten nach 1945 im Vergleich mit kinderpsychologischen Erkenntnissen. Reutlingen 1975 (Zulassungsarbeit zur 1. Dienstprüfung für das Lehramt an Grund- und Hauptschulen. Unveröffentlicht), S. 33 ff.

5 Kontinuierlich wird die Situation der bundesrepublikanischen Nachkriegsgesellschaft am deutlichsten wohl im Werk Heinrich Bölls nachgezeichnet.

6 Zum Anteil der eigenen Erfahrung an ihrem Schreiben sagt M. L. Kaschnitz, es müßten nicht immer ausgewachsene Erlebnisse sein. „Es können auch Keime von Erlebnissen sein, auch Keime von Anlagen und Ansichten ..., die man dann literarisch entwickelt ..." Und zur Identifizierung mit den literarischen Figuren: „Ich kann nicht in ungezählte, sondern nur in einige Menschen hineinschlüpfen und aus ihnen heraus denken und reden und handeln." Bienek, S. 42.

7 So Baus, S. 320.

8 In Heinrich Bölls Roman „Haus ohne Hüter" (1954) wird durch die Umstände der Kriegs- und Nachkriegszeit Kindheit in krasser Form abgekürzt, so daß ein Zehnjähriger zeitweise Ernährer der Familie sein muß.

9 M. L. Kaschnitz stellt fest, daß der Autor auch bei der kurzen Erzählung „alles von seinen Gestalten wissen muß (auch ihre ganze Vorgeschichte und Nachgeschichte) über den Rahmen der Erzählung hinaus", aber er „braucht doch nicht alles sagen ..." Bienek, S. 49.

10 Baus, S. 322.

11 Vgl. Anm. 10.

12 Alfred Söntgerath: Pädagogik und Dichtung. Das Kind in der Literatur des 20. Jahrhunderts. Stuttgart: Kohlhammer 1967, S. 88.

13 Vgl. z. B. Günter Grass: Die Blechtrommel (1959) und Gisela Elsner: Die Riesenzwerge (1964).

2.1.3. Jules Renard: Die Hühner (Poil de Carotte)

1. Einordnung

Der hier vorgestellte kurze Prosatext ist dem 1894 erschienenen Buch von Jules Renard „Poil de Carotte"[1] entnommen. Es ist der erste von insgesamt 49 kurzen Texten, die zum Teil schon vorher anderweitig erschienen waren und die hier in loser Folge aneinandergereiht sind. Es handelt sich also nicht um einen Roman, wie manchmal fälschlicherweise behauptet wird. Renard hat aus dem Stoff später noch ein Theaterstück mit dem gleichen Titel geschrieben, das um 1900 erfolgreich aufgeführt wurde.[2] Das Buch ist in Frankreich auch heute noch weit verbreitet und wird oft zu Unrecht für ein Kinderbuch gehalten. In Deutschland dagegen ist es weitgehend unbekannt. Die erste und meines Wissens einzige Übersetzung, der auch dieser Text entnommen ist, erschien 1946 in der Schweiz.[3] Leider verändert sie den sehr nüchternen Stil Renards oft ins Poetische.[4]

In Form und Inhalt läßt sich der Text in die Reihe der Ende des 19. Jahrhunderts in Frankreich erschienenen Darstellungen von Kindheit einordnen, die das Kind als Opfer seiner familiären und sozialen Umwelt zeigen. Die bekanntesten sind neben „Poil de Carotte" die Romane „Le Petit Chose" (1868)[5] und „Jack" (1876)[6] von Alphonse Daudet und „L'Enfant" von Jules Vallès (1879)[7]. Fast immer wird hier die Darstellung der Kindheit als soziale Anklage verstanden, die versucht, gegenüber einer romantisierenden Verklärung der Kindheit die traurige Wirklichkeit zu zeigen: das Kind als Opfer der Gesellschaft. Häufig spielen autobiographische Züge mit hinein. So auch bei dem Buch von Jules Renard, der oft genug betont hat, daß es sich bei „Poil de Carotte" um eine Beschreibung seiner eigenen Kindheit handelt, insbesondere um eine späte Auseinandersetzung mit seiner Mutter.

2. Analyse

2.1. Stoffliche Analyse

2.1.1. Inhalt

Es geht in dem Text um eine ganz alltägliche Begebenheit. Die Familie sitzt abends beieinander, es ist draußen schon dunkel, und der Hühnerstall muß noch abgeschlossen werden. Da die älteren Kinder sich weigern, bestimmt die Mutter ihren Jüngsten mit dem Spitznamen Rotfuchs (Poil de Carotte) dazu. Dieser überwindet seine Angst und geht in die Nacht hinaus, die für ihn voller Schrecken und Gespenster ist. Nachdem er den Stall verschlossen hat und stolz und erleichtert ins Wohnzimmer zurückkommt, nimmt keiner Notiz von ihm. Nur die Mutter sagt ihm, daß er das nun jeden Abend tun könne.

2.1.2. Personenkonstellation

Der Text gliedert sich deutlich in zwei Teile, sprachlich wie inhaltlich. Im ersten Teil, der vorwiegend Dialoge wiedergibt, ist Frau Lepic, die Mutter, die Hauptperson. Sie bringt das Gespräch in Gang, während die andern nur reagieren. Im zweiten Teil, der mehr beschreibender Art ist, ist Rotfuchs die zentrale Figur.

Im ersten Teil wird auf den Konflikt hingeführt. Hier werden zunächst die Personen vorgestellt, die dem Leser in diesem ersten Text noch unbekannt sind. Dies geschieht auf zwei Ebenen: einmal durch ihr Verhalten, zum andern durch die Charakterisierung des Erzählers. Das wird besonders deutlich bei den Geschwistern. Der große Bruder Felix offenbart seinen schlechten Charakter schon durch die patzige und arrogante Antwort: „Dazu bin ich nicht da, daß ich mich mit Hühnern abgebe."[8] Zusätzlich aber wird er vom Erzähler noch als „bleichwangiger, träger, feiger Bursche" bezeichnet. Die Schwester Ernestine schiebt ihre Ängstlichkeit vor: „Da habe ich viel zu schrecklich Angst". Dem fügt der Autor keinen Kommentar bei. Aber die folgende Beschreibung der beiden Geschwister, die nicht vom Buch aufblicken und, wie der Autor ironisch schreibt, „mit gespanntem Interesse" lesen, zeigt die Heuchelei der beiden deutlich genug. Demgegenüber vertreibt sich Rotfuchs die Zeit „mit allerhand müßigen Spielereien", er spricht „leise und schüchtern" und gibt zu, daß er auch Angst hat. Nicht nur durch seine Haltung, seine Worte und die Eigenschaften, die ihm der Erzähler zuschreibt, unterscheidet er sich von seinen Geschwistern. Auch in der szenischen Anordnung wird die Personenkonstellation deutlich: Von Felix und Ernestine heißt es: „Sie sitzen beide am Tisch ... Sie haben beide die Ellbogen aufgestemmt ... beinahe Stirn an Stirn". Dagegen hat sich Rotfuchs „unter den Tisch verkrochen ... seinem Versteck". Zweierlei geht aus dieser Beschreibung hervor: Erstens, die beiden älteren Geschwister halten zusammen, sie bilden eine Einheit, während Rotfuchs ein Außenseiter ist; zweitens, die beiden Älteren stehen im Mittelpunkt, während Rotfuchs sich zurückzieht und versteckt. Die Einigkeit von Felix und Ernestine wird auch durch den Textaufbau betont: Ihre Äußerungen verlaufen immer parallel. Die Bemerkungen über Rotfuchs entsprechen sich fast in rhythmischem Gleichklang: Ernestine: „Er ist mutig und frech wie ein Ziegenbock." Felix: „Vor nichts hat er Angst und fürchtet keinen Menschen." Aber schon vorher folgen ihre Repliken unmittelbar auf die Fragen der Mutter. Bevor aber Rotfuchs gefragt wird, ist ein Abschnitt eingefügt, in dem der Erzähler die andern beiden noch einmal als Einheit zusammenfaßt: „Sie sitzen beide am Tisch und lesen ..."

2.1.3. Handlungsablauf

Wie bereits gesagt, ist die Hauptgestalt dieses ersten Teils Frau Lepic, die Mutter der drei. Sie gibt mit ihrem ersten Satz Thema und Konflikt der Erzählung an. Sie wird auch das letzte Wort behalten und erweist sich damit als bestimmende Figur. Für die Kinder ist sie als Erwachsene zunächst die Gegenspielerin, die Autorität. Sie fragt, die Kinder antworten. Aber auch hier wird die Spaltung zwischen den Geschwistern deutlich. Den beiden Älteren trägt sie ihr Anliegen in höflicher Frageform vor: „Felix möchtest du nicht geschwind hingehen und den Hühnerstall abschließen?", „Und du Ernestine?" Dagegen sagt sie im Befehlston: „Rotfuchs geh doch und schließe den Hühnerstall!" Seinen Einwand, er habe auch Angst, läßt sie als einzigen nicht gelten, ja paradoxerweise bezeichnet sie den Kleinsten als „großen Bengel". Der Erzähler hilft dem Verständnis durch die ironische Formulierung nach: „Damit er vollends den nötigen Mut aufbringt, verspricht ihm seine Mutter noch eine Ohrfeige."

Im zweiten Teil, der stärker durch Handlung als durch den Dialog bestimmt ist, ist Rotfuchs die Hauptperson. Er führt nun aus, was im ersten Teil besprochen wurde. Die Handlung verläuft wiederum in zwei Teilen: Der erste spielt im Dunkel, zeigt die Angst des Jungen, ihre Überwindung und gipfelt im Ausführen des Befehls. Die zweite spielt im Licht, zeigt die Genugtuung über die erbrachte Leistung und den Wunsch nach Bestätigung. Sie gipfelt im letzten Satz, der die ganze Verständnislosigkeit und Bosheit von Frau Lepic enthüllt, wenn sie sagt: „In Zukunft kannst du ihn jeden Abend abschließen." Rotfuchs wird also für seine Leistung nicht nur nicht gelobt, sondern sogar bestraft. Die durch die Übereinstimmung von erstem und letztem Satz angedeutete Kreisbewegung zeigt die Hoffnungslosigkeit für das Kind, dem die Bedeutungslosigkeit seiner Tat dadurch demonstriert wird, daß man sie ihm nun jeden Abend zumutet. Es hat mit seiner Selbstüberwindung nichts geändert und bleibt innerhalb der Familie weiterhin isoliert.

2.2. Strukturanalyse

2.2.1. Sprachform

Auffallend an dem Text ist zunächst der Wechsel von direkter Rede und Bericht. Der erste Teil wird fast ausschließlich vom Dialog bestimmt. Im Dialog präsentiert sich die Familie selbst, ohne Intervention des Erzählers. Die wenigen zwischengeschobenen erzählenden Abschnitte schaffen Distanz durch die Erläuterungen und den oft ironischen Kommentar des Erzählers. Bezeichnenderweise fängt der erste dieser Abschnitte an mit der Bemerkung „So ist es auch (c'est vrai)" — der Erzähler bestätigt, was Frau Lepic gerade gesagt hat. Ironisch erklärt er den Namen Rotfuchs als „Kosenamen", mit dem Frau Lepic ihren Jüngsten ruft, bezeichnet er die Bemerkungen der Geschwister als „Komplimente", und meint, Frau Lepic verspreche ihrem Sohn eine Ohrfeige, „um ihn zu ermutigen". Durch diese Anmerkungen gewinnen die Dialoge an Schärfe. Vor allem aber wird die Stellungnahme des Erzählers, seine Sympathie für den Jüngsten deutlich gemacht und damit die in den Dialogen scheinbar gewährleistete Objektivität aufgehoben.

Im zweiten Teil wird der fortlaufende Bericht nur zweimal durch wörtliche Rede unterbrochen, jedesmal an entscheidender Stelle: Einmal als Rotfuchs den Hühnern zuruft, er sei's, also auf dem Höhepunkt seiner Angst; und dann zum Abschluß, als Frau Lepic ihn und den Leser durch ihre herzlose Bemerkung desillusioniert. Doch die erzählenden Abschnitte haben eine ganz andere Funktion als im ersten Teil. Sie zeigen keine Spur mehr von Ironie, die Sprache wird dicht und bilderreich. Die beiden um den Satz von Rotfuchs zentrierten Teile entsprechen sich: Auf der einen Seite wird die Angst ausgedrückt durch

Dunkelheit („Dunkelheit", „undurchdringlich", „dicht", „Windstoß", „eiskaltes Leichentuch"); auf der anderen Seite bedeutet das Licht Geborgenheit („Licht", „Wärme", „nagelneu", „leicht"). Derselbe Gegensatz wiederholt sich in der Haltung des Jungen: „Er klemmt die Beine gegeneinander und stemmt die Absätze in den Boden. Und er fängt an, im Dunkeln zu zittern"; dem entspricht in der zweiten Hälfte: „Er lächelt, geht hochaufgerichtet." Auffallend ist, daß der Erzähler hier nicht mehr die ironische Distanz wahrt, sondern aus der Perspektive des Jungen erzählt. Die Identifikation des Erzählers, und damit des Lesers, mit dem Kind wird stärker, je intensiver die Angst wird. Während zu Anfang des Textes noch von außerhalb erzählt wird: „Ihn dünkt, er sei blind", geht später der Bericht über in den inneren Monolog: „Schleichen da nicht Füchse...? Das beste ist wohl, er stürzte aufs Geratewohl, der Nase nach, vorwärts."

2.2.2. Erzählzeit und erzählte Zeit

Durch die szenische Darstellung im ersten Teil des Textes fallen Erzählzeit und erzählte Zeit fast zusammen. Selbst die eingeschobenen Kommentare stehen da, wo ohnehin eine Pause im Gespräch eintritt, etwa wenn die Familienmitglieder aus dem Fenster sehen. Auch im zweiten Teil dürften sich beide entsprechen, denn wo die Handlung hektischer wird, wird auch die Sprache kurzatmiger: „Rotfuchs ruft ihnen zu...Dann riegelt er die Tür ab und läuft davon (Poil de Carotte leur crie..., ferme la porte et se sauve)."

2.2.3. Erzählhaltung

Der Erzähler unseres Textes ist allwissend. Er gibt Gespräche wieder, erzählt, kommentiert und weiß, was in den Personen vorgeht. Nur für einen kurzen Augenblick verläßt er den beobachtenden Standpunkt außerhalb des Geschehens, um es mit den Augen des Kindes zu sehen. Er ist aber nicht unbeteiligt. Durch die Anordnung des Textes und den Stil stellt er sich deutlich auf die Seite des Jungen. Im Konflikt zwischen den Parteien wird das Ungleichgewicht in der Personenzahl (drei gegen einen) ausgeglichen durch die Bedeutung, die der Erzähler Poil de Carotte gibt. Auch kommentiert er ironisch nur die anderen, während er Poil de Carotte mit seinen Gefühlen sehr ernst nimmt und sich sogar mit ihm identifiziert. Daß der Erzähler den Standpunkt des Kindes einnimmt, zeigt sich schon darin, daß, bevor es überhaupt auftritt, die Geschwister aus seiner Sicht bezeichnet werden als „großer Bruder Felix" und „Schwester Ernestine".

2.3. Darstellung des Kindes

2.3.1. Das Kind

Von dem dargestellten Kind wird wenig direkt ausgesagt: Es ist das jüngste von drei Geschwistern, hat rote Haare und ein Gesicht voll Sommersprossen. Dieses Aussehen hat ihm den Spitznamen Rotfuchs eingetragen, der offensichtlich seinen richtigen Namen ganz verdrängt hat. Es ist begierig auf Komplimente und Lob und macht einen eher verschüchterten Eindruck.

2.3.2. Die Mutter

Die eigentliche Gegenspielerin ist die Mutter. Sie repräsentiert die Welt der Erwachsenen. Die anderen beiden Erwachsenen, Honorine (das Dienstmädchen, wie man aus späteren Texten erfährt) und der Vater (von dem nur in indirekter Form unter dem Sammelbegriff „Eltern" die Rede ist) werden nur erwähnt und treten nicht als handelnde Personen auf. Die Mutter dagegen spielt eine wichtige Rolle. Sie behandelt ihre Kinder unterschiedlich. Gegenüber Poil de Carotte ist sie autoritär und verletzend. Sie zeigt kein Verständnis für seine Gefühle und läßt ihm keine Anerkennung zuteil werden. Im Gegenteil, sie setzt seine Leistung herab, demütigt und ängstigt ihn gleichzeitig. Das Kind ist dieser mütterlichen Autorität hilflos ausgeliefert, ohne Beistand aus der übrigen Familie. Der Vater nimmt offensichtlich überhaupt nicht Stellung, und die Geschwister machen Front gegen den jüngsten Bruder.

2.3.3. Die Geschwister

Bruder und Schwester werden von der Mutter wesentlich besser behandelt. Es sind offensichtlich an die Erwachsenenwelt angepaßte Kinder, die wissen, wie sie sich verhalten müssen, um ihren Willen durchzusetzen. Sie machen sich bei der Mutter beliebt, indem sie sich gegen ihren jüngeren Bruder stellen. Nur die Schwester hat einen Augenblick Mitleid mit ihm, aber die Angst ist stärker. Und in die Familie zurückgekehrt, paßt sie sich sofort wieder deren Spielregeln an.

2.3.4. Die Situation des Kindes innerhalb der Familie

Aus den Reaktionen der Mutter und der Geschwister geht hervor, daß es sich keinesfalls um einen einmaligen Konflikt handelt. Die Rollenverteilung in der Familie ist so selbstverständlich, daß sie seit langem bestehen muß. Eingebettet in diese offensichtlich alltägliche Familienszene ist nun ein einmaliges Erlebnis des Kindes. Es geht in die Dunkelheit und überwindet seine Angst. Dieses Erlebnis der Selbstüberwindung erfüllt es mit Stolz. Es hat das Gefühl, sich bewährt zu haben, und hofft auf ein Zeichen der Anerkennung von Seiten der Erwachsenen, die ihm jedoch verweigert wird.

Im starren Rahmen der Familie, in der die Rollen festgelegt sind, macht nur das Kind eine Entwicklung durch. Die anderen merken jedoch nichts davon oder wollen nichts merken. So bleibt am Schluß offen, welche Auswirkungen die Selbstüberwindung des Kindes einerseits und seine Enttäuschung andererseits haben werden.

3. Bedeutung

Jules Renard gibt eine realistische Darstellung des Kindes, seiner familiären Umgebung und seiner Sozialisationsbedingungen. Er verbindet dabei die Milieuschilderung mit einem seelischen Erlebnis des Kindes. Dadurch zeigt er beispielhaft den Konflikt eines Kindes mit einer verständnislosen, ja feindseligen Umgebung.

Das Kind als Opfer seiner Umwelt ist in der Zeit des Naturalismus ein häufig wiederkehrendes Motiv. Die eingangs genannten Werke sind alle Variationen dieser Thematik. Das Kind erscheint in ihnen als Prototyp des von der Gesellschaft Unterdrückten. Bezeichnenderweise nennt Daudet seinen Roman „Jack" in der Widmung ein „Buch aus Mitleid, Zorn und Ironie". Diese drei Merkmale kennzeichnen auch den Text von Jules Renard.

Anmerkungen

1 Jules Renard: Poil de Carotte. Paris: Flammarion 1894.

2 Das Theaterstück ist für die Kollektion „Facile à lire", Reihe A (500 Wörter) adaptiert worden (deutsche Ausgabe im Klett-Verlag, Stuttgart). Eine Anspielung auf den hier besprochenen Text findet sich dort in der 3. Szene (S. 23).

3 Jules Renard: Rotfuchs — Poil de Carotte. Geschichte einer sonderbaren Familie und eines schwierigen Kindes. Übers. von Walter Widmer. Zürich: Werner Classen Verlag 1946.

4 Schon beim Titel begnügt sich der Übersetzer nicht mit der Wiedergabe, sondern gibt mit dem Untertitel bereits seine eigene Interpretation. Auch im Text selbst finden sich viele Beispiele umständlich interpretierender Übersetzung. So wird etwa die schlichte Verbform „dit-il" hintereinander mit „kreischt auf", „höhnt", „setzt hinzu", „schlägt vor", „tröstet" wiedergegeben.

5 Alphonse Daudet: Le Petit Chose. Paris: Hetzel 1868.

6 Alphonse Daudet: Jack. Paris: Dentu 1876.

7 Jules Vallès: Jacques Vingtras. Paris: Charpentier 1879, erschienen 1884 unter dem Titel „L'Enfant".

8 Da der Text sehr kurz ist, erübrigt sich die Angabe von Seitenzahlen.

2.2. Roman

2.2.1. Hermann Hesse: Unterm Rad

1: Vorinformation

1.1. Zum Autor

Da Hesses Erzählung „Unterm Rad" viele autobiographische Elemente enthält, sollen im voraus ein paar Hinweise auf seine frühe Biographie gegeben werden, jedoch nur soweit, als sie zu dem ausgewählten Werk einen Bezug haben.[1] Damit ist nicht gesagt, daß das Buch ohne die Kenntnis der biographischen Hintergründe nicht verstanden werden könnte. Der biographische Aspekt als literaturwissenschaftliche Methode bei der Textanalyse wäre in diesem Fall nicht notwendig, er ist aber aufschlußreich.

Kennt man die Lebensdaten und -fakten, die ein Autor in einem Werk verarbeitet, so bietet sich ein Vergleich zwischen Wirklichkeit und fiktionaler Darstellung an. Dabei geht es nicht darum, dem Schriftsteller Abweichungen von der Realität nachzuweisen. Aber die Art, wie er mit dem Wirklichkeitsmaterial, gerade auch mit dem autobiographischen umgeht, gibt Aufschlüsse über die Absichten des Autors. So verarbeitet Hesse in seiner Erzählung „Unterm Rad" nur solche Fakten, Erlebnisse und Erfahrungen seiner Schulzeit, die der Intention eines anklagenden Schulromans entsprechen.

Hermann Hesse wurde 1877 in Calw an der Nagold geboren. Die Landschaft und die kleinstädtische Szenerie dieses württembergischen Schwarzwaldortes, in dem er, von den Basler Jahren (1881-1886) abgesehen, seine Kindheit verbringt, finden sich in „Unterm Rad" wie in vielen Werken wieder. Vom baltendeutschen Vater scheint Hesse die Anlage zur Migräne und die Depressionsanfälligkeit geerbt zu haben. Phantasie und Erzählkunst dürften mehr mütterliches Erbe sein. Der schwäbische Großvater Gundert und zeitweise auch sein Vater waren in der pietistischen Indienmission tätig. Baltendeutscher und schwäbischer Pietismus, Gelehrsamkeit und Weltoffenheit in kleinstädtischer Umgebung bestimmen das geistige Klima, in dem Hesse aufwächst.

Früh zeigt sich die große Begabung des Kindes, früh aber auch, schon beim Zweijährigen, bereitet seine Erziehung Probleme.

Der Natur sehr verbunden, liebt er die Schule nicht; dennoch ist er in der Calwer Lateinschule, die er vom neunten bis dreizehnten Lebensjahr besucht, kein schlechter Schüler. Auf der Lateinschule in Göppingen (1890/91) wird Hesse auf das Württembergische Landexamen vorbereitet, nach dessen Bestehen er als Stipendiat im September 1891 in die evangelische Klosterschule Maulbronn eintritt. Damit ist sein Weg zum Theologiestudium vorgezeichnet.

In Maulbronn lebt sich der Seminarist offenbar ohne Schwierigkeiten ein. Der Unterricht macht ihm zunächst Spaß, und er gewinnt Freunde. Dann jedoch, ohne erkennbaren äußeren Anlaß, läuft Hesse am 7. März 1892 aus dem Internat weg. Diese Flucht für einen Tag signalisiert große innere Spannungen und Konflikte, insbesondere mit der elterlichen Autorität. Da sich die Krise verschlimmert, muß die Ausbildung unterbrochen werden. Die Eltern schicken ihn nach Bad Boll, wo ihn ein befreundeter Theologe heilen soll. Doch führt dort die unerwiderte pubertäre Liebesleidenschaft zu einer Zweiundzwanzigjährigen zu einem Selbstmordversuch. Nach dem Aufenthalt in einer Nervenheilanstalt besucht er das Cannstatter Gymnasium bis zum Einjährigen-Examen (Mittlere Reife). Eine Buchhändlerlehre schlägt zunächst fehl. Er leidet an Kopfschmerzen und Depressionen. Von 1894 bis 1895 arbeitet er als Praktikant in einer Calwer Turmuhrenfabrik. Schließlich führen die Tübinger Buchhändler-Lehrjahre (1895-1899) aus den Schul- und Ausbildungskrisen heraus.

Diese knappen Hinweise auf die äußere Biographie des Autors, aus der sich viele Details in der Erzählung „Unterm Rad" wiederfinden, sind im Blick auf seine innere Entwicklung zu sehen. Im Kampf um die Selbstverwirklichung als Künstler gerät Hesse in Konflikte mit der strengen religiösen Tradition des Elternhauses und der vorwiegend intellektuelle Leistungen fordernden Schule. Aus diesen von schweren geistigen und nervlichen Krisen gekennzeichneten Jahren der dichterischen Selbstfindung stammen auch die für sein Werk so charakteristischen Themen Kindheit, Jugend, Schule, Pubertät und Selbstfindung.

1.2. Texteinordnung

Die Erzählung „Unterm Rad" gehört Hesses Gaienhofener Schaffensperiode an; sie wurde 1903/04 in Gaienhofen am Bodensee, in größeren Teilen auch in Calw geschrieben und erschien 1904 als Vorabdruck in der „Neuen Zürcher Zeitung" und im „Kunstwart". Die leicht gemilderte Buchausgabe kam im Oktober 1905 (auf 1906 vordatiert) im S.

Fischer Verlag heraus.² Das Buch fand große Beachtung und erlebte schnell zahlreiche Auflagen.

„Unterm Rad" erzählt auf realistische Weise und mit anklagender Tendenz die Geschichte eines begabten Jungen, der durch den Ehrgeiz seines Vaters und der Lehrer um seine Kindheit gebracht wird und zugrunde geht.

Die Hinweise auf Hesses Biographie zeigen, daß er in dieser Erzählung eine Thematik von großer persönlicher Bedeutung gestaltet. Das Buch läßt sich aber nicht nur unter autobiographischen Gesichtspunkten in die schulkritische Literatur einordnen. Literaturgeschichtlich gehört es in die Reihe der zu Beginn des 20. Jahrhunderts in Mode gekommenen Schul- und Schülerromane, in denen sensible oder musisch begabte Kinder und Jugendliche von den Erwachsenen nicht verstanden werden und unter dem Druck der schulischen Forderungen zusammenbrechen. Diese Schulgeschichten wollen das Unmenschliche der Lehrer, der Institution Schule bloßstellen; sie klagen an, kritisieren, polemisieren.

Schon in Conrad Ferdinand Meyers „Leiden eines Knaben" (1883) zerbricht ein Schülerleben durch die Schuld der Schule. Auch schon bei Karl Philipp Moritz (Anton Reiser. 1785-1790), dem großen Vorläufer der Kindheitsdarstellungen, überwiegen die Lehrergestalten, denen es an psychologisch-pädagogischem Einfühlungsvermögen und Verständnis fehlt. Im Naturalismus (z. B. Arno Holz: Der erste Schultag. 1889) ist auch die Schule Thema anklagender Milieustudien. Eine vernichtende Satire der Lehrer und ihrer Pädagogik stellt Frank Wedekinds „Frühlings Erwachen" (1891) dar. Aus der Unzahl der Schulgeschichten, die nach der Jahrhundertwende erscheinen, seien nur einige Beispiele genannt: Emil Strauß: Freund Hein (1902); Heinrich Mann: Professor Unrat (1905); Friedrich Huch: Mao (1907). Auch Robert Musils „Verwirrungen des Zöglings Törleß" (1906) sind in diesem Zusammenhang zu nennen. In diesen Schulromanen, -novellen, -erzählungen ist der Schüler der Hilflose und Einsame, dem die Lehrer, oft grausame und lächerliche Figuren, als Repräsentanten der herrschenden gesellschaftlichen Mächte feindlich gegenüberstehen.

Schule, Lehrer, Schüler, Erziehung — diese Themen nehmen in der Literatur des 20. Jahrhunderts immer wieder eine bevorzugte Stellung ein bis zu Günter Grass' „Katz und Maus" (1961) und Gisela Elsners „Riesenzwerge" (1964). Neben den überwiegend kritischen und tragischen werden der Thematik gelegentlich auch heitere Aspekte abgewonnen; neben der Schülertragödie steht die Schulhumoreske. Eine Reihe von Anthologien in den letzten Jahren läßt ebenfalls auf ein Interesse an literarischen und autobiographischen Spiegelungen des Themas Schule schließen.³

Schulgeschichten haben es natürlich mit Kindern oder mit jungen Menschen zu tun, was nicht in jedem Falle heißt, daß diese auch im Mittelpunkt der Gestaltung stehen. Wenn auch Hermann Hesses „Unterm Rad" zu den klassischen Beispielen der Schulromane gezählt wird, so ergibt sich jedoch die Berechtigung, das Werk vorzugsweise unter dem Aspekt dargestellter Kindheit zu betrachten, aus der großen Bedeutung, die der Autor der Kindheit als der entscheidenden Lebensgrundlage beimißt. Nicht zu trennen sind Kindheits- und Schulgeschichte, wenn vorgeführt wird, wie ein kindlicher Mensch durch die schulisch vermittelte Lebensangst vernichtet wird.

2. Werkanalyse

2.1. Inhalt

Im Mittelpunkt der Erzählung steht Hans Giebenrath, das einzige Kind des biederen, gesunden Kleinbürgers Joseph Giebenrath und der kränklichen, früh verstorbenen Mutter. Die gute intellektuelle Begabung des körperlich eher schwächlichen Jungen erscheint in der schwäbischen Schwarzwald-Kleinstadt als überdurchschnittlich. Er soll deshalb am württembergischen „Landexamen" in Stuttgart teilnehmen, mit dessen Bestehen ein Freistudienplatz im Seminar in Maulbronn und im Tübinger Stift verbunden ist; von da würde der Weg ins Pfarr- oder Lehramt führen. Diese Aussicht auf sozialen Aufstieg regt den Ehrgeiz des Vaters, der Schule und des ganzen Ortes an. Auch der Junge selbst wird vom Ehrgeiz aufzusteigen gepackt. Der Rektor der Lateinschule und der Stadtpfarrer fördern das Kind durch zusätzliche Unterweisungen über den normalen Schulunterricht hinaus. Hans sitzt bis spät in die Nacht über den Büchern, so daß immer weniger Zeit für Spiele und Lieblingsbeschäftigungen bleibt; auch der Kontakt mit den Alters- und Spielgefährten geht verloren.

Nach dem Landexamen, das Hans als Zweitbester besteht, kann er dennoch keine unbeschwerten Ferien verbringen. Auf Anraten des Pfarrers und des Rektors lernt er schon voraus, um im Seminar möglichst der Beste zu sein. Durch Fleiß und beständige Arbeit gehört Hans auch im Seminar zunächst zur Spitze; zu seinen Mitschülern gewinnt er jedoch keinen richtigen Kontakt. Erst durch die Freundschaft mit Hermann Heilner eröffnen sich ihm Bereiche, die den Sinn der schulischen Inhalte und seines zielstrebigen Lernens in Frage stellen. Hans gerät in eine Krise, seine schulischen Leistungen sinken ab, und als der unbequeme Heilner von der Schule verwiesen wird, kann sich auch Hans nicht mehr im Seminar halten. Gesundheitlich angeschlagen, kehrt er, nach knapp einjährigem Seminaraufenthalt, zu seinem Vater zurück.

Damit sind nicht nur die Hoffnungen des Jungen, sondern auch die Erwartungen seines Vaters und seiner heimatlichen Förderer zerstört. Im Zustand nervlicher Überreizung und ohne Zukunftsperspektive denkt Hans an Selbstmord. Vergeblich versucht er, die ihm durch den Zwang der schulischen Höchstleistung und der väterlichen und gesellschaftlichen Erwartung verkürzte Kindheit nachzuholen. Auch die ihn erregenden und wieder auf die Zukunft verweisenden Empfindungen der ersten Liebe, die das Mädchen Emma beim herbstlichen Mosten in ihm auslöst, enden in Enttäuschung, als er feststellen muß, daß sie ihn nicht ernst nimmt. Vom Vater vor die Wahl gestellt, seinen Lebensunterhalt später als Schreiber oder als Mechaniker zu verdienen, entscheidet sich Hans für die Mechanikerlehre. Die handwerkliche Tätigkeit und die geordnete Welt im Zusammenleben mit den Mitlehrlingen und Gesellen geben Hans ein neues Gefühl der Befriedigung. Als er beim sonntäglichen Ausflug mit seinen neuen Arbeitsgefährten gegen seine Gewohnheit zu viel trinkt und raucht und den Heimweg alleine antritt, kommt er zu Hause nicht mehr an. Am andern Morgen wird seine Leiche aus dem Fluß gezogen; es bleibt offen, ob es sich um einen Unglücksfall oder um Selbstmord handelt.

2.2. Aufbau und Darstellungsmittel

Die Erzählung ist in sieben *Kapitel* eingeteilt, deren chronologischer Ablauf etwa die Zeit von einundeinhalb Jahren abdeckt.
1. Vorbereitungen auf das Landexamen; Verlauf der Prüfung in Stuttgart.
2. Sieben Sommerferienwochen, in denen Hans noch einmal unbeschwerte Kinder-Ferien-Freude genießen möchte, in denen er aber im Blick auf die Anforderungen im Seminar schnell wieder zu den Büchern gedrängt wird.
3. Hans kommt nach Maulbronn; Seminaraufenthalt von September bis Weihnachten.
4. Krisenzeichen der Reifezeit und wachsende Entfremdung von der Schule.
5. Zuspitzung des Konflikts mit der Schule: Hans wird nach Hause geschickt.
6. Erste Liebesleidenschaft.
7. Beginn der Mechanikerlehre und Tod.

Dieser einundeinhalbjährige Zeitablauf läßt sich in drei größere *Abschnitte* gliedern:
I) Letzte Schulzeit, Landexamen und Ferien (Kap. 1 und 2)
II) Seminarzeit in Maulbronn (Kap. 3-5)
III) Rückkehr nach Hause (Kap. 6 und 7)
Der Umfang der *erzählten Zeit* geht über den chronologisch kontinuierlichen Handlungsablauf vom Frühjahr bis zum Herbst des folgenden Jahres hinaus. Durch Rückblenden und Erinnerungen an frühere Phasen der Kindheit, insbesondere nach dem Scheitern im Seminar im fünften Kapitel, wird die erzählte Zeit auf mehrere Jahre ausgedehnt. Die Erzählzeit ist mit 160 Taschenbuchseiten quantifizierbar, deren Lesereproduktion individuell verschieden zu bemessen ist.

Die *Schauplätze* der Erzählhandlung sind im wesentlichen die autobiographisch als Calw an der Nagold zu identifizierende schwäbische Kleinstadt mit ihrer näheren Umgebung und das Kloster Maulbronn mit seiner evangelischen Seminarschule. Während des Landexamens weilt Hans vier Tage in Stuttgart. Kompositorisch entsprechen die beiden Ereignisplätze Schwarzwaldstädtchen und Maulbronn den oben genannten drei Zeitabschnitten in der Weise, daß die Handlung von Hansens Heimatort ausgeht — der Stuttgarter Exkurs ist zum ersten Abschnitt zu rechnen, in einem zweiten Schritt — unterbrochen von den Weihnachtsferien — nach Maulbronn führt, und schließlich zum Ausgangspunkt zurückkehrt. So entsteht eine im groben der Sonate ähnliche Struktur, deren feinere thematische Bezüge im Blick auf sonatenhafte Durchführungen zu untersuchen wären.

Inhaltlich betrachtet, kehrt der Held im dritten Abschnitt in die Welt seiner Kindheit zurück, aus der er aufgebrochen war, um sich im Seminar auf ein Leben in der Erwachsenenwelt vorzubereiten. Das Versagen auf diesem einen Weg wird zum Scheitern überhaupt.

Soll das Werk als literarische *Gattung* bestimmt werden, so läßt es sich, sofern man es noch zu den kürzeren epischen Formen rechnet, als Erzählung bezeichnen. Zutreffender dürfte die Zuordnung des Textes zum Roman sein; für eine solche Bestimmung sprechen, bei den ohnehin fließenden Übergängen von der Erzählung zum Roman, einige wesentliche Elemente des Entwicklungs- und Erziehungsromans. Zwar bietet, wie schon ausgeführt, der Handlungsablauf nur einen Lebensabschnitt von etwa einundeinhalb Jahren; dieser Abschnitt ist jedoch gleichzeitig schon die Schlußphase im Leben des etwa 15jährigen Hans. Durch Rückblenden und Erinnerungen werden auch die früheren Epochen dieses Lebens bis in die frühe Kindheit in ihren wesentlichen Elementen so weit verdeutlicht, daß die gesamte Entwicklung des Jungen bis zu seinem frühen Tod in den Blick gerät.

Durch den ganz an die Entwicklung der Hauptfigur gebundenen Geschehnisablauf ergibt sich für den Zeitraum der chronologisch kontinuierlichen Erzählung von der Vorbereitung aufs Landexamen bis zu Hansens Tod eine lineare *Handlungsstruktur* ohne Nebenhandlungen. Ein Vorverweis auf die drei Schülerabgänge aus Hansens Seminaristenjahrgang findet sich zu Beginn des vierten Kapitels (83).[4] Die Rückblenden in die Vergangenheit, insbesondere der Rückblick in die Kindheit (118 ff.), gehören in die gleiche Linearität der Haupthandlung; sie sind unter dem Aspekt der Kindheitsbedeutung gesondert zu betrachten.

Auch die *Personenkonstellation* soll in den speziellen thematischen Zusammenhängen näher beachtet werden. Allgemein läßt sich sagen, daß die Erwachsenen mit einer Ausnahme ohne Verständnis und Einfühlungsvermögen dem Kind gegenüberstehen. Allerdings ist Hans auch von seinen Altersgenossen isoliert, und als es zu einer Freundschaftsbeziehung kommt, trägt diese zum Untergang des Protagonisten bei.

Die *Erzählsituation* ist von einer durchgängigen auktorialen Erzählhaltung bestimmt. Der Erzähler kennt nicht nur seine Figuren bis in ihre Gedanken hinein, er bewertet sie auch, nennt Hans „ohne Zweifel ein begabtes Kind" und dessen Vater einen „Philister". Der Erzähler ist den Romangestalten an Wissen und Einsicht überlegen; so kommentiert er z. B. die Situation der Eltern bei der feierlichen Aufnahme des neuen Schülerjahrgangs in Maulbronn: „Und kein einziger dachte daran, daß er heute sein Kind gegen einen Geldvorteil verkaufe." (60) Solche Feststellungen bedeuten Kritik, die gelegentlich in ironischem, aber auch in beißend-polemischem Ton vorgetragen wird. Bei der Charakterisierung Joseph Giebenraths hält sich die Ironie noch eher zurück:

„Er besaß ... eine breite, gesunde Figur, eine leidlich kommerzielle Begabung, verbunden mit einer aufrichtigen, herzlichen Verehrung des Geldes, ferner ein kleines Wohnhaus mit Gärtchen, ein Familiengrab auf dem Friedhof, eine etwas aufgeklärte und fadenscheinig gewordene Kirchlichkeit, angemessenen Respekt vor Gott und der Obrigkeit und blinde Unterwürfigkeit gegen die ehernen Gebote der bürgerlichen Wohlanständigkeit." (7)

Doch kann die Kritik auch in anklagende Polemik übergehen, wenn der Erzähler die Schuld der Schule hervorkehrt:

„Seine (des Schulmeisters) Pflicht und sein ihm vom Staat überantworteter Beruf ist es, in dem jungen Knaben die rohen Kräfte und Begierden der Natur zu bändigen und auszurotten und an ihrer Stelle stille, mäßige und staatlich anerkannte Ideale zu pflanzen. Wie mancher, der jetzt ein zufriedener Bürger und strebsamer Beamter ist, wäre ohne diese Bemühungen der Schule zu einem haltlos stürmenden Neuerer oder unfruchtbar sinnenden Träumer geworden!" (46)

Kennzeichnen die zitierten Passagen den ironischen bis satirisch-pole-mischen *Stil,* wo es um die Erzieher Vater, Pfarrer und Lehrer geht, so klingen bei der Darstellung des eher passiven, als Opfer gesehenen Kindes mehr tragische Töne an, wie bei der Einzelanalyse der Ent-wicklung des Jungen zu zeigen ist. Dieser Doppelklang von entlarvender Anklage und einfühlsamem Mitleiden, das mancher auch als sentimen-tales Mitleidspathos empfinden mag, verleiht dem Roman seine sti-listische Spannung.

Erzählt wird im imperfektischen Bericht. Der chronologische Ablauf wird durch die Darstellung charakteristischer Situationen immer wieder angehalten und so szenisch akzentuiert. Dabei können sich die Figuren in wörtlichen Reden selbst artikulieren, doch kommt den Dialogpartien eher eine illustrative, durch mäßigen Gebrauch schwäbischer Sprach-elemente eine atmosphärische Bedeutung zu; denn auch bei den sze-nischen Stationen erfährt der Leser das Wichtigste über die inneren und äußeren Zustände der Personen überwiegend vom allwissenden Erzähler. Gleichwohl vermeidet der Autor, seine Geschichte nur auf die eigene Zeugenschaft zu stellen; er beruft sich gelegentlich auf fiktive Fremdbeobachter z. B. folgender Art: „Ein modern geschulter Beobachter hätte, sich an die schwächliche Mutter und an das stattliche Alter der Familie erinnernd, von Hypertrophie der Intelligenz als Symptom einer einsetzenden Degeneration sprechen können." (8)[5]

Die Neigung, Beobachtetes genau wiederzugeben, ist auch außerhalb des engeren Handlungsfortgangs erkennbar. Bei Natur-, Landschafts- und Ortsbeschreibungen findet sich ein verweilendes, schilderndes Betrachten, dessen statischer Charakter den Geschehnisablauf immer wieder anhält.

Die Sprache des Romans ist einfach; neben vielen Hauptsätzen stehen leicht überschaubare hypotaktische Konstruktionen, meist mit Glied-sätzen ersten Grades. Die im Titel des Romans enthaltene Vorausdeutung auf das Scheitern und den tragischen Ausgang ist in der Vorstellung vom Rad symbolhaft konzentriert. Ziemlich genau in der Mitte des Textes spricht der Ephorus die mit dem Rad verbundene Bedrohung aus: „Nur nicht matt werden, sonst kommt man unters Rad." (93) Der in dieser abstrahierten Redeform enthaltene konkrete Gegenstand Rad taucht in dieser Konkretion zweimal auch mit positiver Bedeutung auf. Kurz vor dem Landexamen findet Hans ein „hölzernes Wasserrädchen" (15), mit dem er vor zwei Jahren als glückliches Kind gespielt hat; daß es nun „verbogen und zerbrochen" ist, symbolisiert seine zu früh beendete Kindheit. Am ersten Tag seiner Mechanikerlehre — nach dem Scheitern im Seminar — muß Hans ein „gußeisernes Zahnrädchen", ein noch rohes „Rad" (149) glattfeilen. Diese seine erste Tätigkeit verweist auf die neue Berufs- und Lebensaussicht. Die Ambivalenz dieses Dingsymbols ist jedoch im Sinne des Titels schon im zerbrochenen Kinderspielzeug zum Negativen hin aufgehoben.

3. Darstellung der Kindheit

Im folgenden wird der Roman „Unterm Rad" unter dem Gesichtspunkt der Darstellung von Kindheit analysiert. Diesem thematischen Aspekt werden weitere, über die im Abschnitt „Aufbau und Darstellungsmittel" hinaus schon genannte strukturelle Elemente, insbesondere aber auch Stoffaspekte zugeordnet. Beim vorliegenden Text ist hierbei vor allem an die Beziehungen des Kindes zu folgenden Personen und Sachbereichen zu denken: Eltern, Lehrer, Nachbarn, Bekannte, Schul- und Spielgefährten, Tiere, Schule, Bücher, Natur, Krankheit, Arbeit, Spiel, Tod. Diese Beziehungsfaktoren lassen sich grob in zwei Gruppen zusammenfassen: Personenkonstellationen und übrige Umweltfaktoren. Diese Gesichtspunkte sind bei der Analyse zu beachten, sie sollen jedoch nicht das Gliederungsprinzip der Darstellung sein. Wir wählen vielmehr eine im großen und ganzen chronologische Abfolge der Analyseschritte. Dies erlaubt ein relativ textnahes Vorgehen, vor allem aber bleibt auf diese Weise die für die Darstellung von Kindheit wichtige Entwicklungsthematik beim Analysegang im Zentrum, auch wenn andere Gesichtspunkte sich zuweilen vorschieben. Quer-, Vor- und Rückverweise machen auf Beziehungen aufmerksam, die das chronologische Fortschreiten überformen.

3.1. Kindheit vor der Leistungserwartung

Wie in 2.2. ausgeführt, umfaßt die Romanhandlung etwa 1 1/2 Jahre im Leben des Jungen, der dabei, wie zu erschließen, zwischen 14 und 16 Jahre alt ist. Da der Protagonist zu Beginn dieses Zeitraums in der Sicht des Erzählers schon wichtige Elemente des Kindseins verloren hat und in dieser Zeit dabei ist, weiter aus der Kindheit herauszutreten, muß die Phase der noch unverfälschten Kindheit aus dem Text erschlossen werden; dies ist auf Grund der Rückblenden und Erinnerungen (bes. S. 12 ff., S. 118 ff.) möglich. Diese der Chronologie der Romanhandlung vorausgehende frühere Kinderzeit ist nicht kontinuierlich nachzuweisen, kann jedoch auf Grund des Textes in wichtigen Aspekten erfaßt werden.

Von Hansens früher Kindheit erfahren wir sehr wenig. Seine zarte Konstitution und seine, gemessen an seiner Umgebung, überdurchschnittliche Begabung werden als Ergebnis der Ungleichheit des Elternpaares für möglich gehalten: Der Vater hat „eine breite, gesunde Figur" (7), die Mutter war „ewig kränklich und bekümmert" (8). Zu dieser konstitutionell-genetischen Erklärung der auf Ausnahme angelegten Existenz von Hans Giebenrath, der „fein und abgesondert" (8) zwischen den robusten Schwarzwaldbuben herumlief, kommt ein wichtigeres psychologisches Element, das die Kontaktschwäche des Jungen erklärt. Er hat seine Mutter früh verloren — „sie war seit Jahren tot" (8). Auf diese Tatsache — andere kommen hinzu — greift der Autor psychologisch erklärend zurück, wenn er beschreibt, wie Hans bei den sich bildenden Freundschaften in der Stube Hellas in Maulbronn allein bleibt und auch ihm angetragene Freundschaften — von Heilner dann abgesehen — nicht annimmt. „Ihm war in seinen strengen, mutterlosen Knabenjahren die Gabe des Anschmiegens verkümmert, und vor allem äußerlich Enthusiastischen hatte er ein Grauen." (66) Es wäre zusätzlich darauf zu verweisen, daß Hans als Einzelkind aufwächst, der Vater, mit „barschem Familiensinn", in seiner emotionalen Unbeholfenheit nicht die für die Gemütsentwicklung notwendige Nestwärme bieten kann. Die „alte Anna", die den Haushalt versorgt, tritt in keiner Weise erzieherisch-emotional in Mutterfunktionen auf. Von Verwandtschaft ist keine Rede, sieht man von der schwatzhaften Tante in Stuttgart ab, zu der Hans ein bestenfalls nichtssagendes, eher negatives Verhältnis hat.

Die Mutterlosigkeit des Jungen, sonst nicht weiter erwähnt, wird bei der Ankunft im Seminar szenisch offenbar. Beim Auspacken von Kisten und Koffern und beim Einräumen der Schränke heißt es: „Die Seele der ganzen Tätigkeit waren aber die Mütter." (55)

Erbanlagen, früher Verlust der Mutter und — vom Autor nicht hervorgehoben — Einzelkindsituation sind bestimmende Faktoren der Entwicklung Hans Giebenraths. Näheres über die vor der Romanhandlung liegende Kindheit erfahren wir in der Rückblende nach dem Scheitern im Seminar (S. 118 ff.). Bemerkenswerterweise taucht bei dem träumerischen Rückblick des Jungen, bei „seinen Traumwegen im Kinderland" der topographisch-soziale Raum des Kinderlebens zuerst auf. Es ist zwar der gleiche wie der, in dem der gescheiterte Fünfzehnjährige sich bewegt, er hatte aber für das Kind eine andere Qualität. Das Giebenrathsche Haus steht im Schnittpunkt zweier Welten; es bildet die Ecke zwischen der Gerbergasse und der Gasse „Zum Falken". Die erstere ist „die längste, breiteste und vornehmste der Stadt"; hier wohnen „lauter gute, solide Altbürger", deren Besitz und Qualität im einzelnen aufgeführt wird. Die enge, düstere, mit schiefen, finsteren Häusern bestandene Gasse „Zum Falken" ist in allem das Gegenteil zur Gerbergasse; hier wohnen Gescheiterte, Gestrauchelte, Arme, auch zwielichtige Gestalten; „Armut, Laster und Krankheit waren dort ansässig." (119) So erweist sich die Topographie dieses Kinderlandes sofort als von soziologischer Bedeutung. Hans, der „in seinen ersten Schuljahren... im „Falken" ein häufiger Gast" (119) war, erlebt als Grundschulkind die Welt der bürgerlichen Mittelschicht und die Lebensumstände einer sozialen Randgruppe. Die beiden Bereiche unterscheiden sich nicht nur durch Besitz und Architektur — z. B. „stattliche Haustüren" oder „nette helle Giebel" gegen „fleckigen und bröckelnden Verputz" und „vielfach geborstene und geflickte Türen" —, es herrschen auch unterschiedliche Wertvorstellungen und Lebenszugänge. Die Menschen im „Falken" leben ohne bürgerliche Sicherheit, sie tragen ein größeres Lebensrisiko. Aber — und hier liegt die Anziehungskraft für das Kind Hans Giebenrath — das Leben ist unmittelbarer, intensiver und fasziniert durch geheimnisvolle und abenteuerhafte Züge. Aber nicht nur die Direktheit stets bedrohter oder auch gescheiterter Existenzen beanspruchen die kindliche Erlebnisfähigkeit, das Kind findet auch Poesie und imaginative Kraft. „Zusammen mit einer zweifelhaften Rotte von strohblonden, abgerissenen Buben hatte er die Mordgeschichten der berüchtigten Lotte Frohmüller angehört." (119) Das Schicksal dieser geschiedenen Frau, die „fünf Jahre Zuchthaus hinter sich" hat, wird nicht im Lichte einer die Armut verklärenden Romantik erzählt. Für das Kind aber aus bürgerlichem Hause wird sie und werden ihre Geschichten ein abenteuerliches Erleben mit dem Nervenkitzel des grauslich Schönen, wenn es heißt:

„Nun lebte sie einsam und brachte ihre Abende nach Fabrikschluß mit Kaffeekochen und Geschichtenerzählen zu; dabei stand ihre Türe weit offen, und außer dem Weibern und jungen Arbeitern hörte von der Schwelle aus stets auch eine Schar von Nachbarskindern ihr mit Entzücken und Grausen zu. Auf dem schwarzen Steinherdchen kochte das Wasser im Kessel, eine Unschlittkerze brannte daneben und beleuchtete zusammen mit dem blauen Kohlenfeuerchen den überfüllten, finsteren Raum mit abenteuerlichem Flackern, die Schatten der Zuhörer in ungeheuren Maßen an die Wand und Decke werfend und mit gespenstischer Bewegung erfüllend." (119 f.)

Die Faszination, die eine solche Szenerie und die Erzählfähigkeit dieser Frau, die selbst viel erlebt hat, auf das aufnahmebereite Kind ausüben, tritt noch deutlicher hervor, wenn man diese Atmosphäre mit der eher trockenen, offensichtlich spracharmen Welt des Vaters vergleicht, von dessen philiströser Schablonenhaftigkeit es heißt: „Er hätte mit jedem beliebigen Nachbarn Namen und Wohnung vertauschen können, ohne daß irgend etwas anders geworden wäre." (7)

Nicht verwunderlich ist, daß Joseph Giebenrath, dem der Autor auch eine „Feindseligkeit gegen alles Unalltägliche ..." (7) bescheinigt, den Umgang seines Sohnes mit den „Falken"-Leuten mißbilligt. Zwar erfahren wir nicht, daß er Hans davon abhalten will, die Geschichten der Frohmüller zu hören; als es aber in deren Umkreis zu einer Freundschaftsbindung kommt, spricht er sein Verbot aus. „Dort machte der achtjährige Knabe die Bekanntschaft der beiden Brüder Finkenbein und unterhielt etwa ein Jahr lang, einem strengen väterlichen Verbot zum Trotz, eine Freundschaft mit ihnen." (120) Daß gerade für das Einzelkind solche Beziehungen zu etwa Gleichaltrigen besonders wichtig sind, liegt nicht im Einsichtsbereich dieses Vaters. Sein Verbot ist wohl hauptsächlich in der eigenen Wohlanständigkeit begründet; denn Dolf und Emil[6] Finkenbein „waren die gerissensten Gassenbuben der Stadt, durch Obstdiebstähle und kleine Waldfrevel berühmt und Meister in unzähligen Geschicklichkeiten und Streichen." (120) Daß Hans das väterliche Verbot mißachtet und durch die Freundschaft mit den Finkenbeins ein seelisches Bedürfnis befriedigt, ist auch als Hinweis auf die noch ungebrochene Selbstachtung des Kindes zu verstehen; diese Haltung kontrastiert mit der späteren, ausschließlich auf Leistung orientierten Angepaßtheit, die andere Bedürfnisse in der Entwicklung des jungen Menschen mißachtet und ihn dadurch zerbricht.

Die zur häuslichen Umwelt in Kontrast stehenden Figuren der „Falken"-Gasse lassen sich unter Gesichtspunkten klassifizieren, die auf Leerstellen in Hansens Entwicklung hinweisen. Nicht, daß die Frohmüller Mutterfunktionen übernehmen könnte, aber sie ist eine Frau mit der Gabe des Erzählens. Die Brüder Finkenbein treten an die Stelle fehlender Geschwister, auch wenn Hans im Zorn sich mit ihnen entzweit. Die tiefste und bedeutsamste Bindung, die Hans im „Falken" eingeht, ist die zu Hermann Rechtenheil. Dieses Verhältnis ist näher zu analysieren.

In den Beschreibungen von Hans und Hermann finden sich bemerkenswerte Parallelen. Die Halbwaise Hans, von schwacher Konstitution, durch Intelligenz und Zierlichkeit von den anderen abgehoben, trifft in Hermann auf „eine Waise und ein krankes, frühreifes, ungewöhnliches Kind." (120) Der symbolische Vorgang der Begegnung mit dem eigenen Ich, den Hesse auch später immer wieder darstellt (vgl. besonders „Der Steppenwolf"), ist unübersehbar. Die Symbolbedeutung des Namens wird in der Wiederholung einer solchen Begegnung mit dem alter ego in der Seminarzeit besonders offenbar; nicht nur die Identität der Vornamen Hermann Rechtenheils und Hermann Heilners ist offensichtlich[7], auch die Nachnamen sind auffallend. Sie sind als Bezeichnungen für Heil-möglichkeiten von Lebensmängeln Hans Giebenraths deutbar; ihre Freundschaft könnte die Vereinzelung des Kindes und später des Puber-tierenden aufheben. Rechtenheil, der durch seine Gehbehinderung an den Spielen der anderen nicht teilnehmen kann, ist durch Leiden isoliert so wie Hans später durch Ehrgeiz, aus dem dann auch Leiden fließt.

Der Verlust des Freundes Heilner und das tragische Ende des Pro-tagonisten wird im frühen Tod Hermann Rechtenheils zusammenfallend vorweggenommen. Die Doppelung des Ich wird im Scheitern wieder aufgehoben. Im Handlungsablauf setzt das zweimalige frühe Ende einer freundschaftlichen Bindung eine auch von anderen Faktoren mitbe-stimmte tragische Disposition frei. Der leidenschaftliche Heilner hätte Hans in das Reich der Kunst und des Denkens führen können, von dem gehbehinderten Rechtenheil lernte Hans viel Praktisches, aber auch hier ist es etwas Großes, in dem die Beziehung sich objektiviert: Hermann Rechtenheil „hatte . . . . eine gewaltige Leidenschaft für das Angeln, die er auf Hans übertrug." (120) Beachtet man, daß Angeln für Hans geradezu zum Inbegriff für Sommer-, Ferien- und Kinderglück wird, so ist noch deutlicher zu erkennen, wie heilvoll Rechtenheils Vermächtnis für Hans ist. Hermann stirbt „schnell und still hinweg" (121); er wird rasch ver-gessen; „nur Hans behielt ihn noch lange in gutem Andenken." (121)

Auf die übrigen Figuren der Falkengasse sei hier nur kurz hingewiesen. Ob es sich um „den wegen Trunksucht entlassenen Briefträger Rötteler" oder um „den uralten Mechaniker Porsch" handelt, immer verbindet sich etwas abstoßend Außenseiterisches, Unheimliches mit Anziehen-dem, aus dunklen Gründen Anreizendem. Steht der „Mechaniker" Porsch in Beziehung zu Hansens späterer Mechanikerlehre, so wird mit dem Selbstmord des bankrotten Schlossers Brendle auf die Selbstmordge-danken des gescheiterten Seminaristen vorausgewiesen; selbst durch die Art des Freitods wirken die kindlichen Erlebnisse in den düsteren Gedan-ken des von Maulbronn nach Hause Geschichten nach; Hans denkt daran, sein Leben durch Erhängen zu beenden.

So finden sich in dieser Rückblende in die Kindheit die großen Themen Freundschaft und Tod angeschlagen, und es ist sehr beachtenswert, daß diese wichtigen Kindheitseindrücke nicht im Sozialisationsraum der väterlichen Erziehung angesiedelt sind, sondern ihren Platz im durchaus düsteren Milieu der Benachteiligten und Gescheiterten haben. In welche antizipierende Beziehung das Scheitern Hansens zu den konkreten Ver-sagensfällen zu setzen ist, läßt der Erzähler offen. Bei der Beschreibung der Ambivalenz der Falkengasse kommt er eher zu einer für die kindliche Entwicklung förderlichen Bewertung: „Der ‚Falken' war der einzige Ort, an welchem etwa noch ein Märchen, ein Wunder, ein unerhörtes

Schrecknis passieren konnte, wo Zauberei und Gespensterwesen glaubhaft und wahrscheinlich war und wo man dieselben schmerzhaft köstlichen Schauder empfinden konnte wie beim Lesen der Sagen und der skandalösen Reutlinger Volksbücher, welche von den Lehrern konfisziert wurden..." (123) Vom Ende her gesehen und im Sinne vorausdeutender Darstellung verweisen die „Falken"-Passagen jedoch auf den gestrauchelten Helden. So ist es auch unter dem Gesichtspunkt der Antizipation nicht zufällig, wenn die Erinnerung an den „Falken" erst nach dem Scheitern in Maulbronn wach wird.

„Etwas erleben und hören und sich auf dunklen Böden und in ungewöhnlichen Räumen verlieren" (123) kann das Kind auch noch in der Gerberei. Auch hier ist es rätselhaft, aber „stiller, freundlicher und menschlicher" als im „Falken". Hier tritt das Düstere zurück, das Zauberhafte ist heller; zwar wird der „mürrische Hausherr" „wie ein Menschenfresser gefürchtet", aber „die Liese ging in dem merkwürdigen Hause umher wie eine Fee, allen Kindern, Vögeln, Katzen und Hündlein eine Schützerin und Mutter [!], voll von Güte und voll von Märchen und Liederversen." (123)

„Falken" und Gerberei — das sind nicht nur topographische Punkte, das sind Erlebnis- und Erfahrungswerte des Kindes, die es zu Hause in der nüchternen, bürgerlichen Welt des Vaters und der Schule nicht findet. Diese „Falken"-Welt ist keine harmonische Welt, aber eine reiche Erlebniswelt, in der zwar Unglück, Elend, Tod und Selbstmord vorkommen, in der Hans aber auch Freundschaft, Poesie und die Leidenschaft für eine Sache (Angeln) erfährt. Die Gerberei setzt dazu noch einen freundlicheren Akzent. Im ganzen, so erinnert sich Hans später, ein glückliches Stück Kindheit. Wieweit sich ihm, dem Fünfzehnjährigen mit einem Lebensbruch und ohne rechte Zukunftsperspektive, seine Kinderzeit als etwa Achtjährigem schon auch verklärt darstellt, da er vergeblich versucht, sie zurückzuholen, bleibt bedenkenswert. Wenn er nun ein paarmal den „Falken" aufsucht, rührt ihn kein verzaubernder Hauch mehr an. Zwar mag dies auch an den Veränderungen in dieser Gasse in rund sieben Jahren liegen. Hauptsächlich aber ist es seine eigene Veränderung, daß nun „alles... einen kläglichen und kümmerlichen Eindruck" macht. (124) Auch die Gerberei sucht er wieder auf, und er hört, wie die Liese den Kindern eine Geschichte erzählt; es ist bezeichnenderweise „die Geschichte vom Sankt Christoffel, wie in der Nacht ihn eine Kinderstimme über den Strom ruft". (125) Hier wird ihm die eigene Veränderung deutlich. „Er spürte, daß er doch nicht wieder ein Kind werden... konnte." (125)

Neben dem geschlossenen Rückblick auf die Kindheit enthält der Text weitere Stellen, die über die frühere Kinderzeit Hansens Aufschluß geben. Auch dabei handelt es sich immer um Erinnerungen, deren elegischer Ton nicht zu verkennen ist. Am Abend vor der Abfahrt zum Landexamen in Stuttgart geht Hans — konfirmiert und etwa vierzehnjährig — durch das Städtchen. Monatelang hat er nur gelernt, so daß er keinen Blick mehr hatte für die Häuser, die Bäume, den Fluß. Vor der Büffelei aber gab es eine Zeit der „schönen, freien, verwilderten Knabenfreuden" (13). Dazu gehörte es, halbe und ganze Tage am Fluß zuzubringen, zu schwimmen, zu tauchen, zu rudern und besonders zu angeln. „Das Angeln! Das war doch das Schönste in all den langen Schuljahren gewesen." (12) Hans hat das Angeln mit acht Jahren von Hermann Rechtenheil gelernt; etwa ein Jahr vor dem Landexamen wurde es ihm verboten. Der Junge hat also ungefähr fünf Jahre lang eine Lieblingsbeschäftigung gehabt, die ein wesentlicher Bestandteil des Glücks seiner Kindheit war.

Im Garten findet Hans den leeren Kaninchenstall, den er selbst gezimmert und in dem er „drei Jahre lang Kaninchen drin gehabt" (15). Da auch diese ihm wegen des Examens „im vorigen Herbst" weggenommen wurden, sind die drei Jahre etwa für das Alter von zehn bis dreizehn anzusetzen. Daß der Umgang mit Tieren für die Entwicklung des mutterlosen Einzelkindes von besonderer Bedeutung ist, wird im Text nicht expliziert, darf aber unausgesprochen als sehr wahrscheinlich angenommen werden.

Hans findet im Garten weiterhin „das kleine, hölzerne Wasserrädchen"; er hat es vor zwei Jahren — also etwa mit zwölf — „gebaut und geschnitzt und seine Freude daran gehabt" (15). Dabei fällt ihm sein Schulfreund August ein, der ihm geholfen hat, „das Wasserrad zu bauen und den Hasenstall zu flicken". „Nachmittage lang hatten sie hier gespielt, mit der Schleuder geschossen, den Katzen nachgestellt, Zelte gebaut 8nd zum Vesper rohe gelbe Rüben gegessen." (15)

Schließlich erinnern ihn am Fluß zwei Flöße an einen weiteren Glücksaspekt seiner Kindheit. „Mit solchen war er früher oft stundenweit flußab gefahren, an warmen Sommernachmittagen, vom Fahren auf dem zwischen den Stämmen klatschenden Wasser zugleich erregt und eingeschläfert." (16)

Die geheimnisvolle Welt des „Falken" und der Gerberei mit den Geschichten und Märchen, die Freundschaft mit den Finkenbeins, dann besonders mit Hermann Rechtenheil, auch die mit August, schwimmen, tauchen, angeln, auf dem Floß fahren, für Kaninchen einen Stall bauen, sie versorgen (Hasenfutter holen, S. 16), ein Wasserrad konstruieren, Märchen, Sagen und Räubergeschichten lesen, sich das ganze Jahr hindurch immer auf etwas freuen, auf das Heuen, den Kleeschnitt, die Hopfenernte (117), bei Flaig biblische Geschichten hören (137) — dies sind die im Roman erkennbaren Aspekte einer Kindheit, die zwar nicht ohne Schatten und Belastungen ist, da in sie sehr früh der Tod eintritt (die Mutter, Hermann Rechtenheil), die aber doch vom Protagonisten im ganzen als glückliche und erfüllte Lebensepoche empfunden wird. Sie dauert etwa bis zum 12. Lebensjahr. Naturverbundene, sinnenhafte Tätigkeiten und Erfahrungen im heimatlichen Raum stehen neben zwar wenigen, aber geglückten sozialen Bindungen, werden ergänzt durch phantasieanregende Lektüre der Volks- und Trivialliteratur. Ein Hinweis auf eine erste kindliche erotische Regung rundet das Bild. In der Entspannungsphase nach dem Examen fällt ihm beim Anblick des Inspektors Geßler ein, daß er „dessen Tochter Emma ... vor zwei Jahren auf dem Eis so gern den Hof gemacht hätte" (26). „Er hatte damals eine Zeitlang nichts so sehnlich gewünscht, als einmal mit ihr zu reden oder ihr die Hand zu geben. Es war nie dazu gekommen, er hatte sich zu sehr geniert." (26)

Diese Schüchternheit des etwa Zwölfjährigen der gleichaltrigen Emma gegenüber wiederholt sich nach dem Seminardesaster beim 15/16jährigen der großen Emma gegenüber, die „vielleicht achtzehn oder neunzehn Jahre alt" (130) ist, zu der so etwas wie eine erste Leidenschaft entsteht, die sich jedoch bei Hans nicht entfaltet: „Was bist du denn für ein Schatz!" lacht sie. „Du traust dich ja gar nix." (143) Nicht nur die Namensgleichheit der beiden Mädchen, auch ihre Zuordnung zu den Phasen der noch freieren Kindheit und der Sehnsucht nach der Kinderzeit verweist auf eine nicht nur mit der jeweiligen Altersproblematik zu begründenden Schwäche der Selbstmitteilung des Jungen; hier bietet die frühe Mutterlosigkeit, die der Autor auch für die Einsamkeit im Seminar verantwortlich macht (Verkümmern der Gabe des Anschmiegens, S. 66), eine psychologische Erklärung: Das Fehlen der Mutter während der Kindheit verstellt auch die Entwicklung von Beziehungen zum anderen Geschlecht.

Die erzählstrukturelle Konstellation der beiden Mädchen namens Emma zeigt eine gewisse Parallele zur Position der beiden Hermann. Rechtenheil gehört, wie das Kind Emma, in die Kindheitsszenerie des Jungen; Heilner, der reifere Mitschüler und Freund im Seminar, der bezeichnenderweise schon einen „Schatz" hat, ist eine wichtige Station in Hansens Entwicklung zum jungen Mann; daß dessen Freundschaft, an sich ein hochbedeutsamer Faktor, die Desintegration Hans Giebenraths aus der schulischen Leistungs- und der sozialen Zukunftserwartung beschleunigt, gehört ebenso zur Tragik dieses Kinderschicksals wie die Enttäuschung der ersten Liebe durch das reifere Mädchen Emma.

Schließlich lassen sich die Parallelpaare Rechtenheil/Heilner und Emma/Emma durch die doppelte Plazierung Augusts ergänzen. Mit

August verbindet Hans eine nicht besonders intime, aber solide Schulfreundschaft, bis August mit etwa 13 die Schule verläßt und Mechanikerlehrling wird (S. 15). Die Buben spielen zusammen, August hilft, das Wasserrad bauen und den Hasenstall flicken. In dieser Funktion des verläßlichen, handwerklich hilfreichen Gefährten tritt August, mit dem der Lateinschüler und Seminarist so gut wie keinen Kontakt mehr hat, im dritten Hauptteil — nach Maulbronn — wieder auf. Unsicher, ob er Mechaniker oder Schreiber werden soll, „fiel ihm sein Schulfreund August ein, der ja Mechaniker geworden war, und den er fragen konnte" (136). Und August berät ihn nicht nur zuverlässig, so daß Hans sich entscheiden kann (142), er versucht, ihm auch das Einleben in der Werkstatt zu erleichtern, und lädt ihn ein, mit ihm seinen ersten Wochenlohn nach dem zweiten Lehrjahr zu verfeiern. August läßt es Hans, der ja etwas Besseres werden wollte, nicht spüren, daß dieser nun zu ihm, dem Einfachen, kommt. Zur Tragik der Erzählung gehört es, daß Hans gerade auf dem Heimweg von Augusts Sonntagsfeier den Tod findet.

3.2. Das Ende der Kindheit

Kindheit, wie sie hier zu rekonstruieren versucht wurde, zeigt sich dem Leser in der Erinnerung des dieser Zeit schon Entwachsenen. Sie ist im Bewußtsein des Helden schon vorbei, liegt noch vor dem Zeitpunkt, an dem die Erzählung einsetzt. Die in der chronologischen Abfolge erzählten Ereignisse im Leben des Vierzehnjährigen bis zu seinem Tode etwa einundeinhalbes Jahr später interessieren hier unter dem Gesichtspunkt, durch welche Faktoren das Ende der Kindheit beschleunigt wird, wie sich die Erwachsenen Hans gegenüber in der gefährdeten Zeit des Übergangs von der Kindheit zum Jugendalter verhalten.

Das Angelverbot, die Wegnahme der Kaninchen sollen Zeit frei machen, verstärkt für die Schule zu arbeiten. Über die negative Bewertung dieses Einschnitts bleibt kein Zweifel, wenn es z. B. heißt: „Dann war aber die Streberei losgegangen." (15) Mit dem Ziel Landexamen, Studium, akademischer Beruf wird Hans zu einem Träger von Hoffnungen seiner Lehrer, des Pfarrers, seines Vaters und schließlich des ganzen Städtchens. Über Hans möchte man am Abglanz höherer gesellschaftlicher Weihen teilhaben. Schon um die erste Hürde auf dem Wege dieser sozialen Erwartungen, das Landexamen, mit guten Aussichten nehmen zu können, muß Hans zusätzlich lernen. Schule und Extravorbereitungen erfordern ein Arbeitspensum von 12, 14 oder gar 16 Stunden täglich. Der Junge folgt den Ratschlägen seiner Förderer und lernt auch noch auf den seltenen Spaziergängen und läuft „still und verscheucht mit übernächtigem Gesicht und blaurandigen, müden Augen herum" (11).

Mit grimmiger Ironie spricht der Erzähler von eklatant gewordener „Vergeistigung". „In dem hübschen, zarten Knabengesicht brannten tiefliegende, unruhige Augen mit trüber Glut, auf der schönen Stirn zuckten feine, Geist verratende Falten, und die ohnehin dünnen und hageren Arme und Hände hingen mit einer müden Grazie herab, die an Botticelli erinnerte." (11)

Diese Beschreibung des Jungen ist als Anklage gegen die Lehrer und den Stadtpfarrer zu verstehen. Der Vater, voll blinden Vertrauens zu den Studierten, und von Ehrgeiz für die Zukunft seines Sohnes erfüllt, erkennt nicht die Gefahr, die die übertriebene Lernerei bedeutet, obwohl das von nun an immer wiederkehrende Kopfweh ein deutliches Warnzeichen ist. Hans wird zum Instrument der Erwachsenen, die ihre eigenen Ziele und Hoffnungen durch ihn erfüllen wollen. Nur der pietistische Schuhmacher Flaig erkennt die Gefährdung des Kindes. Hans selbst jedoch hat die Erwartungen der Lehrer und des Vaters internalisiert; er selbst strebt ehrgeizig den genannten Zielen entgegen.

Das Landexamen in Stuttgart wird über die Beschreibung der Vorgänge hinaus zu einer psychologischen Studie der Prüfungsängste das ganz auf sich zurückgeworfenen Kindes. Auch im Seminar kann Hans, in seiner heimatlichen Lateinschule gründlich vorbereitet, den intellektuellen Anforderungen zunächst sehr gut gerecht werden. Für die seelischen Bedürfnisse haben die Seminarlehrer jedoch nichts anzubieten; sie haben kein Verständnis und keinen Blick für „die keimende Bildung einer Persönlichkeit aus dem Kindesschlummer" (65). Erst die Freundschaft mit dem „Dichter und Schöngeist" (61) Hermann Heilner läßt die bisher verborgenen Spannungen und Überforderungen in Erscheinung treten, läßt ihn die Fragwürdigkeit seiner bisherigen Lernerei und der damit verknüpften beruflichen Perspektive bewußt werden. Die Konkurrenzansprüche von schulischer Pflicht und Freundschaft, die ebenfalls Zeit und Kraft beansprucht, treffen Hans mitten im pubertären Umbruch. In dieser den ganzen Menschen ergreifenden Krise, auf die das immer häufigere Kopfweh verweist, fehlen dem früh Überforderten die seelischen Reserven, vor allem aber hat er keinen Erwachsenen, der ihm helfen, auf den er sich stützen könnte. Einer sich abzeichnenden Tragödie gegenüber sind der Vater und die Lehrer blind oder unfähig, helfend einzugreifen. Nach dem Internatsdesaster in die Heimatstadt zurückgekehrt, haben auch der Pfarrer und die Lehrer, die große Erwartungen in ihm geweckt haben und deren Ziele er zu seinen eigenen gemacht hat, nichts mehr für ihn übrig. Von der Kirche und der Schule fal-

lengelassen, mit dem hilflosen Vater allein, kann Hans auch vom Arzt
nicht geheilt werden, weil dieser nicht erkennt, daß die tieferen Ursachen
der Krankheit in einer Pädagogik liegen, deren Leistungsanforderung
einseitig intellektuell und auf gesellschaftliche Erwartungen ausgerichtet
ist.

Hätte Hesse seine Erzählung nach dem Scheitern der auf höhere
Ämter gerichteten Schullaufbahn Hans Giebenraths vom Ansatz der
Mechanikerlehre her mit der Aussicht auf ein zufriedenes Leben als
Handwerker beendet, wäre das Versagen des Helden als eher individuelles
Schicksal, als Folge der schulischen Auslesefunktion erschienen. Der
Tod der Hauptfigur — ob Selbstmord oder Unfall — verleiht der Anklage
ein größeres Gewicht und steigert sie ins Grundsätzliche. Nicht nur
eine Schullaufbahn mit einer gesellschaftlich hoch bewerteten Berufs-
aussicht wird abgebrochen, es zerbricht vielmehr ein Mensch, dem nicht
erlaubt wurde, seine Kindheit in Ruhe auszuformen.

4. Bedeutung der Kindheit

Die Absicht des Romans, Schule, Lehrer und die allgemeine Erziehungspraxis überhaupt anzuklagen, setzt ein Bild vom Kind voraus,
das die Erziehungsinstanzen nicht kennen und demgegenüber sie sich
entschieden falsch verhalten. Kindheit wird als eine Zeit der Entwicklung,
des organisch-harmonischen Wachstums gesehen. Dieser gewissermaßen
sich selbst steuernde Prozeß ist störanfällig; kann er sich nicht selbst
vollenden, weil Eingriffe von außen dies verhindern, so fehlen dem
Kind die Kräfte, sich im Leben zu behaupten.

Diese aus der Erzählung abstrahierte Vorstellung von Kindheit bezieht
ihre Beweiskraft natürlich aus der erzählerischen Konkretion der
Geschichte. Über ihre allgemeine Gültigkeit in der Wirklichkeit ist damit
noch nichts gesagt; dies hängt von der Einschätzung der Sozialisationsbedingungen im einzelnen und als Ensemble ab.

Versteht man einzelne Aspekte der Kindheit Hans Giebenraths nicht
nur im konkreten Erzählzusammenhang, sondern auch als typisch für
die Kindheitssituation überhaupt, so steht seine körperlich zarte Konstitution für die Gefährdung des Werdenden, noch Unvollendeten. Verstärkt wird dieser Eindruck dadurch, daß, wie auch in Kafkas „Brief
an den Vater", dem schwachen, schmächtigen Kind ein kräftiger, robuster
Vater gegenübersteht.

Die Vorstellung vom Organischen der Kindheitsentwicklung führt
zur Frage nach dem Gewicht der von außen kommenden Faktoren.
Einerseits befriedigt das Kind seine Bedürfnisse gegen Widerstände:

Freundschaft mit den Finkenbeins trotz väterlichen Verbots. Andererseits paßt es sich in hohem Maße an Normen und Erwartungen der Erwachsenen an: Lernerei und Berufsperspektive. Aus der Erzählung kann nicht geschlossen werden, daß diese Anpassung an sich schon eine Gefährdung darstellt. Dargestellt wird ihre Übersteigerung, die Überspannung des Bogens, die zur Katastrophe führt.

Der entscheidende Schnitt, der die Kindheit von der Folgezeit trennt, liegt etwa bei 12 Jahren. Hans übernimmt die Zukunftsziele der Erwachsenen. Bezeichnenderweise enden jetzt auch die freundschaftlichen Beziehungen zu Gleichaltrigen. Bis dahin ist er hauptsächlich Kind unter Kindern, lebt im großen und ganzen glücklich und in enger Beziehung zur Natur.

Zu beachten ist freilich, daß der Leser, wie in 2.2. und 3.1. ausgeführt, auf Grund der erzähltechnischen Konstruktion von der Kinderwelt erst aus der Rückschau des Gescheiterten erfährt, wenn dieser versucht, in die für ihn zu früh beendete Kindheit noch einmal einzutauchen. „Die betrogene und vergewaltigte Kindheit", heißt es, „brach wie eine lang gehemmte Quelle in ihm auf." (118) Hier muß die Möglichkeit in Betracht gezogen werden, daß Kindheit schon in verklärtem Licht, als verlorenes Paradies gesehen wird. Sie zeigt sich dem Helden aus der negativen Erfahrung der Schule und der pubertären Krisenhaftigkeit. Um so positiver hebt sich Kindheit demgegenüber ab, ein um so höherer Wert wird ihr zugeschrieben. Kindheit kann jedoch nicht nachgeholt werden; sie ist nicht nur von höchstem Wert, sie hat auch einen bestimmten zeitlichen Stellenwert.

Entwirft Hesse in „Unterm Rad" das Bild einer zwar nicht problemfreien, aber im ganzen glücklichen Kindheit, so zeichnet Kafka im „Brief an den Vater" seine Kinderzeit in düsteren Farben. In dem autobiographischen, literarisch überformten Entwurf seiner Kindheit entdeckt Kafka die Ursache seiner Existenz als Schriftsteller. In der aus seiner Autobiographie gespeisten Erzählung läßt Hesse das fiktional verfremdete Ich trotz glücklicher Kindheit untergehen, während der Autor selbst zum Dichter reift. Angelegt ist diese Möglichkeit allerdings auch im Roman: Hermann Heilner widersteht den Gewalten, denen Hans Giebenrath unterliegt.

Anmerkungen

1 Als Einführung gut geeignet Bernhard Zeller: Hermann Hesse in Selbstzeugnissen und Bilddokumenten. Reinbek: Rowohlt 1963, überarbeitete und erweiterte Neuauflage 1975 (rowohlts monographien 85). Als Forschungsbericht sehr nützlich Rudolf Koester: Hermann Hesse. Stuttgart: Metzler 1975 (Sammlung Metzler Bd. 136).

2 Vgl. Zeller, S. 58 und Koester, S. 27 f.

3 Martin Gregor-Dellin (Hrsg.): Vor dem Leben. Schulgeschichten von Thomas Mann bis Heinrich Böll. München: Nymphenburger Verlagshandlung 1965. — Fritz Fröhling (Hrsg.): Es hat geschellt. Eine Auswahl der besten Schulgeschichten. Gütersloh 1965. — Martin Gregor-Dellin (Hrsg.): Besuch im Karzer. Heitere Schulgeschichten von Ludwig Thoma bis Günter Grass. München: Nymphenburger 1966. — Martin Gregor-Dellin (Hrsg.): Wo waren wir stehengeblieben...? Schulgeschichten. Frankfurt/ Main: Fischer (Bücherei 1039) 1969. — Martin Gregor-Dellin (Hrsg.): Die erste Prüfung. Schulerinnerungen von Goethe bis Brecht. München: Nymphenburger 1970. — Mechthild Fröhling (Hrsg.): Ring frei zur ersten Stunde. Schulgeschichten. Gütersloh 1970. — Hans Eckart Rübesamen (Hrsg.): Man sage nicht, Lehrer hätten kein Herz. Lesebuch über Lehrer mit Texten von Grimmelshausen bis Grass. München 1970. — Karl Ernst Maier (Hrsg.): Die Schule in der Literatur. Bad Heilbrunn: J. Klinkhardt 1972. — Volker Michels (Hrsg.): Unterbrochene Schulstunde. Schriftsteller und Schule. Eine Anthologie. Frankfurt/ Main: Suhrkamp 1972 (suhrkamp taschenbuch 48).

4 Zitiert wird im folgenden nach der Ausgabe suhrkamp taschenbuch 52, Frankfurt/Main 1970. Die Zahlen in Klammern hinter Zitaten bezeichnen die Seiten dieser Ausgabe. Diese Taschenbuchausgabe folgt dem 2. Band von Hermann Hesse: Gesammelte Werke in zwölf Bänden. Frankfurt/Main: Suhrkamp 1970.

5 Diese, „einem modern geschulten Beobachter" zugesprochene Feststellung erinnert an ein Grundmotiv Thomas Manns, das in den „Buddenbrocks" sehr deutlich ausgeformt ist; die physische Dekadenz wird bei Mann weniger durch eine „Hypertrophie der Intelligenz" als durch künstlerische Begabung ausgeglichen.

6 Zur Rolle des Namens Emil als autobiographische Verkleidung vgl. den Untertitel zu Hesses „Demian": „Die Geschichte von Emil Sinclairs Jugend", 1919 zuerst unter dem Pseudonym Emil Sinclair mit dem Titel „Demian. Die Geschichte einer Jugend".

7 Vgl. Harry Haller und Hermine im „Steppenwolf", natürlich auch „Hermann Lauscher" als Pseudonym für Hermann Hesse.

2.2.2. Raymond Queneau: Zazie in der Metro

1. Einordnung

1959 erschien der Roman „Zazie in der Metro"[1], der seinen Autor Raymond Queneau bekannt gemacht hat. Dazu trug nicht zuletzt auch die Verfilmung des Buches durch Louis Malle bei.

Queneau, zunächst dem Surrealismus verbunden, von dem er sich später trennte, läßt sich in keine literarische Richtung einordnen. Sein Hauptanliegen ist eine Erneuerung der französischen Sprache auf dem Gebiet der Orthographie, des Vokabulars und der Syntax. Das neue Französisch, das er für die Literatur anstrebt, das sogenannte „Neo-Français", unterscheidet sich von der Sprache Voltaires ebenso, wie die Sprache Voltaires vom Lateinischen. Diese Idee hat er theoretisch, vor allem aber in humoristischer und spielerischer Form in seiner Dichtung aufgezeigt. Typisch für sein Spiel mit der Sprache sind z. B. die „Stilübungen"[2], in denen er eine alltägliche Begebenheit in 99 stilistischen Varianten erzählt.

In „Zazie in der Metro" zeichnet Queneau das scheinbar realistische Bild einer Göre aus der Provinz, die sich durch nichts beeindrucken läßt und redet, wie ihr der Schnabel gewachsen ist.

2. Analyse

2.1. Inhalt

Zazie wird von ihrer Mutter, die sich übers Wochenende mit einem Liebhaber treffen will, nach Paris zu ihrem Onkel Gabriel und der Tante Marceline gebracht. Schon auf dem Bahnhof erlebt sie eine große Enttäuschung: Ihr sehnlichster Wunsch, Metro zu fahren, wird wegen eines Streiks nicht in Erfüllung gehen.

Am nächsten Morgen stiehlt sie sich heimlich aus dem Haus. Auf ihren Streifzügen wird sie von einem Mann angesprochen, von dem sie nicht sicher weiß, ob er Sittlichkeitsverbrecher oder Polizist ist. Durch List erreicht sie, daß er ihr ein Paar Blue Jeans kauft und sie dann nach Hause zurückbringt.

Nach dem Mittagessen fährt sie mit dem Onkel Gabriel und seinem Freund, dem Taxifahrer Charles, auf den Eiffelturm. Dort treffen sie den Fremdenführer Fédor Balanovitch und schließen sich ihm und seinen Touristen an. Mit von der Partie sind auch die Witwe Mouaque und der Polizist Trouscaillon, die sie ebenfalls unterwegs kennengelernt haben.

Abends besuchen alle, auch die Nachbarn von Gabriel, die Charles Verlobung feiern wollen, das Nachtlokal, in dem Gabriel als Tänzerin auftritt. Auf dem Heimweg kehren sie in einer Kneipe ein. Es entwickelt sich eine Schlägerei, in deren Verlauf die Witwe Mouaque getötet wird. Die andern versinken plötzlich im Erdboden und können durch einen Metroschacht entfliehen.

Am Morgen danach wird Zazie wieder auf den Bahnhof gebracht und ihrer Mutter übergeben. Auf die Frage, was sie in Paris getan habe, antwortet sie: „Ich bin älter geworden." (192)

Auf dem Bahnhof beginnt und endet das Geschehen, das sich über knapp zwei Tage erstreckt und ausschließlich in Paris spielt. Die klassischen Regeln der Einheit von Raum und Zeit sind also in diesem Roman beinahe gewahrt.

Die Handlung dagegen ist konfus und verläuft ohne eigentlichen Höhepunkt. Die Ereignisse, die am Anfang noch realistisch erscheinen (Zazies Spaziergang, der Besuch des Eiffelturms, die Begegnung mit den Touristen), werden gegen Ende immer unglaubhafter (die Schlägerei, die Flucht durch den Metroschacht, der Papagei, der seinen Herrn wegträgt). Diese Spannung zwischen Traum und Wirklichkeit wiederholt sich auf allen Ebenen des Romans.

2.2. Personen

Das Milieu, in das Zazie für zwei Tage gerät, wird als kleinbürgerlich-pittoresk geschildert. Da ist der Taxifahrer Charles, der in der „Chronik der blutenden Herzen" eine Frau sucht, „eine Gutdurchwachsene, der er die fünfundvierzig Kirschen seines Frühlings zum Geschenk machen könnte" (11), der sich dann aber doch mit der ihm bekannten Kellnerin Mado-Ptits-Pieds verlobt. Da ist Turandot, der Besitzer des Restaurants „Cave", in dem Mado arbeitet, samt seinem Papagei Laverdure. Und da ist schließlich der neugierige Schuster Gridoux, der nicht nur beim Arbeiten, sondern auch beim Essen auf die Straße schaut, damit ihm nichts entgeht.

Der Fremdenführer Fédor Balanovitch und die Touristen bilden eine andere Gruppe von Personen, die, ins Klischeehafte überzeichnet, eine ausgesprochen komische Note in die Handlung bringt. Dasselbe gilt für die mannstolle Witwe Mouaque.

Geheimnisvoller sind schon der Onkel Gabriel, der in einem Nachtlokal als Gabriella auftritt (und Zazie zu der leitmotivischen Frage veranlaßt, ob er ein „Hormosechsueller" sei), und die Tante Marceline mit der sanften Stimme, die am Ende des Buchs als Monsieur Marcel Zazie an den Bahnhof bringt.

Die Unsicherheit in bezug auf die Identität der Personen, die sich in diesem Fall noch rational erklären läßt, wird in der Person des dubiosen Polizisten ins Unrealistische gesteigert. Er tritt, je nach den Umständen unter verschiedenen Namen und in wechselnder Gestalt auf und wird von den anderen Personen (und vom Leser) oft erst nach geraumer Zeit wiedererkannt. Zazie, die ihn auf ihrem morgend- lichen Streifzug durch Paris trifft, hält ihn erst für einen Sittenstrolch, dann für einen „Bullen". Gabriel gegenüber gibt er sich als „Warenstock- Pedro" aus. Später treffen sie ihn in der Uniform eines Verkehrspolizisten als „Trouscaillon". Als solcher macht er der Witwe Mouaque den Hof. Bei seinem heimlichen Besuch bei Marceline, in die er sich offensichtlich verliebt hat, nennt er sich Inspektor Bertin Poirée (eine Anspielung auf Hercule Poirot[3]?). Und schließlich, als Anführer der „Nachtwächter und Gebirgsjäger", die die Kneipe stürmen, stellt er sich als Harun Alraschid folgendermaßen vor:

„Ich bin ich, der, den ihr gekannt und manchmal schlecht wiedererkannt habt. Fürst dieser Welt und mehrerer angrenzender Territorien, gefällt es mir, mein Reich unter verschiedenen Erscheinungen zu durchwandern und mir dabei den Anschein der Ungewißheit und des Irrtums zu geben, die mir übrigens eigen sind. Gehaltloser Urpolizist, nachtnautischer Taugenichts und unentschlossener Verfolger der Witwen und Waisen..." (187 f.)

Die Titelfigur Zazie trifft im Verlauf des Romans auf die verschiedenen Personengruppen, ohne sich in eine von ihnen zu integrieren. Sie sieht und kommentiert von außen und nimmt damit eine Sonderstellung ein, über die noch zu sprechen sein wird.

2.3. Sprache

Den Charme des Romans machen aber weder die Handlung noch die Personenkonstellation aus, sondern die Sprache, in der das Ganze erzählt wird. Die sprachliche Darstellung ist es, die den Leser zu Anfang stutzig werden läßt und gleichzeitig fesselt. Schon beim ersten Wort stolpert er: „Fonwostinktsnso" (doukipudonktan), bis er merkt, daß Queneau hier lediglich mit den herkömmlichen Regeln der Orthographie bricht.

Allerdings tauchen so geschriebene Wörter oder Sätze doch nur punktuell auf, etwa das Pariser Viertel „Sänktschermängdeprä", das Lied „häpibörsdä tuju" oder Zazies geliebte „Bludschins". Durchgängig dagegen ist der Gebrauch der Umgangssprache und des Argot. Der Roman ist vorwiegend in Dialogform geschrieben und bedient sich in Wortschatz und Syntax der gesprochenen Sprache, die im Französischen bekanntlich stark von der geschriebenen abweicht. Durch den Gebrauch der Umgangssprache wird auch im sprachlichen Bereich zunächst der Eindruck einer realistischen Darstellung erweckt. Aber auch hier wird der Realismus ständig aufgehoben durch Verformungen und Verballhornungen, durch pseudowissenschaftliche oder -literarische Einschübe, Passagen in Latein, Reflexionen über die Sprache etc. Auch die vom Erzähler gegebenen metasprachlichen Erklärungen tragen zur Verfremdung bei. So heißt es gleich zu Anfang:

„Ein wenig erstaunt, daß der Muskelprotz antwortete, nahm der kleine Kerl sich die Zeit, folgende Antwort auszuhecken:
— Wasn wiederholen?
War gar nicht unzufrieden mit seiner Formel, der kleine Kerl. Bloß, der Kleiderschrank ließ nicht locker: er beugte sich vor, um diesen monophasierten Fünfsilber auszusprechen:
— Wasdevorhngsagthast ...
Der kleine Kerl bekams mit der Angst zu tun. Jetzt war es Zeit für ihn, der Augenblick war gekommen, sich irgendeinen Wortschild zu schmieden. Das erste, was er fand, war ein Alexandriner:
— Ich habe Ihnen nie erlaubt, daß Sie mich duzen." (8)

Durch diese Einschübe wird der Leser ständig in Distanz zum Geschehen gehalten, die Romangestalten bekommen etwas Marionettenhaftes.
Die Sprache ist, wie in vielen anderen Werken Queneaus, der eigentliche Gegenstand des Romans. Doch kann dies hier nicht im einzelnen weiterverfolgt werden, da unsere Fragestellung eine andere ist, nämlich die nach der Darstellung des Kindes. In diesem Rahmen allerdings werden wir auf das Sprachproblem zurückkommen.

2.4. Darstellung des Kindes

Das kleine Mädchen Zazie gerät in eine Welt, in der für Kinder offenbar kein Platz ist. Die Erwachsenen haben von ihnen nur vorgefaßte Meinungen wie: „Das ist die Jugend von heute. — Man hat keinen Respekt mehr vor den Alten" (61), „Kinder sind doch schrecklich" (67), „Die Kinder, das ist doch allbekannt: die haben kein Herz" (179),

„Sie ist ja doch aufgeweckt, die Jugend von heute" (21) etc. Ihre Ansichten über Erziehung erschöpfen sich in Gemeinplätzen über das Verständnis, das man Kindern entgegenbringen soll:

„Kümmern Sie sich um ihre Hinterbacken, sagte Gabriel. Ich habe meine eigenen Ansichten über Kindererziehung ... Zuerst einmal, primo, das Verständnis." (101 f.)

Zazie durchschaut das sofort als Phrase und setzt es kurz darauf für ihre Zwecke ein. Als man ihr eine Frage nicht beantworten will, insistiert sie:

„Man muß mehr Verständnis haben, fügte Zazie heuchlerisch hinzu." (103).

Die Haltung, die Zazie den Erwachsenen gegenüber einnimmt, ist da wesentlich differenzierter. Ihre Kritik setzt gezielt an bestimmten Punkten ein, wo sie die Erwachsenen bei mangelnder Logik, bei Lügen und Heuchelei ertappt.

Versuchen wir zunächst, dies an einem kurzen Textstück zu belegen (20–21): Zazie ist bei Gabriel und Marceline angekommen, hat gegessen und soll nun zu Bett gehen. Mit scharfer Logik kontert sie auf die „pädagogischen" Fragen ihres Onkels.

„— Na, Kleine, sagte er, wird man jetzt schlafen gehen?
— Wer denn ›man‹? fragte sie.
— Nun, du natürlich, antwortete Gabriel, der in die Falle ging. Um wieviel Uhr bist du denn dort schlafen gegangen?
— Hier und dort sind doch zwei Paar Stiefel, hoffe ich."

Und auf Gabriels „verständnisvolle" Antworten fragt sie mißtrauisch und offensichtlich durch Erfahrung gewitzigt:

„— Sagst du nur einfach ja oder denkst du auch wirklich so?"

Noch reagieren die Erwachsenen „entzückt", aber wenig später antwortet Gabriel „unaufrichtig" und „böse" und fertigt Zazie mit den Worten ab: „Das werde ich dir nicht näher erklären, Kleine, das würde zu weit führen." Jetzt hat Zazie sein nur geheucheltes Verständnis entlarvt. Sie verliert jegliches Interesse und geht freiwillig ins Bett.

Zazies Verhältnis zu den Erwachsenen ist somit geprägt durch Kritik und Mißtrauen. Als ihr der Polizist ein Paar „Bludschins" kauft, sinniert sie:

„Das ist bestimmt ein gemeiner Kerl, nicht son armer, wehrloser Sittenstrolch, sondern ein richtiges, gemeines Schwein. Musichmichinachtnehmn, musichmichinachtnehmn, musichmichinachtnehmn." (49)

Daß ihr Mißtrauen gerechtfertigt ist, zeigt sich u. a. darin, daß die Erwachsenen alle der Meinung sind, daß man „Kindern nicht immer die Wahrheit" sagt. (62) Auf ihre Frage nach den „Hormosechsuellen" bekommt Zazie immer nur ausweichende, „kindgemäße" Antworten, mit denen sie sich aber nicht abfindet. Charles Erklärung, es sei jemand, der „Parfüm an sich macht", weist sie mit der Bemerkung ab: „Das ist doch nichts, um ins Gefängnis zu kommen." (87) Und auf Marcelines Erklärung: „Das ist ein Mann, der Bludschins anzieht", sagt sie empört: „Du erzählst mir Märchen." (66)

Märchen, das sind für Zazie unwahre Geschichten für Kinder, die nichts mit der Realität des Lebens zu tun haben. Zwar erzählt sie sich morgens auf dem „Weze" das Märchen von Dornröschen, aber bald „findet sie ihren kritischen Geist wieder, sie erklärt sich, daß Märchen unwahrscheinlich blöde sind und beschließt rauszugehen." (31) Draußen, auf der Straße, spielt sich das wahre Leben ab.

Besonders deutlich wird ihre Fähigkeit, Erwachsene zu durchschauen und durch direkte Fragen zu irritieren, bei dem Gespräch, das sie mit dem Taxifahrer Charles auf dem Eiffelturm führt. Mit Bemerkungen wie: „Sie wissen anscheinend nie so richtig, was Sie denken" (88) oder auf Charles Einwand, was sie da sage, das seien keine Fragen: „Doch, das sind Fragen. Bloß sind das Fragen, auf die Sie nichts zu antworten wissen" (89), bringt sie Charles so in Verlegenheit, daß er schließlich die Flucht ergreift. Derlei Aussprüche zeugen nicht nur davon, daß Zazie keinen Respekt vor den Erwachsenen hat, sondern auch, daß sie deren geheime Schwierigkeiten erkennt. Sie kümmert sich nicht um die Konvention, die Schwächen der anderen zu übersehen, sondern geht sie direkt an. Sie hält sich überhaupt nicht an irgendwelche Regeln der Höflichkeit. „Wegen der Höflichkeit kann man mich (politesse mon cul)." (134) Daß dies bei ihr aber nicht unbedingt aus Bosheit geschieht, sondern aus genauer und verständnisvoller Beobachtung, das zeigen die Worte, mit denen sie das Gespräch einleitet: „Sie lachen nicht oft ... Wie alt sind Sie?" (86)

Sie kann aber auch grausam, ja sadistisch sein. Befragt, warum sie Lehrerin werden will, erklärt sie: „Um die Plagen zur Sau zu machen", und sie führt bilderreich aus, wie das aussehen wird:

„Ich werde sie ganz hundsgemein behandeln. Ich werde sie den Fußboden abschlecken lassen. Ich werde sie den Schwamm fressen lassen, der an der großen

Tafel hängt. Ich werde ihnen den Zirkel in den Hintern stoßen. Ich werde ihnen den Stiefel in den Arsch treten..." (22)

Aber auch hier reagiert Zazie nur auf die Erwachsenenwelt, denn sie reproduziert schulisches Rollenverhalten, wie sie es offensichtlich empfindet, in grotesk übersteigerter Form.

Ihr Zug zum Sadismus zeigt sich jedoch auch an anderen Stellen. So z. B. wenn sie sich ausmalt, wie die Richter — „die Richter kenn ich, die mögen die kleinen Mädchen gern" (66) — den Polizisten guillotinieren lassen. Darüber hinaus ist sie egoistisch und dickköpfig. Den Metrostreik etwa empfindet sie als persönliche Kränkung: „Ach, die Drecksäcke, schreit Zazie, ach, die Sauhunde. Mir das anzutun." (10) Kurz darauf zwingt sie Gabriel, ihr ein „Cacocalo" zu besorgen, obwohl es das in der Wirtschaft, in der sie sind, nicht gibt. Fragen, die sie einmal gestellt hat, wiederholt sie so lange, bis sie eine befriedigende Antwort bekommen hat. Daß die Erwachsenen nicht immer auf ihre Fragen eingehen, ist für Zazie einer ihrer schlimmsten Fehler.

„— Die großen Leute können mich mal (grandes personnes mon cul), entgegnete Zazie. Er will nicht auf meine Fragen antworten." (101)

Wie im letztgenannten Beispiel ist der Ausdruck, mit dem Zazie am liebsten ihre kritische Haltung manifestiert, „mon cul" (im Deutschen nicht sehr glücklich mit „am Arsch" oder „kann mich mal" wiedergegeben). Roland Barthes spricht in diesem Zusammenhang von der „clausule zazique"[4], also einer Art Zazie'schem Refrain, den sie überall da anhängt, wo Wertvorstellungen der Erwachsenenwelt ihr lächerlich erscheinen.

„— Zazie, erklärt Gabriel und setzt eine majestätische Miene auf, die er mühelos in seinem Repertoire gefunden hat, wenn es dir Spaß macht, wirklich den Invalidendom und das richtige Grab des echten Napoleon zu sehen, werde ich dich hinführen.
— Napoleon kann mich mal (Napoléon mon cul), erwidert Zazie. Er interessiert mich nicht im geringsten, dieser Wasserkopf mit seinem saudummen Hut." (13)

Auf diese Weise kommentiert sie geheiligte Werte der Erwachsenen und entlarvt Phrasen und Gemeinplätze. Mit ihrer Kritik an den Sprachgewohnheiten der Erwachsenen steht sie übrigens nicht allein. Auch der Papagei Laverdure mischt sich häufig in das Gespräch ein mit dem offenbar einzigen Satz, den er sagen kann: „Du quasselst, du quasselst, das ist alles, was du kannst." (20 u. ö.)

3. Bedeutung

3.1. Realistische Darstellung

„Zazie in der Metro" schildert ein Kind, das, offenbar aus schwierigen Familienverhältnissen kommend, schon viel selbst erlebt, gehört und gelesen hat und sich keine Illusionen über das Leben macht. Zazie ist den Erwachsenen gegenüber äußerst kritisch und mißtrauisch und keineswegs respektvoll. Herzerfrischend unkompliziert geht sie mit den von der Gesellschaft aufgestellten Normen und Tabus um. Durch diese unbekümmerte Art ist sie in vielem den Erwachsenen überlegen. Aber sie wird keineswegs nur positiv geschildert. Sie ist egoistisch und rücksichtslos, ja sie hat durchaus sadistische Züge. Sie nutzt ihre Kenntnis der Schwächen der Erwachsenen schamlos für ihre Zwecke aus. Nimmt man alle diese Eigenschaften zusammen, so erscheint Zazie als der Prototyp eines nicht angepaßten, noch nicht in die Gesellschaft integrierten Kindes.

Insofern kann man „Zazie in der Metro" lesen als realistische Darstellung eines modernen Kindes, das weder idealisiert, noch verteufelt, sondern mit seinen guten und schlechten Eigenschaften dargestellt wird, das aber letztlich wegen seiner Ehrlichkeit und seiner direkten Sprache doch die Sympathie des Lesers gewinnt.

3.2. Symbolische Darstellung

Man kann aber über diese Stufe der Interpretation noch hinausgehen. Wenn man von der zentralen Bedeutung der Zazie'schen Formel „mon cul" ausgeht und diese in etwa gleichsetzt mit dem Satz des Papageien: „Du quasselst, du quasselst, das ist alles was du kannst", so wird eine gewisse Verwandtschaft zwischen den beiden Figuren deutlich. Beide haben eine prägnante Formel, mit der sie die sprachlichen Äußerungen der Erwachsenen kommentieren und kritisieren. Die Gemeinsamkeit der beiden wird übrigens gegen Ende des Buches dadurch betont, daß beide sehr „normal" und kindlich auf die Überforderung durch die Ereignisse reagieren: Beide schlafen im allgemeinen Getümmel ein und müssen weggetragen werden.

Wenn man in dieser Weise Zazie mit dem sprechenden Vogel in Verbindung bringt, so bekommt der Roman eine ganz andere Bedeutung. Es geht dann nicht mehr um die realistische Darstellung eines nicht angepaßten Kindes, sondern um eine symbolische Darstellung der Kindheit als einer Zeit, in der die Sprache noch nicht zu Phrasen und Gemeinplätzen und damit zur Verschleierung mißbraucht wird. Das Kind Zazie wäre dann trotz aller schockierender Äußerungen und Handlungen ein idealisiertes Kind, das dazu dient, die Erwachsenenwelt, besonders im Bereich der Sprache, zu entlarven. Die Kindheit wird also den Erwachsenen als Spiegel vorgehalten. Diese Spiegelung der Erwachsenenwelt im kindlichen Gemüt bedeutet eine Aufdeckung der hohlen und verlogenen Konventionen. Allerdings hat die Sprach- und Gesellschaftskritik nichts Aggressives, sondern geschieht spielerisch, in grotesker Verzerrung.

Versteht man den Roman so, dann rückt Zazie in die Nähe einer anderen idealisierten Kindergestalt der französischen Literatur, nämlich des „Kleinen Prinzen" von Antoine de Saint-Exupéry.[5] Der kleine Prinz hat, so abwegig das auf den ersten Blick scheinen mag, durchaus Ähnlichkeiten mit Zazie. Auch er weiß, was er will, ist unerbittlich mit den Erwachsenen, besteht hartnäckig auf der Beantwortung seiner Fragen. Auch er ist in keiner Weise an die Welt der Erwachsenen angepaßt, sondern steht außerhalb. Während aber Zazie im wesentlichen den Mißbrauch der Sprache reflektiert, ist der kleine Prinz eine umfassendere symbolische Darstellung der Kindheit. In beiden Fällen aber sollen die Erwachsenen ihre Fehler und Schwächen in der Spiegelung durch Kinder erkennen.

Der kleine Prinz allerdings ist von vornherein in einer Traumwelt angesiedelt und von daher leichter als symbolische Gestalt zu erkennen, während Zazie in einer scheinbar realen, wenn auch mehr und mehr ins Unrealistisch-Phantastische gleitenden Umwelt geschildert wird.

In beiden Büchern wird Kindheit nicht um ihrer selbst willen dargestellt. Die Kinder stehen bezeichnenderweise allein den Erwachsenen gegenüber. Die Kindheit wird vielmehr gezeigt als positive Gegenwelt, an der das menschliche und sprachliche Verhalten der Erwachsenen zu messen ist.

Anmerkungen

1 R. Queneau: Zazie dans le métro. Paris: Gallimard 1959. Deutsche Ausgabe: Zazie in der Metro. Übers. von E. Helmlé. Frankfurt: Suhrkamp 1960 (Neuauflage in der Bibliothek Suhrkamp 431, 1975).
2 R. Queneau: Exercices de style. Paris: Gallimard 1947.
3 Hercule Poirot ist der Meisterdetektiv in den Kriminalromanen von Agatha Christie.

4 R. Barthes: „Zazie et la littérature." In: Essais critiques. Paris: Seuil 1974.
   S. 128.
5 A. de Saint-Exupéry: Le Petit Prince. Paris: Gallimard 1945. (Als Lektüreheft
   bei F. Schöningh Paderborn).

2.2.3. Mark Twain: Tom Sawyers Abenteuer

1. Klärung der Vorkenntnisse

„Tom Sawyer", erschienen 1876, gilt in der literarisch interessierten Öffentlichkeit und darüber hinaus als ein Klassiker der Kinder- und Jugendliteratur. Für viele Leser in aller Welt ist er Teil der Erinnerung an die eigene Kindheit, in der sie die Streiche und Abenteuer des jungen Helden aufs intensivste miterlebten. Kinder von heute verfolgen sie mit der gleichen Anteilnahme im Fernsehen. Bekannt ist auch, daß der Verfasser Mark Twain am Mississippi aufgewachsen ist und daß diese frühen Lebensjahre stoffliche Grundlage seiner Bücher „Tom Sawyer" und „Huckleberry Finn" sind. Schließlich ist der Name des Verfassers für viele, auch wenn sie nichts von ihm gelesen haben, ein Markenzeichen des Humors.

Ein Blick in das knappe Vorwort zu „Tom Sawyer" erlaubt eine erste Klärung dieser Vorkenntnisse; sie kann aus der umfangreichen Sekundärliteratur über Mark Twain ergänzt werden. Als *intendierte Leser* des Buches nennt der Autor Jungen und Mädchen, er hoffe aber, daß Männer und Frauen es deshalb nicht meiden würden, denn Teil seiner Absicht sei es gewesen, „Erwachsene auf angenehme Weise daran zu erinnern, wie sie einst selbst waren, wie sie empfanden, dachten und redeten und in was für seltsame Unternehmungen sie sich zuweilen einließen." (7)[1] In einem Brief vom 5. 7. 1875, in dem er seinen Freund und literarischen Berater Howells um eine kritische Durchsicht des Manuskripts bittet, bezeichnet es Twain sogar ausschließlich als ein Buch für Erwachsene.[2] Von Howells wird er dann dazu bewegt, es für ein Publikum im Sinne des jetzigen Vorworts herauszugeben. Die Konsequenz der Änderung ist in Twains eigenen Worten: „Ich habe die verschiedenen anrüchigen Stellen gezähmt, bis ich annahm, daß sie keinen Anstoß mehr erregen würden."[3] Der auffallendste, von Howells angeregte Eingriff in den Text betrifft die Szene, in der sich Becky heimlich das vom Lehrer streng verwahrte Anatomiebuch anschaut. „Hier am Rande, gegenüber von Becky Thatchers verstohlenem Blick auf ‚eine vollkommen nackte menschliche Figur' in Herrn Dobbins Anatomiebuch, vermerkt Howells: ‚Ich hätte Angst wegen dieser Bilder-sache' und beseitigt damit einen der wahrsten Kindheitsaugenblicke in dem Manuskript."[4] Darüber hinaus ist der Text jedoch nicht für ein jugendliches Publikum bearbeitet worden, so daß das fertige Buch tatsächlich gleichermaßen eines für Erwachsene wie Kinder ist.

Auch auf den *autobiographischen Gehalt* des Buches verweist das Vorwort: „Die meisten der in diesem Buch festgehaltenen Abenteuer sind wirklich geschehen; ein oder zwei erlebte ich selbst, die übrigen begegneten Jungen, die mit mir in die Schule gingen. Huck Finn ist nach dem Leben gezeichnet. Tom Sawyer ebenfalls, jedoch nicht nach einem einzelnen." (7) In Hannibal am Mississippi im Staate Missouri, einem Städtchen von 500 Einwohnern, ist Samuel Clemens aufgewachsen, der sich dann später, als er nach Druckerlehre und Lotsentätigkeit in Nevada und Kalifornien Journalist war, einen Lotsenruf als Pseudonym wählte: Mark Twain, d. h. zwei Faden tief. Hannibal mit Dampferanlegestelle und Kirche, Richter und Ortstrunkenbold ist das Vorbild für Tom Sawyers St. Petersburg. Wichtiger aber als die Entsprechungen zwischen fiktivem und realem Ort und den jeweiligen Einwohnern (sie sind detailliert belegt worden[5]), ist die Perspektive, aus der heraus der Autor die Welt seiner Kindheit in einen Roman verwandelt. Im Bewußtsein der großen gesellschaftlichen und psychischen Erschütterungen, die der Bürgerkrieg gebracht hatte, und der immer rascher voranschreitenden Technisierung und Industrialisierung, die etwa die geliebten Raddampfer seiner Lotsenzeit zugunsten der Eisenbahn verdrängten, wurden ihm Hannibal und die Mississippilandschaft der vierziger und fünfziger Jahre zu einer Art verlorenem Paradies. Auch der arkadische Charme von Tom Sawyers St. Petersburg — ungetrübt von Problemen wie der Sklaverei, von denen Hannibal keineswegs verschont war — hat also einen erkennbaren biographisch-historischen Ursprung.

Der Begriff des *Humors* schließlich, der mit dem Namen des Autors verbunden wird, sollte nicht auf Spaßmacherei verengt werden. Als Ausdruck einer bestimmten Lebenseinstellung wird er bei Mark Twain zu einem durchgängigen Gestaltungsprinzip. Schon die Formulierung, mit der er im Vorwort den Ursprung seines Helden umschreibt — „(er) gehört deshalb zur architektonischen Säulenordnung mit Kompositkapitell" (7) —, zeigt etwas von dem Spiel mit Unangemessenheit und Übertreibung, das hierfür charakteristisch ist.

2. Werkanalyse

2.1. Aufbau und Inhalt

Der *Held* und seine Welt, d. h. der ihm zugeordnete *Ort* mitsamt seinen Einwohnern, sind es vor allem, die in diesem Buch einheitsstiftend wirken. Held ist der etwa zehnjährige Tom Sawyer, der, zusammen mit seinem Halbbruder Sid, bei seiner Tante Polly aufwächst; und was er anstellt und zuwegebringt, steht in enger Beziehung zum gesellschaftlichen Mikrokosmos von St. Petersburg, einer Kleinstadt am Mississippi. Den *Inhalt* des Romans zu resümieren, ist schwierig, da es keine durchlaufende Handlung gibt. Es empfiehlt sich daher, zunächst einmal sein Bauprinzip zu erfassen und dann den Inhalt in Verbindung mit den erkennbaren Struktureinheiten darzubieten.

Bauprinzip ist die Aneinanderreihung von Episoden, die häufig, aber nicht immer mit einem Kapitel identisch sind. Diese Episoden sind thematisch entweder nur ganz locker miteinander verknüpft oder so eng, daß man von Handlungssträngen reden kann.[6] Episoden im eigentlichen Sinne enthalten die Kapitel 1–8, 12, 21, 22. Als Handlungsstränge lassen sich unterscheiden: die Liebesgeschichte von Tom und Becky (Kapitel 6, 7, 18, 20, 29–32), die Mordgeschichte (9–11, 23, 24), das Inselabenteuer (12–19) und die Schatzsuche (25–29, 33–35). Der Roman beginnt also, gleichsam gemächlich, mit einer Reihe von Episoden, aus denen heraus sich die Tom-Becky-Handlung entwickelt, die — eine Art roter Faden — bis gegen Ende des Buches andauert. Ein geradezu dramatisches Geschehen bringt die Mordgeschichte, die das Inselabenteuer, eine zusammenhängende Einheit in der Mitte des Buches, übergreift und — durch die Gestalt des Mörders Indianer-Joe verbunden — von der Schatzsuche abgelöst wird, mit der sich gegen Schluß auch die Becky-Handlung verknüpft.

2.1.1. Episoden

Die Episoden geben Beispiele für Toms alltägliches Verhalten, im Unterschied zu den genannten Handlungssträngen, in denen Außergewöhnliches dargeboten wird. Sie stellen knappe, in sich abgeschlossene Konfrontationen Toms mit seiner Umgebung dar, d. h. mit — nach dem Grad der Bindung abgestuft — Tante Polly und anderen Angehörigen, gleichaltrigen Kindern und Repräsentanten oder Institutionen von St. Petersburg.

Zwei kurze Episoden am Anfang demonstrieren die Situation zu Hause. Von Tante Polly beim Marmeladenaschen ertappt, weiß sich Tom geschickt in Sicherheit zu bringen. Obwohl er dann ebenso geschickt vertuschen kann, daß er gegen das Verbot schwimmen gegangen ist, nutzt ihm das nichts, weil er von seinem Halbbruder Sid verraten wird. Beide Episoden führen zu dem ein deutliches Signal gebenden Kommentar des Erzählers: „Er war durchaus nicht der Musterknabe des Ortes." (12) Eine dritte Episode, in der Tom einen jungen herausgeputzten Neuankömmling verprügelt, bestätigt nicht nur diesen

Kommentar („Die Mutter des Feindes nannte Tom einen ungezogenen, bösartigen, ordinären Jungen." 17), sondern zeigt auch Toms Kraft und Selbstbewußtsein sowie das daraus resultierende Bestreben, an seiner führenden Rolle im Revier keinen Zweifel zu lassen. Die berühmte, vielfach nachgedruckte Szene, in der es Tom vesteht, die mühsame Strafarbeit des Zaunstreichens anderen Jungen so schmackhaft zu machen, daß sie sie ihm gegen Geschenke abnehmen, weist auf die Gewitztheit als Ursache seiner Überlegenheit. Durch sie wird er auch zum Mittelpunkt der Öffentlichkeit, wenn er in der Sonntagsschule vor den Honoratioren der Gemeinde einen begehrten Preis einstecken kann, nachdem er sich die dazu benötigten Belohnungszettel für gutes Lernen von anderen eingetauscht hat.

Weitere Episoden zeigen, wie Tom die ganze Gemeinde von der Langeweile einer Sonntagspredigt befreit; wie er, statt wegen Krankheit der ungeliebten Schule zu entgehen, einen Zahn gezogen bekommt; wie er es sich leisten kann, mit dem jugendlichen Paria des Ortes, Huckleberry Finn, freundschaftlich zu verkehren; wie er bei den Kampf- spielen der Jungen tonangebend ist, zumal er die literarischen Vorlagen am besten kennt; wie er sich dadurch unterhält, daß er Tante Pollys Katze eine scharfe Medizin eingibt; und wie er dem „Orden der Mäßig- keit" beitritt, nur um die Langeweile der Schulferien zu vertreiben. Wenn schon die Sonntagsschulepisode nicht nur dazu dient, um den Helden zu charakterisieren, sondern auch, um eine einflußreiche Insti- tution zu karikieren, so herrscht Gesellschaftssatire eindeutig vor in der breiten Darstellung der Schuljahrschlußfeier (Kapitel 21).

Die strukturelle Funktion der Eingangsepisoden ist es, mit Toms Bezug zu seiner Umwelt durch eine abgestufte Ausweitung des Blick- winkels bekanntzumachen. Im Hauptteil grenzen Episoden (Kapitel 12 und 21–22) verschiedene Handlungsstränge voneinander ab, wobei sie die Funktion haben, das Außergewöhnliche des bewegten Geschehens in Relation zu setzen zum Gewohnten der Alltäglichkeit. Diese Relation ist ambivalent: Das Außergewöhnliche erscheint gleichermaßen als Unterbrechung wie Fortsetzung des Gewohnten, oder — angewandt auf Tom, der ja immer erzählerischer Bezugspunkt ist: Seine Abenteuer und Heldentaten fallen zwar besonders auf, gehen aber bruchlos aus seinen üblichen Streichen und Spielen hervor.

2.1.2. Tom-und-Becky-Handlung

Was für ein Kinderbuch kaum üblich ist, steht doch in einer festen Tradition der Abenteuerliteratur für Erwachsene: Zum tapferen Helden gehört das schöne Mädchen.

Toms Beziehung zu der hübschen und verwöhnten Becky Thatcher läßt eine deutliche Entwicklung erkennen. Aus der spielerischen Zuneigung wird halber Ernst, als Becky erfährt, daß Tom schon eine andere Liebe gehabt hat. Das Eifersuchtsgeplänkel hält an, bis Tom sich an Beckys Stelle für schuldig bekennt, das Anatomiebuch des Lehrers beschädigt zu haben. Schließlich tröstet und rettet er sie, als sich beide auf einem Ausflug in einer Höhle verirren. Aus Spiel und Selbstmitleid wird bei Tom eine verständnisvolle Hinwendung zum andern Menschen. Dabei weitet sich in beiden Handlungsabschnitten das Interesse von Tom und Becky, die in der Höhle in geradezu archetypischer Isolierung erscheinen, auf eine Öffentlichkeit aus: Das einemal staunen alle Mitschüler über das, was ihnen als Toms Tollheit erscheint, das anderemal nimmt ganz St. Petersburg Anteil am Schicksal der zwei Verirrten und lauscht dann begierig Toms Erzählung.

Noch etwas ist in diesem Zusammenhang hervorzuheben. Beckys Vater, Richter Thatcher, ist angesehenster Repräsentant des gesellschaftlichen Establishments. Am Anfang überreicht er Tom den unverdienten Preis in der Sonntagsschule, am Schluß legt er das gefundene Geld für ihn an, vergleicht ihn mit George Washington und will ihn in Militärakademie und Juristenschule anmelden. So macht dieser Aspekt der Tom-und-Becky-Handlung deutlich: Toms prekäres Verhältnis zur Gesellschaft entwickelt sich zu einer vollen Integration, die freilich weniger überzeugend ist als jenes.

2.1.3. Mordgeschichte

Auch die Mordgeschichte, ein Melodrama in der Tradition des Schauerromans (unmittelbar beeinflußt von Dickens' Roman „Zwei Städte"[7]), bekundet eine Entwicklung des Helden. Mit Huck Finn zusammen beobachtet Tom auf dem nächtlichen Friedhof, wie Indianer-Joe, ein berüchtigter Mischling, während eines gemeinsamen Leichendiebstahls den jungen Arzt des Ortes ermordet und dann den Verdacht auf den ebenfalls beteiligten, betrunkenen Muff Potter lenkt. Dieser wird dann auch am nächsten Tag ergriffen und ins Gefängnis geworfen, wo er der Todesstrafe entgegensieht. Tom und Huck schwören sich, keinem Menschen etwas von dem tatsächlichen Vorgang zu sagen, da sie die Rache Indianer-Joes fürchten. Als aber die Verurteilung Potters unabwendbar scheint, da überwindet Tom seine Furcht und rettet ihn durch seine Zeugenaussage. Indianer-Joe flieht aus dem Gerichtssaal. Von der nächtlichen Einsamkeit des Friedhofs zur Öffentlichkeit des Gerichts — Toms Wandlung von selbstbezogener Furcht zum Einstehen für einen Mitmenschen wird von einer ähnlichen Änderung des Schauplatzes begleitet wie die Becky-Handlung.

2.1.4. Inselabenteuer

Das Inselabenteuer kommt am ehesten typischen Jungengeschichten nahe, wie sie gleichzeitig mit „Tom Sawyer" in der zweiten Hälfte des 19. Jahrhunderts entstanden sind. Ohne Wissen ihrer Angehörigen verbringen Tom Sawyer und seine Freunde Joe Harper und Huck Finn ein paar abenteuerliche Tage auf Jacksons Insel im Mississippi. Tom schleicht sich in einer Nacht heim und belauscht ein Gespräch zwischen Tante Polly und Mrs. Harper. Daraufhin richtet er es ein, daß die drei zu ihrer eigenen Totenfeier in der Kirche wiederauftauchen. Wiederum führt der Weg aus der Einsamkeit in die Öffentlichkeit, von der Insel zur Kirche, aber diesmal vollzieht sich eine Wandlung nicht in der Öffentlichkeit. Vielmehr geschieht dies im stillen, als nämlich Tom sowohl bei seinem nächtlichen Besuch als auch nach der Rückkehr bemerkt, wie sehr es seiner Tante, der er wegen dauernder Verbote grollt, um ihn zu tun ist und wie leicht sie deshalb zu kränken ist.

2.1.5. Schatzsuche

Auch das Thema der Schatzsuche, von Edgar Allen Poe schon vor Twain popularisiert, findet sich in vielen Jungenbüchern wieder. Tom und Huck, nachdem sie vergeblich nach einem Schatz gesucht haben, werden heimlich Zeuge, wie Indianer-Joe und ein unbekannter Spanier in einem alten Haus eine Kiste mit Goldstücken entdecken. Sie nehmen die Verfolgung der beiden auf. Dabei gelingt es Huck, die Witwe Douglas vor einem Racheakt Indianer-Joes zu bewahren. Tom sieht ihn dann in der Höhle wieder, in der er sich mit Becky verirrt. Als nach ihrer Rettung die Höhle zugesperrt wird, kommt Indianer-Joe darin um. Tom kehrt, begleitet von Huck, zurück und findet den Goldschatz. Während bei einem Festessen feierlich bekanntgegeben werden soll, daß Huck von der Witwe Douglas an Kindesstatt angenommen wird, stellt Tom den bisherigen Habenichts als reich vor. Auch hier erscheint das, was zunächst heimlich geschah, am Ende im Licht der Öffentlichkeit. Und wiederum zeigt der ichbesessene Draufgänger Tom am Ende ein Gefühl für den Mitmenschen, diesmal gegenüber dem toten Indianer-Joe.

Eine auffallendere Veränderung des Verhaltens ist aber darin zu sehen, daß Tom die Bemühungen unterstützt, Huck für die Zivilisation zu gewinnen: Er ist nur bereit, ihn in seine Räuberbande aufzunehmen, wenn er, gegen seinen Willen, bei der Witwe Douglas bleibt und deren Erziehungsmaßnahmen akzeptiert. Der Abschluß des vierten Handlungsstrangs, der das spektakulärste Echo in der Gesellschaft von St. Petersburg auslöst (alle Einwohner gehen auf Schatzsuche), fällt im Hinblick auf Toms Entwicklung am fragwürdigsten aus.

2.2. Zusammenspiel von Held und Gesellschaft

2.2.1. Personenkonstellation

Kennzeichnend für die Personenkonstellation des Romans ist ein so unmittelbarer Bezug zwischen dem Helden und der Gesellschaft, wie er für literarische Kindheitsdarstellungen selten ist. Äußere Voraussetzung dafür ist auf Seiten der Gesellschaft die abgegrenzte Überschaubarkeit von St. Petersburg, auf seiten des Helden die Tatsache, daß die übliche Vermittlungsinstanz der *Familie* stark reduziert erscheint: Statt Eltern gibt es nur eine Tante, statt Geschwistern einen Halbbruder und eine Base. Die Einschränkung familiärer Bindungen ist ambivalent: Sie macht Tom einerseits relativ frei von den Geboten der Gesellschaft, liefert ihn aber andererseits ungeschützter den Verlockungen ihres Beifalls aus.

Unter den *Gleichaltrigen* wird Tom bezeichnenderweise von zwei extremen Polen angezogen, die Person werden in Huck Finn, dem Paria, der als Sohn eines heruntergekommenen Trunkenbolds ohne Erziehung aufgewachsen ist, und in Becky Thatcher, der verfeinerten Tochter des führenden Vertreters des Establishments. Dabei ist Huck, der nach eigener Lust seine Zeit im Freien dahinbringt, Inbegriff eines ungezügelten naturhaften Lebens, Becky dagegen, die am Gartenzaun steht, nichts von Küssen und Verlobung weiß und den menschlichen Körper aus dem Anatomiebuch kennenlernen will, personifizierte Distanz gegenüber dem Leben. Die Annäherung der beiden Extreme am Ende des Buches — Becky erlebt in der Höhle eine existentielle Erschütterung, und Huck wird zivilisiert — ist charakteristisch für die Tendenz des Romans.

Die *Gesellschaft* manifestiert sich am deutlichsten in ihren Institutionen: Sonntagsschule und Kirchengemeinde, Schule und Gericht. Mehrfach tritt sie auch in toto hervor, vor allem wenn von den Reaktionen

St. Petersburgs auf Toms Taten die Rede ist. Versteckt ist sie präsent in den Vorurteilen gegenüber Huck und Indianer-Joe und in Riten, Verhaltensregeln und Verboten, auf die immer wieder Bezug genommen wird.

2.2.2. Toms Verhalten

Es artikuliert sich in vier charakteristischen *Erscheinungsformen*. Dies sind, vom Fiktiven ins Reale übergehend: Tagträume und Kampfspiele, Streiche und Abenteuer. Ihnen gemeinsam ist ein starkes, unreflektiertes Hervortreten des eigenen Ichs, das für einen etwa Zehnjährigen typisch ist, in Toms Fall aber, mitbedingt durch seine spezielle Familiensituation, noch gesteigert wird.

Tagträume entstehen, wenn sich Tom von seiner Umwelt, insbesondere von Becky, abgewiesen fühlt. Ihr Grundmuster ist das von Weggang und ruhmvoller Wiederkehr:

„Ein Pirat wollte er werden! Das war's. Jetzt lag seine Zukunft deutlich vor ihm und strahlte in unvorstellbarem Glanz. Wie sollte sein Name in der Welt widerhallen und die Menschen zum Schaudern bringen! ... Und wie wollte er dann, auf der Höhe seines Ruhmes angelangt, plötzlich in dem alten Städtchen auftauchen und wettergebräunt in die Kirche treten...." (67 f.)

Der Wunsch, von der Gesellschaft angenommen zu werden, ist unverkennbar.

In den *Kampfspielen* wird der Impuls der Tagträume in Aktion umgesetzt. Stärker noch als die Träume werden sie durch literarische, romanzenhafte Vorlagen strukturiert. Tom als Piratenkapitän oder Robin Hood realisiert in ihnen sowohl sein Bedürfnis nach Anerkennung in einer Gemeinschaft als auch seinen Anspruch auf eine Führerrolle.

Streiche sind Toms Art, sich unmittelbar mit der Realität auseinanderzusetzen, sei es aus Selbsterhaltungstrieb gegenüber Tante Polly oder in dem Bestreben nach öffentlicher Anerkennung in der Sonntagsschule oder aus einem Gefühl der Langeweile während der Predigt. Obwohl realitätsbezogener als in Tagträumen und Kampfspielen, ist auch in den Streichen die Subjektivität des Handelnden maßgebend, hier ausgezeichnet durch Gewitztheit und Einfallsreichtum.

In den *Abenteuern* schließlich wird Wirklichkeit, was in den Tagträumen erdacht, in den Kampfspielen geübt und in den Streichen erprobt wurde. In den vier beschriebenen Handlungssträngen werden sie für den größten Teil des Romans konstitutiv. Für sie wurde ja schon nachgewiesen, daß jeweils gegen Ende eine gereifter wirkende Hinwendung zum Mitmenschen das kindliche Übermaß an Subjektivität einzuschränken beginnt.

Was an Toms Verhalten hervortritt, läßt sich auf einen allgemeinen *entwicklungspsychologischen Befund* beziehen. Beim Kind, das die Welt um sich her noch nicht wie ein Erwachsener beherrscht, ist — in der Terminologie Piagets — die (subjektive) Tendenz zum Assimilieren stärker als die (objektive) Tendenz zum Akkomodieren. Dies ist gleichbedeutend mit einem spielerischen Verhalten gegenüber der Umwelt. In der Tat lassen sich Toms verschiedene Verhaltensformen auf den gemeinsamen Nenner des Spiels bringen.

2.2.3. Reaktion der Gesellschaft

Das Erstaunliche an dem Roman ist nun, daß die Gesellschaft dort, wo sie von Toms Verhalten berührt wird, d. h. in den Streichen und Abenteuern, dankbares *Publikum des wahrgenommenen Spiels* ist.[8] Schon Tante Polly lacht, als ihr der beim Marmeladenaschen ertappte Tom gewitzt entkommt (10), und die interessierte Anteilnahme ganz St. Petersburgs an den von Tom bestandenen Abenteuern wächst von Mal zu Mal. Die Langeweile einer kleinen Stadt, die Tom zu manchen Unternehmungen treibt, wird auch von den erwachsenen Einwohnern empfunden, und für eine witzige oder sensationelle Unterbrechung sind sie selbst dann noch dankbar, wenn sie auf ihre Kosten geht. Ein entwicklungs- und ein massenpsychologisches Moment erfahren in diesem Roman eine überraschende Verquickung.

Wichtig für das Zusammenspiel von Held und Gesellschaft ist aber auch der *Aspekt des Normativen*. In seinen Streichen und Abenteuern setzt sich Tom immer wieder über geltende Normen und Konventionen hinweg. Er lügt, stiehlt und betrügt, schleicht nachts heimlich von zu Hause fort und stürzt seine Tante und die ganze Stadt in die Trauer über seinen vermeintlichen Tod. Offenbar ist die Gesellschaft, die über Schule, Sonntagsschule und Gericht auf strenge Einhaltung ihrer Regeln besteht, bereit, einem Jungen wie Tom Narrenfreiheit zu gewähren. Voraussetzung dafür ist die Annahme — in den Worten von Tante Pollys vermeintlichem Nachruf: „Richtig schlecht ist er nie gewesen — nur voller Unfug . . . So wenig Verstand wie ein Fohlen (im Englischen: He warn't any more *responsible* than a colt.). Er hat nie was Böses gewollt und war der gutherzigste Junge der Welt." (112) Das gute Herz erweist sich ja am Ende jedes der vier Handlungsstränge. Aber das alleine genügt nicht. Der Junge muß willens sein, sich den Normen der Gesellschaft, die er vorübergehend in Frage stellt, doch letztlich zu fügen. Tom tut dies am Schluß in solch einem Maße, daß er zum Hauptmotor der ,Zivilisierung' Huck Finns wird. Daß die Erwachsenen St. Petersburgs in ihrer fanatischen Schatzsuche gleichzeitig zu Kindern werden, läßt den Schluß — bei aller Ironie — als noch fragwürdiger erscheinen.

2.2.4. Erzählstandpunkt

Das Geschehen des Romans wird vom Standpunkt eines allwissenden Erzählers dargeboten, also in der auktorialen Erzählsituation. Dabei ist von primärem Interesse, welche Stellung der Erzähler bezieht im Hinblick auf das zentrale Wechselspiel von Held und Gesellschaft.

Im ersten Teil steht er eindeutig auf Seiten Toms und sucht auch das Verständnis des Lesers für ihn zu gewinnen, indem er von Toms Betätigung (13) oder Situation (34 f.) einen unmittelbaren Bezug zu den Erfahrungen des Lesers herstellt oder indem er anthropologische Gesetzmäßigkeiten in seinem Verhalten konstatiert (22 f., 67). Toms eklatante Verstöße gegen geltende Normen wirken insofern gerechtfertigt, als die Repräsentanten dieser Normen, bewußt oder unbewußt, moralisch scheinheilig sind: Tante Polly lobt Tom, als habe er das Zaunstreichen, das sie ihm als Strafe zudiktiert hatte, aus freien Stücken getan; und die Redner in der Sonntagsschule stellen das Lernen von Sprüchen, für das ein Belohnungssystem entwickelt wurde, ebenfalls als etwas Freiwilliges hin.

Diese offensichtliche Kritik an der Gesellschaft von Toms Verhalten aus endet mit dem Auftauchen der drei Jungen bei ihrer eigenen Leichenfeier, die in Anbetracht des wirklichen Tuns der übermäßig Gelobten als *emotional* scheinheilig entlarvt wird. Danach verlagert sich der Standpunkt des Erzählers, zunächst kaum merkbar, auf die Seite der Gesellschaft. Dies mag mit Toms Entwicklung zu einem auch auf den Mitmenschen ausgerichteten Verhalten zusammenhängen. Aber Toms allzu selbstverständlicher Konformismus am Ende des Romans in Anbetracht einer Gesellschaft, die hier eher noch fragwürdiger wirkt als am Anfang, legt den Verdacht nahe, daß die Verlagerung des Erzählstandpunkts Ausdruck einer unentschiedenen Haltung gegenüber der Gesellschaft ist, und zwar nicht des Erzählers, sondern des Autors.

2.2.5. Humor

Gegenüber der Satire wirkt Humor schwach und inkonsequent, gegenüber der Tragik stark und lebensbejahend. Die aggressive Satire verwirft alte, überholte Normen zugunsten wünschenswerter neuer; der Humor ist skeptisch, ob es bessere gibt, und richtet sich mit den vorhandenen ein. In diesem Sinne weisen die Episoden des ersten Teils, in denen scheinheilige Äußerungen der Gesellschaft von Tom Sawyers Verhalten her kritisiert werden, satirische Züge auf; als Ganzes ist das Buch jedoch eher Ausdruck eines humoristischen Lebensgefühls. Dieses äußert sich auf zwei Ebenen: innerhalb der Welt des Romans in dem Wechselspiel von Held und Gesellschaft (Tom Sawyer als humoristischer Unterhalter von St. Petersburg) und in der Darstellungsweise des Autors (Mark Twain als Humorist).

Die Nähe zu einer tragischen Konzeption des Stoffes wird deutlich, wenn man die Unvermeidlichkeit der Integration des Helden in eine äußerst fragwürdige Gesellschaft bedenkt. Der unbefriedigende Schluß kann den Gedanken an eine solche Konzeption eingeben. Mark Twain hatte sie allerdings in diesem Buch nicht im Sinn.

3. Art und Bedeutung der Kindheitsdarstellung

Die im Grundansatz realistische Kindheitsdarstellung hat in stofflicher Hinsicht eine Tendenz zum Idealtypischen, wenn nicht Idealen. Tom Sawyers Verhaltensweisen wirken weitgehend glaubhaft, doch da sie verschiedenen Altersstufen entstammen (etwa zwischen 8 und 14)[9], lassen sie ihn als Jungen schlechthin erscheinen. Das ichbetonte, spielinduzierende Auftreten ist psychologisch begründbar, doch zeigt es sich bei Tom in besonderer Steigerung. Und seine Situation zu Hause wie in seinem Wohnort, so lebensnah sie manchmal anmutet, hat etwas Ausnahmehaftes.

Das dargebotene Bild der Kindheit ist gekennzeichnet durch die Dialektik von Natur und Gesellschaft. Ihre ideale Ausprägung bei Tom wird schon zu Beginn des Buches dem traditionellen Ideal des Musterknaben entgegengestellt. Der Musterknabe, also jenes Kind, das die Forderungen der Gesellschaft ganz verinnerlicht hat und die eigene Natur verleugnet, wird lächerlich gemacht, wo immer er auftaucht, etwa als Toms braver und verräterischer Halbbruder Sid oder als jener Sproß deutscher Einwanderer, der in der Sonntagsschule durch das Auswendiglernen von Sprüchen glänzt. Tom dagegen, aus naturhaftem Antrieb, schlägt immer wieder über die Stränge, wobei bezeichnenderweise die Natur im Sinne von Landschaft oft den Schauplatz bildet, nach Beendigung einer Unternehmung ausgewechselt gegen eine Zivilisationskulisse (Wald/Schule, Friedhof/Gericht, Insel/Kirche, Höhle/des Richters Haus). Daß die Gesellschaft Toms Eskapaden akzeptiert, ja sogar applaudiert, wurde mit ihrem Unterhaltungsbedürfnis erklärt. Entwicklung und Erfolg Toms und die für ihn von Richter Thatcher vorgesehene Karriere lassen aber auch erkennen, daß seine Abenteuer als eine notwendige Vorbedingung für die Reifung zu einem selbständigen und verantwortungsbewußten Mann verstanden werden sollen. Und schließlich äußert sich hier eine Gesinnung, die noch bis in unsere Gegenwart hinein einem Studenten besondere Freiheiten zubilligte in der Annahme, daß er dann später ein umso loyalerer Staatsbürger sein werde.

Von Tom selber wird anfangs der ungebundene naturhafte Huck Finn als Ideal empfunden. Mark Twain hat das Bild dieses Jungen später in seinem Roman „Huckleberry Finns Abenteuer" weiterentwickelt. Auffallend ist nun, welche gewaltsame Veränderung der Autor dem Naturkind auferlegt. Er geht sogar so weit, daß er Tom zum entscheidenden Faktor von Hucks „Zivilisierung" macht. Damit wird die in der Figur Toms personifizierte Dialektik von Natur und Gesellschaft einseitig zugunsten der Gesellschaft gestört.

In der Darstellung der Handlung wird der realistische Ansatz zum Außergewöhnlichen hin gesteigert. Tagträume, Spiele und Streiche könnten dem Leben nachgestaltet sein, aber die szenischen Zuspitzungen der als real dargestellten Abenteuer gehen über die Grenze des Wahrscheinlichen hinaus: die Beobachtung des Mordes auf dem Friedhof mit nachfolgender Rettung des zu unrecht Beschuldigten, das Auftauchen bei der eigenen Leichenfeier, die Befreiung aus der Höhle und die Entdeckung des Schatzes. Sie dienen der Akzeptierung Tom Sawyers als Held durch die Gesellschaft von St. Petersburg. Der Übersteigerung bedarf es offenbar, um ein Kind aus seiner üblichen Abhängigkeit herauszuheben und einem ganzen Gemeinwesen überzuordnen.

Es ist offenkundig, daß diese außergewöhnlichen Szenen Realisierungen der Tagträume und Fiktionsspiele nicht so sehr Tom Sawyers sind, als vielmehr des Autors Mark Twain. Wie er Tom für seine Träume und Spiele Anleihen bei der traditionellen Romanzenliteratur machen läßt, so verfährt er in diesen Szenen selbst. Auf den Bezug zu Dickens und Poe wurde hingewiesen.

In einer Zeit, in der das Verhältnis des Individuums, besonders auch des einzelnen Kindes, zur Gesellschaft immer prekärer wird, läßt Mark Twain es im Applaus der Öffentlichkeit Triumphe feiern, freilich unter der Bedingung, daß es aus „gutem Herzen" handelt und bereit ist, ein nützliches Mitglied der Gesellschaft zu werden. Damit ist Tom Sawyer die dialektische Entsprechung zu jenen literarischen Kindergestalten (bei Dickens und anderen), die keine Chance haben, ihre künftige Nützlichkeit unter Beweis zu stellen, und unter dem Druck einer unbarmherzigen Erwachsenengesellschaft zerbrechen.

Alle Züge des Buches, die Tom überlebensgroß erscheinen lassen, machen ihn zu einer prototypischen Identifikationsfigur für jene jugendlichen Leser, deren Altersmerkmale er trägt. Und wie Tom einem Bedürfnis seines Erfinders entsprang, sich in die eigene Kindheit zurückzuversetzen, so kann er diese Bedeutung auch für die erwachsenen Leser haben. Was an Problematischem an dem Buch aufgezeigt wurde, werden vielleicht die Jugendlichen unter den Lesern nicht bemerken können und die Erwachsenen nicht bemerken wollen. Dadurch aber wird Kritik an dem gleichwohl bedeutenden literarischen Werk nicht überflüssig, sondern überhaupt erst notwendig.

Anmerkungen

1 Die eingeklammerten Seitenzahlen am Ende eines Werkzitats beziehen sich auf die umfangreichste westdeutsche Mark-Twain-Ausgabe: Mark Twain: Gesammelte Werke in fünf Bänden. Hrsg. v. K.-J. Popp. München: Hanser Verlag 1965, Bd. 1 („Tom Sawyers Abenteuer" übers. v. Lore Krüger).
2 Bernard de Voto: „The Phantasy of Boyhood: Tom Sawyer." In: A. L. Scott: Mark Twain, Selected Criticism. Dallas: Southern Methodist University Press 1955. S. 260.
3 De Voto, S. 261.
4 De Voto, S. 263.
5 Bei: Dixon Wecter: Sam Clemen of Hannibal. Boston: Houghton Mifflin Company 1952. Vgl. auch Thomas Ayck: Mark Twain. Rowohlts Bildmonographien 1974.
6 Die episodische Struktur läßt sich auf Mark Twains Schaffensweise zurückführen. Vgl. de Voto, S. 260. Auf die im folgenden genannten Handlungsstränge wurde zum erstenmal hingewiesen von: Walter Blair: „On the Structure of ‚Tom Sawyer'." In: Modern Philology. 37. 1939/40. S. 75–88.
7 Albert E. Stone: The Innocent Eye. Childhood in Mark Twain's Imagination. New Haven: Yale University Press 1961. S. 67.
8 Dieser Aspekt des Buches wird ausführlich behandelt von: Judith Fetterley: „The Sanctioned Rebel." Studies in the Novel. 3/1971. S. 293–304.
9 De Voto, S. 267.

2.3. Autobiographie

2.3.0 Problematik der Autobiographie

1. Zur Autobiographie im allgemeinen

Die Autobiographie ist eine relativ spät in der westlichen Welt entstandene Kunstgattung. Georges Gusdorf, der sich in einem Aufsatz mit den Bedingungen und Grenzen der Autobiographie befaßt[1], stellt fest, daß zu ihrer Entstehung bestimmte Vorbedingungen erfüllt sein mußten:

1. Da die Autobiographie Vergangenes reflektiert, konnte sie nur in Gesellschaften entstehen, die historisch dachten, d. h. nicht nur im Augenblick lebten, sondern Überliefertes in ihr Denken mit einbezogen.
2. Da es in erster Linie um die Entwicklung eines Einzelnen geht, selbst wenn Umwelt und Gesellschaft mit einbezogen werden, mußte zuvor das Individuum gegenüber der Gemeinschaft an Bedeutung gewonnen haben.

Wann dieser Zeitpunkt erreicht war, ist umstritten. So wird auch der eigentliche Beginn der Gattung von einzelnen Forschern verschieden angesetzt. Georg Misch, der den Begriff sehr weit faßte, schrieb ein ausführliches Werk über die Autobiographie des Altertums und des Mittelalters.[2] Georg Gusdorf[3] wie auch Roy Pascal[4] lassen die Geschichte der Autobiographie mit den „Bekenntnissen" des Augustin, um 400, beginnen, während Philippe Lejeune[5] diese in die Vorgeschichte einordnet und als eigentlichen Beginn für Frankreich und sogar für Europa das Erscheinen der „Confessions" von Rousseau, 1782, ansetzt.

Dieses späte Datum bei Lejeune hängt mit seiner strengen Definition der Autobiographie zusammen, in der in überzeugender Weise die wichtigsten Merkmale vereint sind:

„Wir nennen Autobiographie den in Prosa abgefaßten rückblickenden Bericht, den jemand von seiner eigenen Existenz gibt, wobei er das Hauptgewicht auf sein individuelles Leben, insbesondere auf die Geschichte seiner Persönlichkeit legt"[6].

Autobiographie wird also unter folgenden, sprachlichen und inhaltlichen, Gesichtspunkten definiert:

1. Autobiographien sind in Prosa verfaßt. Gedichte sind grundsätzlich ausgeschlossen.

2. Sie entstehen immer in der Rückschau, von einem späteren Zeitpunkt aus. Damit werden sie gegen Tagebücher abgegrenzt, die zum Zeitpunkt des Berichteten selbst niedergeschrieben werden.
3. Autor und Hauptperson müssen identisch sein. Diese Identität unterscheidet die Autobiographie vom Roman, insbesondere vom Bildungs- und Entwicklungsroman, aber auch von der Biographie.
4. Der Schwerpunkt der Darstellung liegt auf der Entwicklung der Persönlichkeit. Das grenzt die Autobiographie gegenüber den Memoiren ab, bei denen das Hauptgewicht des Berichts auf den historischen Ereignissen liegt.

Es kann hier nicht darum gehen, eine ausführliche Darstellung der Autobiographie zu geben. Es sollen jedoch einige Punkte herausgegriffen werden, die für die nachfolgenden Interpretationen wichtig sind.

Im Gegensatz zu den bereits besprochenen Kunstformen (kurze Prosa und Roman) ist die Autobiographie umstritten. Ihre Problematik entsteht aus dem Konflikt, authentisch und fiktional, oder, wie Goethe sagt, „Dichtung und Wahrheit" zu sein.

Das Problem von Wahrheit und Lüge in Selbstdarstellungen hat viele Dichter beschäftigt. „Qui se confesse ment"[7] (Wer sich selbst darstellt lügt), sagt Valéry, und Mauriac schreibt über seinen Versuch einer Selbstdarstellung: „Seul la fiction ne ment pas"[8] (Nur die Fiktion lügt nicht). Nimmt man beide Aussagen zusammen, so bedeutet das, daß nur die in Dichtung umgesetzte Wirklichkeit von subjektiven Entstellungen frei ist, während bei der direkten Wiedergabe die Ereignisse sowohl im Hinblick auf den Leser, als auch mit Rücksicht auf den Verfasser zurechtgerückt werden, dabei aber zugleich den Anspruch unverfälschter Wahrheit haben.

„Unwahrheiten", d. h. absichtliche Entstellungen oder Auslassungen, erfolgen z. B. aus Rücksichtnahme auf andere Personen oder auch aus Schamgefühl.

„Es gibt einen Grad in der vertraulichen Mitteilung, den man nicht ohne Künstlichkeit oder Zwang überschreiten kann"[9],

schreibt Gide, dem man sonst mangelnde Offenheit bestimmt nicht vorwerfen kann, in seiner Autobiographie.

Wichtiger aber sind die Abweichungen von der Realität, die nicht absichtlich erfolgen. Sie entstehen aus der Schwierigkeit, zu einem, meist späten, Zeitpunkt das gesamte eigene Leben zu überblicken und zu beschreiben. Zum einen ist das menschliche Gedächtnis lückenhaft und verändert manches auch ohne unser Zutun. Zum andern erfordert das Umsetzen der Erinnerungen in Sprache ja eine Gestaltung des erinnerten

Materials. Das bedingt eine Auswahl des Wichtigen, eine Gliederung und logische Verknüpfung, und damit unweigerlich eine Veränderung der Wirklichkeit. Diese Veränderung, die den Autoren oft als Fehler angekreidet wird, liegt in Wirklichkeit im Wesen der Autobiographie, ja des menschlichen Lebens überhaupt. Die Bedeutung, die ein Ereignis hat, bildet sich, wie bereits Dilthey dargelegt hat, erst in der Erinnerung. Im Augenblick selber ist man sich der Bedeutung eines Geschehnisses noch gar nicht bewußt. Erst in der Erinnerung erfolgt die Deutung und die Einordnung in einen Zusammenhang, die dem Leben Sinn gibt. Das gleiche gilt für die autobiographische Darstellung.

Die Besonderheit der Autobiographie gegenüber anderen Formen literarischer Darstellung liegt also in der Spannung zwischen der Absicht des Autors, seine Vergangenheit wahrheitsgetreu darzustellen, und der Unmöglichkeit dieses Unterfangens, weil die Vergangenheit grundsätzlich nur in einer nachträglichen Deutung zugänglich ist. In diesem Sinn ist sie beides: Dichtung und Wahrheit, wobei die Wahrheit erst durch die nachträgliche Gestaltung faßbar wird.

Dazu kommt ein anderes: Auch die nachträgliche Deutung ist nicht ein für allemal festgelegt. Sie wandelt sich mit dem jeweiligen Standpunkt, der auch die Perspektive auf die Vergangenheit verändert. Diese bestimmt die Blickrichtung, entscheidet, was augenblicklich wichtig oder unwichtig ist, und interpretiert unbewußt die Ereignisse der Vergangenheit. Die Interpretation kann aber auch bewußt erfolgen, wenn der Autor seine Erinnerungen mit einer bestimmten Absicht schreibt. Will er z. B. erklären, warum er Künstler, Politiker oder Wissenschaftler wurde oder warum er eine bestimmte Religion oder Weltanschauung angenommen hat, so wird er Ereignisse betonen, die auf diesen Weg hindeuten. Bei einem solchen Projekt wird die Autobiographie auf ein Ziel hin konzipiert und gewinnt damit an Geschlossenheit. Allerdings besteht auch besonders die Gefahr der Einseitigkeit und der Überinterpretation mancher Ereignisse. Roy Pascal sieht diese Gefahr besonders im Bereich der Philosophie gegeben.

„Es ist das typische Problem der Autobiographie, wenn sie zum Bericht der Bildung einer Weltanschauung wird: die am Ende erreichte Philosophie färbt zu nachdrücklich die ganze Vergangenheit."[10]

Die Interpretation von Sartres Selbstdarstellung „Die Wörter" wird diese These erhärten.

2. Zur autobiographischen Kindheitsdarstellung

Wenn man, wie Lejeune (s. o.), die Autobiographie als Darstellung der Entwicklung der Persönlichkeit auffaßt, dann muß die Kindheit dabei eine wichtige Rolle spielen. Lejeune folgert daher auch:

„Eines der sichersten Zeichen, eine Autobiographie zu erkennen, ist also, zu sehen, ob die Geschichte der Kindheit dabei einen entscheidenden Platz einnimmt."[11]

Bei den autobiographischen Darstellungen der Kindheit tauchen dieselben Probleme auf wie bei Autobiographien allgemein, zum Teil in verschärfter Form. Denn hier ist der zeitliche Abstand sehr viel größer, und die Fehlbarkeit des Gedächtnisses tritt dadurch noch stärker in Erscheinung. Die größere Distanz des Autors zu sich selbst kann sogar zu Zweifeln an der Identität des Autors und seiner Person führen: „Bin ich es überhaupt, dieses Kind, das ich so wieder zum Leben erweckt habe?"[12] schreibt Mauriac und begründet damit u. a., warum er die begonnene Autobiographie abgebrochen hat.

Erinnerungen an die früheste Kindheit sind immer bruchstückhaft. Daher vermischen sich leicht eigene Erinnerungen mit dem, was einem später erzählt worden ist. Goethe beschreibt das am Anfang von „Dichtung und Wahrheit" so:

„Wenn man sich erinnern will, was uns in der frühesten Kindheit begegnet ist, so kommt man oft in den Fall, dasjenige, was wir von anderen gehört, mit dem zu verwechseln, was wir wirklich aus eigener anschauender Erfahrung besitzen."[13]

Auch Freud zweifelte an der Echtheit von Kindheitserinnerungen. Er war bei seiner analytischen Arbeit darauf aufmerksam geworden, daß oft vermeintliche Erinnerungen aus der frühen Kindheit das Ergebnis einer erst später einsetzenden Phantasietätigkeit sind. In seinem Aufsatz „Eine Kindheitserinnerung des Leonardo da Vinci" beschreibt er dieses Phänomen und fährt dann fort:

„Die Kindheitserinnerungen der Menschen haben oft keine andere Herkunft; sie werden überhaupt nicht, wie die bewußten Erinnerungen aus der Zeit der Reife, vom Erlebnis an fixiert und wiederholt, sondern erst in späterer Zeit, wenn die Kindheit schon vorüber ist, hervorgeholt, dabei verändert, verfälscht, in den Dienst späterer Tendenzen gestellt, so daß sie sich ganz allgemein von Phantasien nicht streng scheiden lassen."[14]

Man kann wohl allgemein sagen, daß sich die Darstellung der Kindheit in der Autobiographie stärker als die späterer Lebensalter von der Realität zur Fiktion hin verschiebt. Mangel an Erinnerung, Einbruch von eigenen Phantasievorstellungen oder Erzählungen anderer, sowie bestimmte Intentionen des Autors zum Zeitpunkt der Niederschrift führen häufig zu einer starken Veränderung, Stilisierung und Uminterpretation der Wirklichkeit. Dies wirkt sich umso mehr aus, je früher die dargestellten Ereignisse stattgefunden haben.

So formt sich das Bild der eigenen Kindheit aus verschiedenen Elementen und wird durch den Einfluß der Gegenwart jeweils neu geschaffen. Dabei bildet sich leicht der Mythos einer glücklichen Kindheit, denn häufig lassen spätere schlechte Erfahrungen und Enttäuschungen die Kindheit als verlorenes Paradies erscheinen. Oder aber die Kindheit wird im Gegenteil als ganz und gar trostlos geschildert, sei es, um spätere Entwicklungen des Autors zu erklären (Kafka), sei es im Sinn einer sozialen Anklage oder Gesellschaftskritik (O'Casey). Auch dahinter steht aber die Auffassung, daß die Kindheit eine besonders glückliche Zeit sein sollte. Dies mag nicht zuletzt daran liegen, daß die Kinderzeit relativ unerforscht ist und daß deshalb in sie Wunschvorstellungen projiziert werden.

Die Kindheit ist ein Bereich des menschlichen Lebens, der immer noch wenig bekannt ist, da das Kind sich nicht selbst dazu äußern und der Erwachsene sich in vielen Fällen nicht an diese Zeit erinnern kann. Damit gewinnen Kindheitsdarstellungen, seien sie nun Teil einer umfassenden Autobiographie oder alleiniges Thema (wie z. B. bei Gide oder Sartre) eine viel weitere Bedeutung. Das ehrliche Bemühen eines Autors, sich in seine Kindheit zurückzuversetzen, sie zu rekonstruieren, kann trotz aller Einschränkungen Einblick geben in diesen Teilbereich des menschlichen Lebens. Auch hier trifft zu, was Dilthey über die Selbstdarstellung im allgemeinen gesagt hat, daß sie nämlich „die höchste und am meisten instruktive Form (sei), in welcher uns das Verstehen des Lebens entgegentritt".[15]

Anmerkungen

1 G. Gusdorf: „Conditions et limites de l'autobiographie." In: Formen der Selbstdarstellung. Festgabe für Fritz Neubert. Berlin: Duncker und Humblot 1956.
2 G. Misch: Geschichte der Autobiographie. Band I: Das Altertum. Leipzig und Berlin 1907; Band II: Das Mittelalter. Frankfurt 1955.
3 G. Gusdorf: Conditions.
4 R. Pascal: Die Autobiographie. Gehalt und Gestalt. Stuttgart, Berlin, Köln, Mainz: Kohlhammer 1965.

5 Ph. Lejeune: L'autobiographie en France. Paris: Armand Colin 1971.

6 Ph. Lejeune: L'autobiographie, S. 14 (eigene Übersetzung).

7 P. Valéry: Zitiert nach Ph. Lejeune: L'autobiographie, S. 231.

8 F. Mauriac: „Commencements d'une vie." In: Ecrits Intimes. Genève, Paris: La Palatine 1953. S. 14.

9 A. Gide: Si le grain ne meurt. Paris: Gallimard 1955. S. 276 (eigene Übersetzung).

10 R. Pascal: Die Autobiographie, S. 131.

11 Ph. Lejeune: L'autobiographie, S. 19.

12 F. Mauriac: Commencements, S. 11.

13 J. W. Goethe: Dichtung und Wahrheit. In: Goethes Werke. Band IX. Hrsg. E. Trunz. Hamburg: Ch. Wegner Verlag 1955. S. 10 f.

14 S. Freud: „Eine Kindheitserinnerung des Leonardo da Vinci." In: Studien-ausgabe. Band X. Hrsg. A. Mitscherlich, A. Richards, J. Strachey. Frankfurt: S. Fischer 1969, S. 109 f.

15 W. Dilthey: Der Aufbau der geschichtlichen Welt in den Geisteswissenschaften. In: Gesammelte Schriften. Band VII. Hrsg. B. Groethuyse. Leipzig: Teubner 1927. S. 233.

2.3.1. Jean-Paul Sartre: Die Wörter

1. Einleitung

1964 erschien der erste Band von Sartres Autobiographie unter dem Titel „Die Wörter".[1] Er reicht etwa bis ins 12. Lebensjahr. Die angekündigten weiteren Bände sind bisher nicht erschienen und werden wohl, nach neueren Aussagen Sartres, auch nicht mehr erscheinen.

Sartres Kindheitsdarstellung entspricht in vielen Punkten nicht den gängigen Vorstellungen von der Kindheit. Dieser Autor, der betont, daß er seine „Kindheit verabscheue, mitsamt all ihren Überresten" (93), berichtet nicht von einer glücklichen oder unglücklichen, in jedem Fall aber unschuldigen Kinderzeit. Es geht ihm nicht um eine Verklärung der Vergangenheit, im Gegenteil, er bezeichnet sich selbst als „kindliches Monstrum" (86).

„Die Wörter" sind ein besonders gutes Beispiel für eine nachträglich von einem bestimmten Standpunkt, und das heißt hier von einer bestimmten Philosophie, her gedeuteten Selbstdarstellung. Der Autor berichtet Dinge, die in seine Weltanschauung passen oder die er jedenfalls so deuten kann. Er beschränkt sich dabei auf wenige Fakten. Dadurch entsteht ein ganz geschlossenes, logisch aufgebautes Werk, das nichts mit dem leichten Plauderton mancher anderer Kindheitserinnerungen zu tun hat. Dieses Buch ist so vielschichtig und die einzelnen Schichten sind so ineinander verwoben, daß es kaum möglich ist, sie für die Analyse zu trennen. Dies soll dennoch im folgenden versucht werden, trotz der Gefahr einer starken Vergröberung und mancher Wiederholungen. Da der Schwerpunkt unserer Untersuchungen die Deutung der Kindheit, d. h. also ein inhaltlicher Gesichtspunkt ist, soll in diesem Fall auf eine sprachliche Analyse weitgehend verzichtet werden. Der Stil, in dem Sartre seine Autobiographie geschrieben hat, würde ohnehin eine eigene Untersuchung erfordern.

2. Inhalt

2.1. Die Familie

Sartres Vater, der Marineoffizier Jean-Baptiste Sartre, starb so bald nach der Geburt seines Sohnes, daß dieser keine Erinnerung an ihn zurückbehalten hat. Weil seine Mutter Anne-Marie kein Vermögen besaß und nichts gelernt hatte, um ihren Lebensunterhalt zu verdienen, kehrte sie notgedrungen in ihr Elternhaus zurück. Ihr Vater Charles Schweitzer, ein Onkel des berühmten Urwaldarztes, hatte nach seiner Pensionierung in Paris ein privates Sprachlehr-Institut begründet und behauptete später, die direkte Methode des Sprachunterrichts erfunden zu haben. Seine Frau, Sartres Großmutter also, eine „lebhafte und spöttische, aber kalte Frau" (8), „Voltairianerin, ohne Voltaire gelesen zu haben" (8), hatte sich, enttäuscht von den groben Manieren ihres Ehemanns, in ihr Zimmer zurückgezogen und verbrachte ihr Leben mit der Lektüre „schlüpfriger Romane" (8). Sartres Mutter, die sich durch die Haushaltsführung nützlich zu machen versuchte, verwandelte sich im Elternhaus wieder „in eine minderjährige Tochter: in eine Jungfrau mit leichtem Makel" (12). Ihr geringer geselliger Umgang kam unter der strengen Aufsicht ihres Vaters bald ganz zum Erliegen. Später heiratete sie zum zweiten Mal, aber davon ist in der Kindheitsdarstellung Sartres nicht mehr die Rede.

Diese Familienverhältnisse werden von Sartre, gleichsam als Exposition, in aller Kürze in einem etwas spöttisch-ironischen Ton entwickelt. Damit ist der Kreis umschrieben, in dem sich seine Kindheit abspielte: ohne Geschwister, ohne Spielkameraden, unter lauter Erwachsenen. „Bis zum Alter von zehn Jahren blieb ich allein zwischen einem Greis und zwei Frauen." (48) Er wurde dadurch ein altkluges, unkindliches Kind. „Ich war die Miniatur eines Erwachsenen." (41) „Ich lebte über mein Alter, wie man über seine Verhältnisse lebt." (41) Die Großeltern erschienen als Einheit unter dem Namen „Karlundmami...", wobei die enge Zusammenziehung der vier Silben die vollkommene Eintracht der Personen ausdrücken sollte" (22). Die Mutter, mit der er ein gemeinsames Zimmer bewohnte, erschien ihm, den Großeltern gegenüber als eine Art „ältere Schwester" (14).

2.1.1. Der Vater

Sartre betrachtet den frühen Tod seines Vaters als entscheidend für sein ganzes späteres Leben. „Jean-Baptistes Tod wurde das große Ereignis meines Lebens: er legte meine Mutter von neuem in Ketten und gab mir die Freiheit." (12)

Sartre fragt sich wiederholt, was wohl geworden wäre, wenn sein Vater länger gelebt hätte. Auf jeden Fall, so meint er, hätte sein Leben unter einer erdrückenden Autorität gestanden. Der Vater hätte auf ihm gelastet, er hätte ihn herumschleppen müssen wie in der antiken Mythologie Aeneas seinen Vater Anchises. Viele Konflikte und Komplexe, insbesondere der Ödipuskomplex, sind ihm erspart geblieben.

Er bekennt: „Ich stimme gern der Deutung eines bedeutenden Psychoanalytikers zu: ich habe kein Über-Ich" (12), d. h. er spricht sich ein Idealbild seiner selbst ab, wie es sich nach psychoanalytischer Auffassung aus dem Vorbild des Vaters zu entwickeln pflegt. „Das prompte Abscheiden meines Vaters (hatte mich) mit einem höchst unvollständigen Ödipuskomplex bedacht: kein Über-Ich, freilich nicht, aber auch kein Aggressionstrieb." (16) So war er prädestiniert dazu, ein artiges Kind zu werden.

Später nimmt er den Gedanken noch einmal auf: „Ein Vater hätte mich mit einigen dauerhaften Zwangsvorstellungen belastet." (50) Er hätte ihm Grundsätze und Stolz mitgegeben. Aus der Achtung vor dem Vater wäre die Achtung vor sich selbst entstanden. „Auf diese Achtung hätte ich meine Daseinsberechtigung gegründet." (50) Er wäre zum „Chef" (51) geworden. „Chef" ist bei Sartre ein Schlüsselwort, das immer wieder auftaucht und eine Persönlichkeit bezeichnet, die in der Gesellschaft Autorität genießt.[2] Er aber betont: „Ich bin kein Chef und begehre auch nicht, einer zu werden. Befehlen, gehorchen, das macht für mich keinen Unterschied. Der Autoritärste befiehlt im Namen eines anderen, eines geheiligten Parasiten — seines Vaters —, er überträgt die abstrakten Gewalttaten weiter, die er erlitten hat." (13) Von daher läßt sich Sartres Aussage verstehen: „Glücklicherweise starb er sehr früh." (12)

2.1.2. Der Großvater

Die Familie lebte unter der erdrückenden Autorität des Großvaters, des „Patriarchen" (14), der mit seinem langen Bart an die verbreitete Vorstellung von Gottvater erinnerte. Sein würdiges, ganz auf Repräsentation berechnetes Wesen wird mit einer gewissen Bosheit gezeichnet. „Eigentlich trug er die Erhabenheit ein bißchen stark auf: er war ein Mann des neunzehnten Jahrhunderts, der sich, wie viele andere Männer, Victor Hugo selbst nicht ausgeschlossen, für Victor Hugo hielt." (15) Seine eigenen Söhne hatte er als „schrecklicher Vater" (18) unterdrückt. Seinen Enkel aber verwöhnte er in jeder Beziehung. Er sah in ihm ein Wunderkind und nahm seine altklugen Aussprüche für Offenbarungen. Das Kind wiederum fühlte sich wohl in der „Rolle eines artigen Kindes" (17).

2.2. Das „artige Kind"

Mit seinem Großvater zusammen führte der kleine Sartre ein wahres „Familientheater" (64) auf. Wenn er ihn bei seiner Heimkehr abends auf der Straße erwartete, spielten sie das Wiedersehen als „ein ausgedehntes Lustspiel mit hundert Szenen" (16): Der Großvater setzte sich in Positur, der Enkel stürzte ihm entgegen. Aber alles an diesem Spiel war ein wenig übertrieben und darum unecht. „Ich spielte Atemlosigkeit" (16), d. h. er war nicht wirklich atemlos oder wenigstens nicht so atemlos, wie er spielte. Dann hob ihn der Großvater hoch. „Das war das zweite Bild, die Passanten pflegten es sehr zu beachten." (16)

Sartre mußte sich keineswegs anstrengen, ein artiges Kind zu sein. „Da ich aus Schauspielerei tugendhaft bin, brauche ich mich niemals zu zwingen oder anzustrengen: ich erfinde. Ich habe die fürstliche Freiheit des Schauspielers, der das Publikum in Atem hält und dabei seiner Rolle neue Lichter aufsetzt. Man vergöttert mich, also bin ich vergötternswert." (17) Er nahm gern die Rolle an, die ihm von den Erwachsenen suggeriert wurde, er fand sie „kleidsam" (16). „Ich kenne nichts Lustigeres als die Rolle eines artigen Kindes." (17) Von kindlichen Missetaten oder Streichen weiß er daher auch nichts zu berichten (außer daß er einmal Salz auf die Marmelade streute).

Der Großvater sah in ihm ein kleines Genie, dessen Aussprüche er bewunderte. „Ich spreche Kindermund, man merkt sich die Aussprüche, man wiederholt sie vor mir: ich lerne neue zu produzieren." (19) Seine Aussprüche waren also nicht naiv. Er brachte sie hervor, um den Erwachsenen dadurch zu imponieren. Er wiederholte dabei gern Sätze der Erwachsenen, ohne sie zu verstehen: „Ich produziere auch Erwachsenenwörter: ich bin in der Lage, ohne große Mühe etwas zu sagen, was ‚weit über mein Alter hinausreicht'." (19) Diese altklugen Sprüche verstand er selbst nicht. Sie waren ausschließlich für die oft erprobte Wirkung auf die Erwachsenen berechnet. Er verließ sich da ganz auf ihr Urteil: „Ich bewundere mich getrost: es ist offenbar, daß meine Gesten und Worte eine Eigenschaft besitzen, die mir entgeht, den Erwachsenen aber auffällt." (19) Den Erwachsenen zuliebe hatte er „die Verkleidung der Kindheit" (19) angelegt. Sein ganzes Leben war Schauspiel: „Alles für die Schau." (20)

Die Rolle des Wunderkindes wiederholte sich, als er in der Bibliothek seines Großvaters lesen lernte. Er las die dort vorhandenen Klassiker, aber auch das wurde wieder zum Rollenspiel. Er bemerkte, daß die Erwachsenen ihn beobachteten und fühlte sich wichtig in der Rolle des kleinen Gelehrten. Auch sein Lesen gehörte „zu dem

Familienschauspiel, an dem man sich entzückte, wie mir bewußt war" (41).

So lebte also der junge Sartre ganz von den Erwachsenen her. Er war geformt von ihren Anforderungen und Erwartungen. „Meine Wahrheit, meinen Charakter und meinen Namen hatten die Erwachsenen in der Hand; ich hatte gelernt, mich mit ihren Augen zu sehen; ich war ein Kind, ein Monstrum, das sie mit Hilfe ihrer eigenen Sorgen fabrizierten." (48) Selbst wenn er allein war, fühlte er noch ihren Blick. „Ich lief und hüpfte herum unter diesem Blick, der mir meine Natur eines vorbildlichen Enkels aufzwang." (48)

Bei alldem hatte er aber selbst das Gefühl, unehrlich zu sein. „Eine transparente Gewißheit (machte) alles zunichte: ich war ein Schwindler." (48) „Ich war ein unechtes Kind . . . ich spürte, wie sich meine Handlungen in Gebärden verwandelten." (49)

Dieses Theaterspielen isolierte ihn immer mehr, verhinderte, daß er echte Beziehungen zu anderen herstellen konnte: „Die Menschengattung . . . war mein Publikum, die Rampenlichter trennten mich von ihr und verwiesen mich in ein stolzes Exil, das sich rasch in Angst verwandelte." (49)

Diese Angst vertiefte sich, sobald er sich durchschaut fühlte. Zuerst war es die Großmutter, die ihm sein „Getue" vorwarf. „Sie befahl mir, mit meinen ‚Affereien' aufzuhören." (21) Als er später, nach Ausbruch des ersten Weltkriegs, die Frage nach seinem sehnlichsten Wunsch mit den pathetischen Worten beantwortet hatte: „Soldat zu werden, um die Toten zu rächen", mahnte ihn eine Besucherin: „Weißt du, mein Kleiner, solche Antworten sind nur interessant, wenn sie ehrlich sind." (62) Er war tief betroffen und versuchte, sich in sich selbst zurückzuziehen. Aber er entdeckte nur seine innere Hohlheit und muß im nachhinein feststellen: „Ich besaß keine Wahrheit." (63) Dies ist eine beschämende Feststellung, und Sartre bekennt: „Ich habe mich nie davon erholt." (63)

2.3. Die Bibliothek

Nicht von ungefähr war eine der wichtigsten Rollen des kleinen Sartre die des jungen Gelehrten, denn die Welt des Großvaters war eine Welt des Philologen, eine Welt der Bücher. „Im Arbeitszimmer meines Großvaters lagen sie überall; es war verboten, sie abzustauben . . . Ich konnte noch nicht lesen, aber ich verehrte sie bereits." (24) Diese Welt der Bücher erschien ihm als ein Heiligtum, in dem er sich nur mit frommem Schauder bewegte. Er beobachtete seinen Großvater, wie er mit Büchern umging. Seine Bewegungen kamen ihm vor wie „Zeremonien, deren Sinn mir nicht aufging" (25). „Mein Großvater ... handhabte diese Kulturobjekte mit der Geschicklichkeit eines Meßdieners." (25) Sartre glaubt, als Kind hier seine Religion gefunden zu haben: „Nichts erschien mir wichtiger als ein Buch; die Bibliothek sah ich als Tempel. Als Enkel eines Priesters lebte ich auf dem Dach der Welt." (35)

2.4. Die Schule

Nachdem er das Lesen teils von seiner Mutter gelernt, teils sich selbst beigebracht hatte, lebte er ganz in der Phantasiewelt der Bücher. Nun hielt es der Großvater für an der Zeit, ihn in eine öffentliche Schule zu schicken. Aber der Versuch mißlang. Das angebliche Wunderkind scheiterte schon bei den Anfangsgründen der Orthographie. Mit einer Privatschule ging es nicht viel besser.

So blieb Sartre weiterhin vom Umgang mit gleichaltrigen Kindern ausgeschlossen und in der Einsamkeit seiner Phantasiewelt befangen. Wenn er mit seiner Mutter im Luxembourg-Garten spazieren ging, sah er die dort spielenden Kinder und hätte sich ihnen zu gern angeschlossen. Aber er gewann zu ihnen keinen Kontakt. Dies wurde für ihn zu einem entscheidenden Erlebnis. Mit ihm schließt Sartre den ersten Teil seines Lebensberichtes: „Ich war meinen wahren Richtern begegnet, meinen Zeitgenossen, meinesgleichen — und ihre Gleichgültigkeit verurteilte mich. Ich kam nicht darüber hinweg, durch sie entlarvt zu werden: nicht als Weltwunder, nicht als eine Medusa, sondern als ein Knirps, für den niemand sich interessiert." (77)

Die entscheidende Wendung kam erst, als ihn sein Großvater mit zehn Jahren in das Lycée Henri IV schickte. Hier wurde zum ersten Mal die Einsamkeit seiner bisherigen Kindheit durchbrochen. „Endlich hatte ich Kameraden. Ich, der Ausgestoßene der Spielplätze, war mit größter Selbstverständlichkeit aufgenommen worden, galt vom ersten Tag an als zugehörig." (126) Doch hielten auch diese Freundschaften nicht lange, da die Bindung der Schüler an ihre Familien stärker war. „Bei so heiklen Freundschaften sind Abkühlungen unvermeidlich." (127) Das Kind Sartre, der kleine Poulou, wie er genannt wurde, blieb wieder mit sich und seinen Problemen allein.

Doch schon bald fand er einen neuen Lebensinhalt: Er schrieb. Der Großvater hatte ihm in den Ferien nach Arcachon Briefe in Versform geschrieben. Der Enkel antwortete und entdeckte dabei seine Lust am Schreiben. Er ging bald zur Prosa über und imitierte die Abenteuergeschichten, die er gelesen hatte. Hier fand er die Möglichkeit, sich mit sich selbst zu beschäftigen. „Ich war ein Einzelkind, und hier konnte ich allein spielen." (81) Er baute dieses Spiel immer weiter aus und beschloß, sich auf eine Karriere als Schriftsteller vorzubereiten.

In diesem zweiten Teil des Buches berichtet Sartre kaum noch von äußeren Fakten und Ereignissen, sondern konzentriert seine Darstellung auf die Entwicklung seiner schriftstellerischen Tätigkeit. Ungefähr mit dem 12. Lebensjahr bricht die Autobiographie ab.

3. Die Bücher

„Ich habe mein Leben begonnen, wie ich es zweifellos beenden werde: inmitten von Büchern." (24) Mit diesem Satz beginnt Sartre einen Abschnitt, in dem er nach der Schilderung des Familienlebens nun auf das Grundproblem seiner Autobiographie zu sprechen kommt, nämlich auf sein Verhältnis zu den Wörtern. Sie bestimmen nicht nur den Titel des Buches, sondern auch seinen Aufbau: Es gliedert sich in zwei etwa gleich lange Teile: „Lesen" (7–78) und „Schreiben" (79–145). Das heißt, die Darstellung unterscheidet, was durchaus der Chronologie entspricht, zwischen einer rezeptiven und einer produktiven Phase.

3.1. Lesen

3.1.1. Die Macht der Wörter

Sobald Sartre lesen gelernt hat, verändert sich sein bisheriges Leben. Die Sprache mit ihren Wörtern und Sätzen tut sich ihm als eine eigene Welt auf, und er macht sich mit Hingabe an ihre Erforschung. „Man ließ mich in der Bibliothek vagabundieren, und ich stürmte los auf die menschliche Weisheit. So bin ich geworden." (29) Hier sieht er den entscheidenden Unterschied zu der Entwicklung anderer Kinder. Wo diese sich in kindlichen Abenteuern ihre reale Umwelt erobern, spielte sich für ihn diese Eroberung in der Welt der Bücher ab. „Vergeblich suche ich in mir die kompakten Erinnerungen ... der Bauernkinder. Ich habe niemals Höhlen gegraben und Vogelnester gesucht, niemals botanisiert und mit Steinen nach den Vögeln geworfen. Aber die Bücher waren meine Vögel und meine Nester, meine Haustiere, mein Stall und mein Gelände; die Bücherei war die Welt im Spiegel." (29) Aber die Welt der Bücher war nicht bloßes Abbild, sondern eine eigene, wirkliche Welt. Sie hatte denselben Realitätscharakter wie die äußere Welt. „Sie hatte deren unendliche Dichte, Vielfalt, Unvorhersehbarkeit." (29) Sie ist auch keineswegs leichter zu erobern als die reale Welt: „Die Sätze leisteten mir genauso Widerstand wie die Dinge." (29)

Besonders waren es die geheimnisvoll klingenden, unverständlichen Wörter, die den jungen Sartre bei seiner Lektüre faszinierten, Wörter wie „Heautontimoroumenos" oder „Idiosynkrasie", diese „harten und schwarzen Wörter" (30), die sich seinem Verständnis widersetzten. Auch „Geliebte" war ein solches „dunkles Wort" (32), das über seinen Erfahrungsbereich hinausging. „Ich traf es oft in den Tragödien von Corneille. Geliebte küssen sich, versprechen sich, im gleichen Bett zu schlafen. (Sonderbare Angewohnheit: warum nicht in einem Doppelbett wie meine Mutter und ich?) Mehr wußte ich nicht, ahnte aber das Vorhandensein einer haarigen Masse unter der leuchtenden Oberfläche der Idee." (32)

Er liebte diese geheimnisvolle, oft unverständliche Welt. Wo sich die Alltagswelt als „durchsichtig" (30) erwies, wo alles bekannt und verständlich und darum ohne Geheimnis war, da fand er in den Büchern Geheimnis und Tiefe. So kehrte er, wenn die langweiligen Besucher gegangen waren, erleichtert „zurück zum Leben, zum Wahnsinn in den Büchern" (31). „Das Menschenherz, von dem mein Großvater so gern zu Hause zu sprechen pflegte, fand ich überall fade und hohl, außer in den Büchern." (33)

3.1.2. Lesen als Welterfahrung

Ganz besonders bezauberte ihn der „Larousse", das große illustrierte Lexikon, dessen schwere Bände er sich einzeln aus dem Regal herausholte. Hier fand er die ganze Welt in sauberer alphabetischer Reihenfolge in Wort und Bild vor. „Ich legte den Band mühselig auf die Schreibunterlage meines Großvaters, öffnete ihn, ich hob dort richtige Vögel aus, jagte dort nach richtigen Schmetterlingen, die sich auf richtigen Blumen niedergelassen hatten." (30) Hier fand er die Dinge in ihrem reinen Wesen dargestellt, mit dem verglichen die wirklichen Dinge der Außenwelt nur als unvollkommener Abklatsch erschienen. „Außerhalb der Zimmerwände traf man auf matte Entwürfe, die sich mehr oder weniger den Archetypen annäherten, ohne deren Vollkommenheit zu erreichen." (30) Oder, überspitzt formuliert: „Die Affen im Zoologischen Garten waren weniger Affe, die Menschen im Luxembourg-Garten waren weniger Mensch." (30)

So kann Sartre zusammenfassen: „Ich habe die Welt in den Büchern kennengelernt" (30), ich „ging den Weg vom Wissen zur Sache" (30). Er bezeichnet sich als „Platoniker", für den die wirkliche Welt nur das unvollkommene Abbild zeitloser Urbilder ist, nur mit dem Unterschied, daß er die Urbilder in den Büchern geschrieben und abgebildet fand.

3.1.3. Lesen als Rollenspiel

Aber auch das Lesen wurde bald Teil des Familientheaters. Nur kurz hatte das Kind daraus entfliehen können. „Entlief man den Erwachsenen mit Hilfe der Lektüre, so kam man dadurch erst recht mit ihnen in Verbindung." (41) Er wurde bei seiner Lektüre entdeckt und schlüpfte gleich wieder in die Rolle des artigen Kindes. Er las die Klassiker, weil die Erwachsenen darüber entzückt waren. Dabei langweilten ihn die Alexandriner Corneilles. Er zog bei weitem die auf die Handlung reduzierten Inhaltsangaben im Larousse vor. Aber vor den Erwachsenen spielte er das bildungsbeflissene Kind und nahm „Kulturbäder" (42).

3.1.4. „Richtiges" Lesen

Daneben aber las er auch „richtig" (42). Seine Mutter hatte ihm an einem Zeitungskiosk billige Heftchen gekauft, die in Fortsetzungen erschienen. Damit wollte sie dem unheilvollen Einfluß des Großvaters entgegenwirken und ihrem Sohn seine „Kindheit wiedergeben" (43). In diesen Abenteuergeschichten, von denen er noch im Rückblick voller Begeisterung spricht, lernte er eine ganz neue Art des Lesens kennen. Er verschlang sie. „Wenn ich sie öffnete, vergaß ich alles: war das Lesen? Nein, sondern Sterben in Ekstase." (43) Bei dieser Lektüre vergaß er sich selbst und identifizierte sich ganz mit den Helden der Erzählung. „Das kleine Wunderkind war endlich von sich selbst befreit und wurde zur reinen Bewunderung." (43)

Als der Großvater diese lange vor ihm geheimgehaltene Lektüre entdeckte, war das für ihn eine bittere Enttäuschung. „Ich, das prophetische Kind...bewies eine schreckliche Neigung für das Verächtliche." (44) Aber er mußte sie schließlich dulden. So entwickelte Sartre ein „Doppelleben" zwischen der hohen Literatur, die zu lesen zu seiner Rolle gehörte, und der Trivialliteratur, bei deren Lektüre er sich selbst vergaß. Die Vorliebe für die Trivialliteratur, so bekennt er freimütig, dauere heute noch an: „Auch heute noch lese ich lieber Kriminalromane als Wittgenstein." (44)

3.1.5. Kino

Eine ähnliche Erfüllung erlebte er, als ihn seine Mutter mit ins Kino nahm, das sich damals in den Anfängen befand. Es war eine geheimnisvolle, berauschende Welt, in die er hier eintauchte. Das abenteuerliche Geschehen, das sich damals, zur Zeit des Stummfilms, mit musikalischer Untermalung auf der Leinwand abspielte, schlug ihn ganz in den Bann. Er identifizierte sich mit dem Helden, erlebte seine Gefahren und atmete erleichtert auf, wenn er gerettet wurde. „Welche Freude, wenn der letzte Messerstich mit dem Schlußakkord zusammenfiel! Ich war überglücklich, ich hatte die Welt gefunden, worin ich leben wollte, ich berührte das Absolute." (72) Doch auch das setzte er wieder in Rollenspiel um. Zu Hause mimte er, während seine Mutter in der Abenddämmerung Klavier spielte, die Geschichten, die er gesehen hatte. Er bestand dabei die gefährlichsten Abenteuer und rettete die unschuldig in Not Gekommenen. Hier fühlte er sich mächtig, er sah sein Leben gerechtfertigt durch eine große Aufgabe. Aber diese Welt brach zusammen, sobald sein Großvater nach Hause kam. Er wurde wieder zum braven Kind, das dem Großvater entgegenlief und ihm seine Pantoffeln brachte.

So faßt Sartre den ersten Teil seiner Autobiographie zusammen: „Ich führte zwei Leben, beide waren verlogen." (77) Das eine war die Rolle des artigen und frühreifen Kindes, die er vor den andern spielte. „In der Öffentlichkeit war ich ein Schwindler, nämlich der bekannte Enkel des berühmten Charles Schweitzer." (77) Das andere war die Heldenrolle, die er für sich in seiner Phantasie spielte. „War ich allein, so verstrickte ich mich in vorgestellte Konflikte." (77) Mühelos wechselte er von einer Rolle in die andere, wobei er aber insgeheim wußte, daß beide nicht echt waren.

3.2. Schreiben

3.2.1. Die Macht des Benennens

Beim Schreiben wiederholten sich die Erfahrungen, die der kleine Sartre beim Lesen gemacht hatte. Die Wörter entwickelten eine eigentümliche Kraft.

Er nahm sich zunächst die ihm bekannten Abenteuerromane zum Vorbild und kopierte sie unbedenklich. Allerdings versuchte er, sie noch zu radikalisieren, indem er „alle Wahrscheinlichkeit über Bord" (83) warf. Im Grunde genommen setzte er damit das Kino-Spielen fort, er versetzte sich in die Heldengestalten eines abenteuerlichen Phantasielebens. Gleichzeitig aber erschuf er sie. Die Macht, die ihm daraus erwuchs, erschreckte ihn. „Nichts verwirrte mich stärker, als wenn ich sah, wie meine Krähenfüße nach und nach ihren Irrlichtcharakter verloren, um sich in die trübe Dichtigkeit einer Materie zu verwandeln. Es war die Verwirklichung des Eingebildeten." (80) Da er „die Wörter für die Quintessenz der Dinge" (80) hielt, glaubte er, durch Schreiben eine neue Welt zu schaffen. „Da ich die Welt durch die Sprache entdeckt hatte, nahm ich lange Zeit die Sprache für die Welt . . . Schreiben bedeutete, daß man dort neue Wesen einschrieb oder daß man — dies war meine hartnäckigste Illusion — die lebenden Dinge mit der Schlinge der Sätze einfing." (103 f)

3.2.2. Schreiben als Existenzerfahrung

Für ihn selbst bedeutete das Schreiben eine neue Selbstbestätigung. Es war eine Tätigkeit, die ihn dem Theaterspielen in der Familie entriß. Hier war er zum ersten Mal unabhängig, nicht auf die Erwachsenen bezogen. „Der Lügner fand seine Wahrheit im Erarbeiten seiner Lügen. Durch Schreiben wurde ich geboren." (87) Und so heißt es wohl im bewußten Anklang an Descartes' „Cogito ergo sum": „Indem ich schrieb, existierte ich." (87) Merkwürdigerweise meint Sartre, daß diese unkindliche Tätigkeit des Schreibens ihn überhaupt erst zum Kind gemacht habe, d. h. zu einem Kind, das von den Erwachsenen unabhängig ist. „Vorher gab es nur ein Spiel der Spiegelungen; seit ich meinen ersten Roman verfaßt hatte, wußte ich, daß sich ein Kind ins Spiegelkabinett eingeschlichen hatte." (87) Zum ersten Mal gab es Zeiten, in denen er mit sich selbst zufrieden und glücklich war. „Ich lernte die Freude kennen." (87)

3.2.3. Schreiben als Rollenspiel

Aber dieser Ansatz zur inneren Wahrhaftigkeit, diese Freude, die aus der eigenen Tätigkeit entsprang, ging bald wieder verloren. Auch das Schreiben wurde zur „Afferei" (82), nachdem die Erwachsenen es entdeckt hatten. Die Mutter schrieb seine Romane ins Reine, ein Onkel schenkte ihm eine Schreibmaschine. Das Kind wurde in die Rolle des zukünftigen Schriftstellers gedrängt. „Es war zu schön, um dauerhaft zu sein. Ich wäre nämlich aufrichtig geblieben, hätte man mich in der Heimlichkeit belassen. Man zog mich daraus hervor." (87)

Dieses Mal allerdings spielte der Großvater nicht mit. Er war enttäuscht, weil die schriftstellerischen Produkte seines Enkels aus seiner „schlechten Lektüre" (82) hervorgegangen waren. Schließlich aber gab er nach. Er setzte seinem Enkel in einem ernsthaften Gespräch „von Mann zu Mann" die Möglichkeiten eines Schriftstellerdaseins realistisch auseinander: Von der Schriftstellerei könne man nicht leben, der Schriftsteller brauche einen Erwerbsberuf, für den sich der eines Gymnasiallehrers besonders eigne. Der Lehrberuf halte ihn in enger Verbindung mit dem literarischen Leben und lasse ihm Zeit für eine bescheidene eigene literarische Tätigkeit. Das bedeutete, daß er auf seine Rolle als Held verzichten mußte, und auch als Schriftsteller würde er nur eine unbedeutende Rolle spielen. Er war tief enttäuscht und „drauf und dran, alles hinzuschmeißen" (94). Er hörte auf zu schreiben und war im Alter von acht Jahren „bereit zur Resignation" (95).

3.2.4. „Schriftsteller — Ritter"

Einige Monate schrieb er nicht mehr, aber dann kam es „zu einem heftigen Aufbäumen" (95). Etwas geschah, „das den Lauf meines Lebens veränderte" (95). Nachdem er anscheinend dazu bestimmt war, Schriftsteller zu werden, idealisierte er diesen Beruf. „Ich übertrug auf den Schriftsteller die geheiligten Kräfte des Helden." (95) Beide, so meinte er, haben wichtige Aufgaben zum Heil der Menschheit zu erfüllen. Beide haben daher Anspruch auf Dankbarkeit. „Die Schriftsteller sind den fahrenden Rittern darin verwandt, daß die einen wie die anderen leidenschaftliche Zeugnisse der Dankbarkeit empfangen". (95) Auf die Dankbarkeit war es ihm schon in seiner Heldenrolle angekommen. Er wollte für die Menschheit unentbehrlich sein, um damit eine echte Lebensaufgabe zu haben.

3.2.5. „Schriftsteller — Märtyrer"

Die Aufgabe des Schriftstellers war in seinen Augen keine geringere als die Veredelung des Menschen, das heißt, „die Gattung Mensch der Tierheit zu entreißen" (101). Für dieses hohe Ziel muß er sein Leben opfern. Zunächst von seinen Mitmenschen verachtet, wird er später von ihnen dankbar verehrt. So erscheint er in der Gloriole des Märtyrers. In diese neue Rolle spielt sich nun der kleine Sartre in seinen Träumen hinein: „Auch ich würde durch mein mystisches Opfer, durch mein Werk die Menschheit vom Abgrund zurückreißen; insgeheim trat der Priester an die Stelle des Soldaten." (102) Diesmal machte er ernst mit seiner Rolle. Die Heldentaten waren nur Traum gewesen, „meine Berufung war wirklich ... Ich wurde erwartet: man wartete auf mein Werk, dessen erster Band trotz all meines Eifers nicht vor dem Jahre 1935 erscheinen würde." (97)

Nun begann er, sich sein künftiges Schriftstellerleben auszumalen. Wie so viele Autoren zu ihren Lebzeiten verkannt worden waren und erst nach ihrem Tod berühmt wurden, so würde auch sein Leben, damit er zum Märtyrer werden konnte, durch Elend und Verfolgung hindurchgehen. Bei diesen Vorstellungen seines künftigen Schriftstellerlebens gab es zwei Versionen des Abschlusses: Nach dem einen „sah ich mich auf einem Eisenbett sterben, von allen gehaßt, verzweifelt, in der gleichen Stunde, da die ersten Trompetenstöße des Ruhms erklangen" (107). In der zweiten „billigte ich mir ein bißchen Glück zu" (107). Zufällig liest er, völlig vereinsamt, im Café in der Zeitung die Nachricht seines kometenhaft aufgehenden Ruhms und hört eine schöne junge Frau sagen: „Dreißig Jahre meines Lebens gäbe ich dafür, seine Frau zu werden." (108) Er verschwindet unerkannt und stirbt, „von allen verlassen, aber heiteren Gemüts, denn meine Mission war erfüllt" (108).

3.2.6. Ruhm und Tod

Entscheidend in beiden Zukunftsvisionen ist die unlösbare Verbindung von Ruhm und Tod. „Die beiden Schlüsse bilden eine Einheit: ob ich nun sterbe, um für den Ruhm geboren zu werden, oder ob zuerst der Ruhm kommt und mich tötet, in beiden Fällen verhüllt der Drang zu schreiben eine Lebensverweigerung." (108)

So suchte Sartre als Kind die Rechtfertigung seines Lebens in der schriftstellerischen Tätigkeit, im Umsetzen seines zeitlichen Daseins in ein zeitloses Werk. „Ich würde das Lärmen meines Lebens zu Inschriften transformieren, die nicht vergehen." (110)

Der Zweck seines Lebens war also ausschließlich das Schaffen eines „Werks". Es genügte ihm, daß lange nach seinem Tod seine Schriften entdeckt und berühmt würden. Damit war sein eigener Tod unwichtig geworden. „Ich begrub den Tod im Leichentuch des Ruhmes ..., ohne zu bemerken, daß die beiden eine Einheit bildeten." (111)

Bei dieser Betrachtungsweise wird das Leben vom Ende her gesehen, und alle Ereignisse werden von ihrer Wirkung auf dieses Ende her gedeutet. Sartre spricht von einer „Illusion der Rückschau", von einer „Spiegelung" (113), in der sich das Verhältnis von Gegenwart und Zukunft umkehrt. „Die Zukunft ist wirklicher als die Gegenwart." (114) Diese

Haltung bedeutet Flucht vor der Gegenwart und ihrer Bewältigung. So kann Sartre von sich sagen: „Zwischen neun und zehn Jahren wurde ich vollständig postum." (113) Und: „Ich wurde mein eigener Nachruf." (117)

Die Voraussetzung für diese Deutung seines Schriftstellertums war die Überzeugung, daß der Künstler für die Menschheit unentbehrlich, und „das Kunstwerk ein metaphysisches Ereignis" (101) sei. Im Rückblick nennt er das einen „faden Dreck" (101). Aber immerhin hat diese Illusion ihn stark beeinflußt, und er brauchte lange, um sich davon zu befreien.

3.2.7. Die Bedeutung des Augenblicks

Zwei Ereignisse, der Eintritt in das Lycée Henri IV und der Ausbruch des ersten Weltkriegs, führten dazu, daß Sartre für zwei Jahre mit seiner Schriftstellerei aussetzte. Dabei rückte er aber keineswegs von seiner Mission ab, sondern sie drang in sein Unterbewußtsein ein.

Diese beiden Ereignisse bewirkten eine Wandlung in seinem Verhältnis zur Zeit. Der Krieg hatte aus der Selbstaufopferung eine „Alltagstugend" (121) gemacht. Das hatte zur Folge, daß der Gedanke an sein zukünftiges Opfer für die Menschheit seinen Reiz verlor. Andererseits empfand er in der Schule endlich seine Notwendigkeit in der Gegenwart, „denn wem hätte Meyre, indem er Grégoire überspielte, den Ball zuspielen sollen, wenn ich nicht da war, *ich, der hier und jetzt Anwesende?"* (126) Das heißt, er hatte die Bedeutung des Augenblicks entdeckt. „Vorher hatte ich mir mein Leben in Bildern vorgestellt: darin hatte mein Tod meine Geburt hervorgerufen, und meine Geburt schleuderte mich meinem Tod entgegen." (130) Dabei war die Gegenwart selbst uninteressant und nur in ihrer Beziehung zum Ende von Bedeutung gewesen. „Seit ich darauf verzichtet hatte, den Tod zu sehen, wurde ich selbst zu jenem Wechselspiel und spannte mich bis zum Zerreißen zwischen diese beiden Extreme, so daß ich mit jedem Herzschlag gleichzeitig zur Welt kam und starb." (130) Damit bekam der „Herzschlag", d. h. der gelebte Augenblick, eine eigene, wichtige Bedeutung. Es ging nicht mehr darum, die Gegenwart zu überspringen, sondern im Gegenteil, die Gegenwart intensiv, im Blick auf die Zukunft, zu leben. „Jetzt strömte nicht mehr die Zeit über meine regungslose Kindheit hinweg, sondern ich, ein befehlsgemäß abgeschossener Pfeil, durchbohrte die Zeit und strebte geradewegs dem Ziel entgegen." (131)

Die neue Einstellung gegenüber der Gegenwart wirkte sich auch auf sein Verhältnis zur Vergangenheit aus: „Ich setzte die Vergangenheit zugunsten der Gegenwart herab, und diese zugunsten der Zukunft."

(135) In jedem Augenblick wollte er neu, unmittelbar, besser sein. Das bedeutete aber, daß das Vergangene nicht nur an Interesse verlor, sondern daß er sogar jede Verbindung dazu leugnete. „Es war das Gesetz meines Lebens . . . allem untreu zu sein." (137) Noch heute möchte er sich durch seine Vergangenheit nicht festlegen lassen und betont: „Ich halte mir meine Vergangenheit respektvoll vom Leibe." (135)

3.2.8. Notwendigkeit und Zufall

Mit einer „Erinnerung ohne Datum" (139) bricht der autobiographische Bericht ab. Sartre ist im Luxembourg-Garten mit seiner Mutter. Bei allem, was er tut (herumrennen, auf einer Bank sitzen, einen Mann beobachten), versucht er, „den Sinn dieses Augenblicks (zu) erraten" (139). Er ist sicher, daß alles für sein Werk von Bedeutung sein wird.

Diese Gedanken wird später auch seine Romangestalt Antoine Roquentin aus dem „Ekel" entwickeln: „Ich wollte, daß die Abschnitte meines Lebens einander folgten und sich einordneten wie die eines Lebens, an das man sich zurückerinnert."[3] Wie Roquentin wird auch Sartre durch den Anblick von etwas Ekelerregendem aus diesem Traum gerissen:

Wieder zu Hause angekommen entdeckt er vor dem Fenster eine Fliege. Er tötet sie mit dem Finger. Aber „dieser Augenblick ist nicht im Programm vorgesehen und entzieht sich dem allgemeinen Zeitablauf . . . aus ihm wird sich weder heute abend noch später irgendetwas ergeben." (140) Hier ist er also dem reinen, sinnlosen Zufall begegnet.

Diese Erkenntnis trifft ihn wie ein Schlag. „Dieses Mal habe ich den Boden berührt." (141) Im Tod der Fliege, der nicht sinnvoll und nicht notwendig ist, hat er die echte, harte Wirklichkeit gesehen, in der alles zufällig ist. Doch ist das hier nur ein blitzartiges Erkennen, das seine spätere Entwicklung vorausahnen läßt. Zur eigentlichen Erkenntnis ist Sartre erst viel später gekommen. Als Kind flüchtet er sich schnell wieder in die geordnete Traumwelt der Bücher.

4. Die existentialistische Grundhaltung

Es ist auffallend, daß gegen Ende des Buches philosophische Betrachtungen immer mehr in den Vordergrund treten. Und schon vorher tauchen häufig Begriffe auf, die Schlüsselwörter der Sartre'schen

Philosophie sind. Es ist daher zu fragen, inwieweit diese Autobiographie auch eine philosophische Aussage machen will. Dies soll anhand einiger zentraler Begriffe versucht werden.

4.1. Freiheit

Sartre betont, daß es für ihn ein Glück gewesen sei, seinen Vater so früh zu verlieren. „Jean-Baptistes Tod wurde das große Ereignis meines Lebens: er ... gab mir die Freiheit." (12) Und an anderer Stelle sagt er: „Ich verdankte meine Freiheit einem günstigen Todesfall." (18) Das heißt für ihn, er ist nicht die „Fortsetzung des väterlichen Werks" (51), sondern ist auf sich selbst gestellt und muß die Verantwortung für sein eigenes Leben übernehmen. „Ich war ein Waisenkind ohne Vater. Da ich niemandes Sohn war, wurde ich meine eigene Ursache." (65)

Freiheit ist für Sartre eine schwer zu tragende Last, denn sie zwingt ihn, die volle Verantwortung für sein Leben zu übernehmen. Der Mensch ist zur Freiheit „verurteilt". Besonders deutlich wird dieses Problem später in den „Fliegen"[4] dargestellt, wo Orest bindungslos, ohne Heimat und ohne Familie, erst dannn zu sich selbst findet, als er sich engagiert, seine Freiheit zu einem „Akt" nutzt und die Verantwortung dafür auf sich nimmt. Das Problem des Engagements wird sich auch für den jungen Sartre stellen. Aber das ist noch ein langer Weg. Zunächst einmal spürt er die negativen Folgen seiner Bindungslosigkeit, indem er sich überzählig fühlt.

4.2. être de trop (überflüssig sein)

Das Gefühl, überflüssig zu sein, ist die existentielle Grunderfahrung, von der Sartres Philosophie ausgeht. Am eindrucksvollsten hat er sie im „Ekel" dargestellt. Dort schreibt der Protagonist, Roquentin: „Und tatsächlich, ich hatte es immer schon gewußt: ich hatte kein Recht, zu existieren. Vom Zufall in die Welt gesetzt, existierte ich wie ein Stein, eine Pflanze, eine Mikrobe."[5] Und später, nachdem er das Schlüsselerlebnis mit der Baumwurzel hatte, deren knorrige Form rein zufällig und durch keinerlei Notwendigkeit bedingt ist, stellt er fest: „Und auch *ich* ... war überflüssig."[6]

Von diesem Gesichtspunkt aus sieht nun Sartre seine ganze Kindheit. Auch er hatte, bedingt durch die Situation in der Familie, das Gefühl, überflüssig zu sein. Niemand wußte, „wozu ich mich eigentlich auf der Erde herumtrieb" (51). Wäre er nicht da, so würde sich für die Familie nichts grundlegend ändern. „Ich war die zufällige Ursache ihrer Zwistigkeiten und Versöhnungen." (50) Das Familientheater täuscht ihn nicht darüber hinweg, daß er in Wirklichkeit nicht gebraucht wird. Ausdrücklich betont er: „Mir, dem verzogenen Kind, dem Geschenk der Vorsehung, war meine tiefe Nutzlosigkeit um so offensichtlicher, als ich das Familienritual beständig als gußeiserne Notwendigkeit vor Augen hatte. Ich fühlte mich überzählig..." (56)

Zum ersten Mal wird ihm diese Tatsache bei einer Feier des von seinem Großvater geleiteten Sprachlehr-Instituts mit aller Deutlichkeit bewußt. Während er seine übliche Rolle spielt, hört er seinen Großvater sagen: „Einer fehlt hier, nämlich Simonnot." (53) Hier wird ihm klar, daß manche Menschen oder Dinge einen festen Platz im Leben haben (Simonnot z. B. im Lehrkörper der Schule), daß er aber nicht zu ihnen gehört. „Die Kiesel im Luxembourg-Garten, Monsieur Simonnot, die Kastanienbäume, Karlundmami, das waren Geschöpfe. Ich nicht — Ich hatte weder ihre Unbeweglichkeit, noch ihre Undurchdringlichkeit, noch ihre Tiefe. Ich war *nichts*" (52). Von nun an bestimmt das Verlangen, selbst auch einen Platz zu finden, an dem er unentbehrlich ist, seine ganze weitere Entwicklung. „Da es mein Los war, in jedem Augenblick an einem gewissen Ort der Erde zwischen gewisse Leute gestellt zu werden, und mich dort überflüssig zu wissen, wollte auch ich *fehlen*." (53)

Die Erfahrung, überflüssig zu sein, und den daraus resultierenden Wunsch, unentbehrlich zu sein, drückt Sartre in seiner Autobiographie durch ein Gleichnis aus, das er im Verlauf des Buches immer wieder aufnimmt: „Als blinder Passagier war ich im Abteil eingeschlafen und wurde vom Schaffner wachgerüttelt. ‚Bitte die Fahrkarte!' Ich mußte gestehen, daß ich keine hatte. Auch kein Geld, um die Reise bezahlen zu können." (64) Er fährt also unrechtmäßig mit im Zug des Lebens. Nun versucht er, dem Schaffner klar zu machen, daß er in geheimer Mission unterwegs sei und daß er daher vielleicht mehr als jeder andere berechtigt sei, im Zug mitzufahren. In diesem Sinn stellt Sartre seine gesamte Entwicklung dar als den unablässigen Versuch, sein ungerechtfertigtes Dasein zu legitimieren.

4.3. Rechtfertigung

Sartre erklärt in der Folge seine verschiedenen Rollen als Versuche, sich zu rechtfertigen und sein „Leben dem Zufall zu entreißen" (143). Er sucht eine Lebensaufgabe, und da ihn die eigene Familie nicht braucht, möchte er für die ganze Menschheit unentbehrlich werden. „Da mich niemand *ernsthaft* brauchte, erhob ich den Anspruch, unentbehrlich zu sein für das Universum." (63 f.) Diese Überheblichkeit erklärt sich aus der verzweifelten Lage des Kindes, das sich in der Realität als überzählig empfindet und sich daher in Träume flüchtet.

In den Abenteuerromanen und im Kino begegnet er Helden, die gegen Bösewichte kämpfen und der Gerechtigkeit zum Sieg verhelfen. In der Identifikation mit diesen Helden fühlt auch er sich unentbehrlich. „Wenn die Janitscharen ihre krummen Säbel schwenkten, durchlief ein Stöhnen die Wüste, und die Felsen sagten zum Wüstensand: ‚Einer fehlt hier, nämlich Sartre'." (66) In solchen Augenblicken fühlt er sich Simonnot ebenbürtig. Aber diese Welt existiert nur in seiner Phantasie. Nach dem Kino, auf der Straße empfindet er sich „dann wieder als überzählig" (72). Selbst in diesen Träumen gelingt es ihm nicht, sich ganz zu betrügen. Er kann aus sich selbst nicht den „gebieterischen Auftrag ziehen, der meine Gegenwart auf dieser Erde gerechtfertigt hätte." (76) Insbesondere das Erlebnis mit den Kindern im Luxembourg-Garten zerstört seine Illusionen. Er bleibt „ein Knirps, für den sich niemand interessiert" (77).

Mit dem zweiten Teil des Buches setzt ein neuer Rechtfertigungsversuch ein. Da die Heldenrolle der Wirklichkeit nicht standhält, sucht er nunmehr seine Daseinsberechtigung als Schriftsteller. „Ich übertrug auf den Schriftsteller die geheiligten Kräfte des Helden." (95) Schriftsteller, so hatte er gelesen, sind zu Lebzeiten oft verkannt, rechtfertigen aber ihr Dasein im nachhinein durch ihr Werk. Wenn er ein Werk geschaffen hätte, so hoffte er, würde er „ein für allemal wissen, was man den Schaffnern zu antworten hat, die nach der Fahrkarte fragen" (91). Eine Abbildung bestärkt ihn besonders in dieser Auffassung. Der Romancier Dickens wird in Amerika erwartet. Man sieht sein Schiff und eine große Menschenmenge, die auf ihn wartet. Sartre interpretiert dieses Bild mit den Worten, die sich leitmotivisch durch seine Selbstdarstellung ziehen: „Einer fehlt hier, nämlich Dickens." (96)

Daher setzt nun der kleine Poulou seine Hoffnung darauf, ein Buch zu machen. Er wollte schreiben, „damit man mir mein Dasein verzieh" (109). Auch darin gleicht er Roquentin: „Kann man also (seine) Existenz rechtfertigen? . . . Könnte ich nicht versuchen . . .? Es müßte schon ein Buch sein, auf etwas anderes verstehe ich mich ja nicht."[7] Für beide, für Sartre selbst und für seine Romangestalt, gilt also, was er in seinem Essay „Was ist Literatur?" über den Schriftsteller sagt: „Ein Hauptmotiv des künstlerischen Schaffens ist fraglos das Bedürfnis, uns in bezug auf die Welt als wesentlich zu empfinden."[8]

4.4. mauvaise foi (Unwahrhaftigkeit)

Mit dem Gefühl des Überzählig-Seins und den daraus resultierenden Rechtfertigungsversuchen hängt eng ein anderes Problem zusammen, das in Sartres Philosophie ebenfalls von entscheidender Bedeutung ist: die Frage nach der Wahrhaftigkeit.

In seinem philosophischen Hauptwerk „Das Sein und das Nichts"[9] beschäftigt sich Sartre eingehend mit dem Problem der „mauvaise foi", der Unwahrhaftigkeit. Im Alltagsleben, so meint er, befindet sich der Mensch im Zustand der Unwahrhaftigkeit (Heidegger spricht in diesem Zusammenhang von „Uneigentlichkeit"). Nur in einem unbedingten Engagement kann er daraus entfliehen (wie Orest in den „Fliegen").

Dieser Auffassung entspricht auch das Bild der Kindheit, wie es in den „Wörtern" entwickelt wird. Der verbreiteten Anschauung von der kindlichen Unschuld wird hier eine Kindheit entgegengestellt, die von Anfang an in der Lüge verstrickt ist. „Ich besaß keine Wahrheit" (63), schreibt Sartre, denn sein ganzes Rollenspiel war Lüge. An anderer Stelle betont er: „Ich war ein Schwindler" (48) und „geriet immer tiefer ins Schwindeln" (49). Wörter wie „mogeln", „lügen", „Betrug" kommen häufig vor, und noch am Schluß faßt er zusammen: „Ich war verfälscht bis auf die Knochen." (143)

Möglichkeiten, diese Unwahrhaftigkeit zu überwinden, verstreichen meist ungenutzt. Als der Großvater ihn enttäuscht von der Schule nimmt, „war die Gelegenheit an mir vorübergegangen, wahr zu werden" (45). Im Luxembourg-Garten liegt es daran, daß die andern Kinder ihn nicht in ihren Kreis aufnehmen. Ein echter Durchbruch gelingt ihm erst bei den Kameraden des Lycée Henri IV. Bei ihnen ist er endlich „befreit von der Sünde der Existenz" (126), beim Ballspiel ist er „unentbehrlich: *the right man on the right place*" (126), und folglich ist er auch von der Unwahrhaftigkeit erlöst: „Waren wir beisammen, so lebten wir in der Wahrheit." (126) Auffallend ist, daß er wahr nur mit andern Kindern zusammen sein kann, während er im Zusammenleben mit den Erwachsenen in die Unwahrhaftigkeit gedrängt wird.

Ein zweiter Zugang zur Wahrheit eröffnet sich ihm beim Schreiben. „Der Lügner fand seine Wahrheit im Erarbeiten seiner Lügen." (87) Dies gilt allerdings nur solange, wie die Erwachsenen davon nichts merken. „Dank meiner Heimlichkeit wurde ich wahr." (103) Aber dieser Zustand hält nicht lange an. Die Erwachsenen entdecken ihn, und er wird wieder in die Rolle des Wunderkindes gedrängt. Schlimmer noch ist die Lüge, in die er sich selbst verstrickt, indem er „das Kunstwerk für ein metaphysisches Ereignis" (101) hält. So gerät er immer tiefer in die Unaufrichtigkeit. Erst viel später sollte es ihm gelingen, sich aus dieser Verstrickung wieder zu befreien. „Es waren verknotete Vipern, und ich brauchte dreißig Jahre, um den Knoten zu lösen." (102)

Wie Sartre den Knoten löst, wird nicht mehr ausgeführt. Aus den wenigen Andeutungen am Schluß kann man jedoch folgern, daß die Befreiung durch die Erkenntnis geschieht, daß eine Rechtfertigung grundsätzlich nicht möglich ist, daß der Mensch also zur Freiheit gezwungen ist und sein Überflüssigsein akzeptieren muß. Auch dazu findet sich eine Parallele im „Ekel": „Ich bin frei: ich habe keinen Grund mehr, zu leben, alle Gründe, die ich durchprobiert habe, haben versagt, und ich kann mir keine anderen mehr ausdenken."[10] Auch Sartre sieht sich am Ende seiner Autobiographie wieder zu der Freiheit verurteilt, die schon seine Ausgangsposition war.

Faßt man zusammen, so erscheint Sartres Kindheitsdarstellung geprägt von seiner existentialistischen Philosophie: Jeder Mensch ist zur Freiheit verurteilt und versucht vergeblich, seine Existenz zu rechtfertigen. Er muß versuchen, sich aus der Unwahrhaftigkeit zu befreien, in der er von Anfang an befangen ist. Sartres eigene Situation als Kind (Halbwaise, die bei den Großeltern aufwächst; Einzelkind, das von den Erwachsenen vergöttert wird) erscheint in dieser Darstellung als Abbild des menschlichen Lebens überhaupt.

5. Die Deutung der eigenen Kindheit

Bei der Deutung, die Sartre seiner eigenen Kindheit gibt, stoßen wir wiederum auf die allgemeinen Probleme der Autobiographie.

5.1. „Dichtung und Wahrheit"

Es besteht kein Grund, die Daten und Ereignisse anzuzweifeln, von denen Sartre in seiner Autobiographie berichtet. Wenn bei diesem Werk trotzdem die Problematik der Autobiographie besonders stark zutage tritt, so liegt das auch nicht an einer Rücksichtnahme des Autors auf sich oder andere. Er geht im Gegenteil mit seiner Familie und mit sich selbst oft schonungslos um. Es liegt wohl auch nicht an fehlender Gedächtnisleistung, obwohl er betont, daß es ihm schwergefallen sei, sich zu erinnern, was wiederum mit seiner Mißachtung der Vergangenheit zusammenhängt: „Vor allem meine ersten Lebensjahre habe ich durchgestrichen: als ich dieses Buch begann, brauchte ich viel Zeit, um sie unter den Durchstreichungen zu entziffern." (135) Die Spannung zwischen Dichtung und Wahrheit liegt vielmehr bei dieser Selbstdarstellung in einer ganz bewußten und konsequenten Deutung des Geschehens von Seiten des Autors. So kommt es, daß das Buch verhältnismäßig uninteressant ist für Leser, die etwas aus dem Leben Sartres erfahren wollen, aber um so interessanter für diejenigen, die sich mit seiner Philosophie und Weltanschauung beschäftigten.

5.2. Die Intention des Autors

Sartre scheint mit diesem Buch drei Ziele zu verfolgen: Es geht ihm zunächst einmal um den Tatsachenbericht einer bürgerlichen Kindheit aus dem Anfang dieses Jahrhunderts. Dieser nimmt den geringsten Raum ein und ist wohl auch nur Ausgangspunkt für die übrigen Themen.

Sodann stellt er seine Kindheit dar als Vorstufe für seine zukünftige Schriftstellerlaufbahn. Sicher hat er Fakten oder Ereignisse ausgewählt oder herausgehoben, die auf diese Entwicklung hindeuten. Und zweifellos ist es seine Absicht, zu zeigen, wie ein Kind des Bürgertums, Enkel eines Lehrers, durch Erziehung und Milieu auf diesen Beruf hin „vorprogrammiert" wird. In der Streitfrage, ob der Mensch durch Anlage oder Milieu geprägt sei, würde sich Sartre wohl für den Einfluß des Milieus entscheiden. Er betont mehrfach, daß er keine Begabung habe, vielmehr „ein Schriftsteller der Fleißübungen" (93) sei.

Und schließlich möchte Sartre seine Kindheit verstanden wissen als exemplarischen Lebenslauf, wie er sich für einen Existentialisten darstellt. Jeder Mensch ist in der Situation des kleinen Poulou.

Dieses Thema hat das Buch zweifellos am stärksten geformt, manche Dinge jedoch auch verformt. Dies sei hier nur an einem Beispiel angedeutet, der starken Betonung der Rollenhaftigkeit seiner Kindheit. Damit wird ein allgemeines Problem angesprochen. Denn jedes Kind lebt zunächst in einer Eltern- (bzw. Großeltern-) Kind-Beziehung. Der Nachahmungstrieb und vor allem die Konditionierung durch Zustimmung oder Ablehnung von Seiten der Erwachsenen führen dazu, daß sich das Kind zunächst stark nach diesen ausrichtet. Hier hat Sartre ein wichtiges Problem gesehen, eine Gefahr erkannt, doch schiebt er aus seiner Perspektive dem Kind die Schuld zu, die doch in Wahrheit in der Situation begründet ist. Ihm geht es aber gar nicht um die Probleme der Kindheit, sondern um die Beispielhaftigkeit seiner eigenen Lage.

5.3. Die Perspektive des Autors

Bei dem Versuch, die Autobiographie aus der Position des Autors zum Zeitpunkt des Schreibens zu verstehen, stößt man bei den „Wörtern" auf die Frage der Datierung.

Sartre hat nämlich der eigentlichen Kindheitsdarstellung noch zwei Schlußbetrachtungen beigefügt. Die eine beginnt mit dem Satz: „So hat es mit mir angefangen" (141), die andere, ganz parallel, mit den Worten: „Ich habe mich geändert." (143)

In der ersten gibt Sartre selbst ein Resumee seiner Autobiographie und erklärt das hinter seiner Entwicklung stehende säkularisierte christliche Schema. Die Literatur, so meint er, sei bei ihm an die Stelle der Religion getreten. „Es erschien der Mann der Feder als *Ersatz* jenes Christen, der ich nicht sein konnte." (141) An einen Gott glaubte er zwar nicht, aber doch an den „Heiligen Geist", der seinen „Auftrag garantierte" (142). Durch diesen Auftrag fühlte er persönlich sich gerechtfertigt. So kam es, daß er 1938 in seinem Buch „Der Ekel" „über die ungerechtfertigte und trübe Existenz meiner Mitmenschen schrieb, meine eigene Existenz jedoch aus dem Spiel ließ" (143). Er schließt daraus: „Ich war verfälscht bis auf die Knochen und verblendet; so schrieb ich heiter über das Unglück unseres Daseins." (143) Bis dahin hatte sich die Entwicklung aus seiner Kindheit kontinuierlich fortgesetzt. Aber dann gab es einen Bruch: „Seit ungefähr zehn Jahren bin ich ein Mann, der geheilt aus einem langen, bitteren und süßen Wahn erwacht." (143)

Wenn man vom Erscheinungsjahr der „Wörter" zehn Jahre zurückgeht, so kommt man in eine Zeit, in der Sartre sich stark der kommunistischen Partei angenähert hatte. Damals hielt er die politische Aktion für eine echte Möglichkeit der Selbstverwirklichung und verurteilte von daher seine schriftstellerische Tätigkeit als „Neurose"[11], von der es sich zu befreien galt. Von diesem Standpunkt aus ist seine Autobiographie geschrieben worden. Inzwischen hat er aber eingesehen, daß man durch die Politik genausowenig gerettet wird wie durch die Literatur.[12]

Der Abstand zwischen erster Niederschrift und Erscheinen des Buches hat seine Position erneut geändert. Er sieht sich zwar nicht mehr wie früher als Auserwählten, er bedauert es aber auch nicht mehr, Schriftsteller zu sein. Er weiß nun endgültig, daß es keine Rechtfertigung gibt. „Wieder bin ich, wie damals mit sieben Jahren, der Reisende ohne Fahrkarte." (144) Trotzdem schreibt er weiter, aber Schreiben ist für ihn eine „Gewohnheit" geworden, ein „Beruf", der nicht besser und nicht schlechter ist als andere. So kann er zum Schluß zusammenfassen: „Was bleibt, wenn ich das unmögliche Heil in die Requisitenkammer verbanne? Ein ganzer Mensch, gemacht aus dem Zeug aller Menschen, und der soviel wert ist wie sie alle und soviel wert wie jedermann." (145)

So haben wir also in den „Wörtern" zwei Standpunkte, von denen der zweite den ersten relativiert. Durch diese doppelte Brechung und auch durch den ironisch-distanzierten Stil des Buches wird der Leser aufgefordert, die Deutung, die Sartre seiner Kindheit gibt, die er selbst als „verleugnete, vergessene, verlorene Kindheit" (129) bezeichnet, kritisch zu lesen.

Anmerkungen

1 J. P. Sartre: Les mots. Paris: Gallimard 1964. Deutsche Ausgabe: Die Wörter. Übers. von H. Mayer. Reinbek bei Hamburg: Rowohlt Taschenbuch Verlag 1968.
2 Vgl. J. P. Sartre: Der Ekel. Reinbek bei Hamburg: Rowohlt Taschenbuch Verlag 1963, S. 92 ff.
   J. P. Sartre: Die Kindheit eines Chefs. Frankfurt: Suhrkamp 1966.
3 J. P. Sartre: Der Ekel, S. 47.
4 J. P. Sartre: Die Fliegen/Die schmutzigen Hände. Reinbek bei Hamburg: Rowohlt Taschenbuch Verlag 1961.
5 J. P. Sartre: Der Ekel, S. 92.
6 J. P. Sartre: Der Ekel, S. 137.
7 J. P. Sartre: Der Ekel, S. 186.
8 J. P. Sartre: Was ist Literatur? Hamburg: Rowohlt 1958. S. 25.
9 J. P. Sartre: Das Sein und das Nichts. Hamburg: Rowohlt 1962.
10 J. P. Sartre: Der Ekel, S. 165.
11 J. P. Sartre: Interview mit J. Piatier. In: Le Monde vom 18. 4. 1964. Zitiert nach: Ph. Lejeune: L'autobiographie en France. Paris: A. Colin 1971. S. 206.
12 J. P. Sartre: Interview, S. 207.

2.3.2. Sean O'Casey: Ich klopfe an

1. Vorinformation

1.1. Zum Autor

Anders als bei Kurzgeschichte und Roman richtet sich das Interesse des Lesers einer Autobiographie mindestens ebenso auf den Autor wie auf das Werk. Für die Untersuchung einer autobiographischen Kindheitsdarstellung könnte es deshalb von Nutzen sein, zunächst einmal den gesamten Lebenszusammenhang des Autors zu skizzieren, sofern er nicht als bekannt vorausgesetzt werden darf. Hinsichtlich des untersuchten Werkes hat solch Vorgehen einen doppelten Erkenntniswert: Es läßt etwas von der Bedeutung der dargestellten Phase für das ganze Leben des Autors sichtbar werden, und es macht den Standpunkt bei der Abfassung des Werkes, der es ja entscheidend mitprägt, aus einem größeren Kontext verstehbar.

Sean O'Casey, dessen autobiographische Kindheitsdarstellung im folgenden betrachtet werden soll, gehört neben Wilde, Shaw, Yeats, Synge und Beckett zu den bedeutenden modernen Dramatikern, die aus Irland stammen. Von diesen hat er sich am stärksten auf die sozialen und politischen Probleme seines Landes eingelassen, wobei Leben und Werk aufs engste miteinander verbunden sind. 1880 wurde er als Nachkömmling einer kleinbürgerlichen protestantischen Familie in Dublin geboren. Nach einer harten Kindheit, wegen eines Augenleidens ohne reguläre Schulbildung, begann er, sein Geld als Hilfsarbeiter zu verdienen, sich autodidaktisch weiterzubilden und als irischer Nationalist und militanter Proletarier zu engagieren. Er nahm am Dubliner Streik von 1913 teil und entging nach dem Osteraufstand von 1916 nur knapp der Hinrichtung. Sein erster literarischer Erfolg war die Aufführung von „The Shadow of a Gunman" (Der Rebell, der keiner war) 1925 im Abbey Theatre in Dublin. Dieses und das nachfolgende Stück „Juno and the Paycock" (Juno und der Pfau), sein berühmtestes, thematisieren den irischen Bürgerkrieg zu Beginn der zwanziger Jahre, das dritte dieser sogenannten Dubliner Trilogie, „The Plough and the Stars" (Der Pflug und die Sterne), den Osteraufstand. Daß O'Casey in dem dritten Stück Armut und Engstirnigkeit für größere Probleme hält als den Kampf um die irische Unabhängigkeit, löste unter den Nationalisten empörte Proteste aus. Der Autor ging nach England, und nachdem sein bisheriger Förderer Yeats als Intendant des Abbey Theatres 1928 sein expressionistisch konzipiertes Stück „The Silver Tassie" (Der Preispokal) abgelehnt hatte, entschied er sich, nicht mehr nach Irland zurückzukehren. Er hat bis zu seinem Tode, 1964, in England gelebt. Kennzeichnend für ihn blieben sein ambivalentes Verhältnis zu Irland, das ihn weiterhin mit Stoff für seine Werke versorgte, und sein Eintreten für den Kommunismus, das die Tendenz seiner Werke mitbestimmte. Seine späteren Dramen haben den literarischen Rang der Dubliner Trilogie kaum mehr erreicht. Einige Bände seiner Autobiographie jedoch, erschienen zwischen 1939 und 1954, werden von manchen Kritikern sogar höher eingeschätzt.[1] Dabei gehört der erste Band, „I Knock at the Door" (Ich klopfe an), der 1939 erschien und die Jahre 1880–90 umfaßt, also O'Caseys Kindheit, zu den besten.

1.2. Zur Autobiographie

Ungewöhnlich an der Autobiographie ist, daß der Autor über sich selbst in der dritten Person schreibt. Entsprechend der Lebenswirklichkeit wird der Protagonist anfangs als John Casside, in späteren Bänden in der gälisierten Form als Sean O'Casey bezeichnet. Die Bedeutung dieser Darstellungsweise wird noch im einzelnen zu erörtern sein. Soviel sei aber schon hier gesagt, daß sich der Verfasser damit die Freiheit des auktorialen Erzählers schafft. An dem generellen Tatbestand einer Autobiographie, daß Ansichten des Schreibers zum Zeitpunkt des Schreibens in das Geschriebene mit einfließen, ändert sich dadurch natürlich nichts. Ja, es scheint, daß für O'Casey, ähnlich Sartre, solche Ansichten sogar eine vorrangige Bedeutung haben und das eigene Leben, distanziert durch die dritte Person, nur den Stoff abgibt, mit dem sie authentisch illustriert werden können.

Noch in anderer Hinsicht macht O'Casey aus dem, was häufig für eine Not der Autobiographie gehalten wird, eine Tugend. Daß es in der Erinnerung Lücken gibt, eine grundlegende Schwierigkeit bei der Erforschung der eigenen Lebensgeschichte, bekümmert ihn wenig, da er nur hinsichtlich größerer Abschnitte des Lebens chronologisch verfährt, im übrigen aber das, was ihm als mitteilenswert erscheint, thematisch bündelt. Aufschlußreich in dieser Hinsicht ist der ursprüngliche, in neuere Ausgaben nicht mehr aufgenommene Untertitel von „I Knock at the Door": „Swift Glances Back at Things That Made Me" (rasche Rückblicke auf Dinge, die mich geprägt haben).[2] Auswahl- und Aufbauprinzip sind an dieser Formulierung ablesbar.

Wenn die traditionelle Autobiographie von der Entwicklung einer einzelnen Persönlichkeit handelt, so geht es bei O'Casey mindestens in dem gleichen Maße um die politischen und soziokulturellen Verhältnisse, in denen sich diese Entwicklung vollzieht. Auch insofern enthält der ursprüngliche Untertitel eine präzise Vorinformation. Daß aber die Hauptfigur nicht in einem streng deterministischen Sinne als bloßes Objekt der geschilderten Verhältnisse dargestellt wird, das macht die Lehre und den Reiz des Buches aus.

2. Textbeispiel: Ein Kind Gottes

Da die meisten Kapitel relativ abgeschlossene Einheiten bilden, kann sich eine Betrachtung von „Ich klopfe an" zunächst exemplarisch auf ein einzelnes Kapitel konzentrieren. Von besonderer Brisanz in dem Buch ist die Konfrontation des kleinen Johnny mit kirchlich-gesellschaftlichen Autoritäten, wie sie für Irland kennzeichnend waren und immer noch sind. In dem Kapitel „Ein Kind Gottes" wird diese Thematik vielleicht am eindrucksvollsten und differenziertesten entfaltet. Es soll deshalb als ein Schlüssel zum Verständnis des ganzen Bandes dienen. Wenn in diesem Kapitel die lebensbejahenden Tendenzen gegenüber der Unterdrückungsthematik kaum eine Rolle spielen, so wird die anschließende kursorische Interpretation des ganzen Buches dafür sorgen, daß keine einseitige Vorstellung von der Gesamtaussage entsteht.

2.1. Aufbau, Schauplatz, Thema

Das Kapitel stellt ein Ereignis im Leben des achtjährigen Johnny in chronologischer Folge dar und läßt sich gemäß dem Wechsel in Handlung, Schauplatz und Personengruppierung in acht Abschnitte gliedern: Besuch von Pfarrer Hunter, der die Mutter auffordert, Johnny, dessen Augenerkrankung sich gebessert hat, in die Sonntagsschule und den Gottesdienst zu schicken; Weg durch den Regen; in der Sonntagsschule von Fräulein Valentine; abermaliger Weg durch den Regen; im Gottesdienst bei Pfarrer Hunter; Heimweg durch den Regen; schwere Erkrankung; Besuch von Fräulein Valentine.

Die auffallenden Schauplätze in diesem Kapitel sind polar aufeinander bezogen: auf der einen Seite die regennassen Straßen, auf der anderen die Räumlichkeiten der Kirche. In diesem situativen Rahmen wird die Aussage des Kapitels unmittelbar anschaulich: Die Kirche, statt ein armes und krankes Kind vor zusätzlichen Leiden zu bewahren oder ihm, wenn sein Gang durch den Regen schon erforderlich ist, wenigstens Trost und Schutz zu gewähren, ist von derart selbstgerechter Inhumanität, daß sie seine Leiden noch verschärft.

2.2. Charaktere

Oberster Repräsentant kirchlicher Autorität ist der protestantische Pfarrer Hunter. Sein Amt wird deutlich als eine Rolle gekennzeichnet. „Beide", heißt es von ihm und seinem Kurat, „knieten etwas länger nieder als die andern Gemeindemitglieder, weil sie doch Pfarrer waren." (132)[3] In direkter Charakterisierung nennt ihn der Erzähler einen „Schwätzer, der den Willen Gottes durch den seinen erläuterte." (124) Das Amt dient ihm vor allem dazu, Macht auszuüben. Unter Berufung auf Gott unterdrückt er nicht nur ein vernünftiges Argument des acht-jährigen Johnny, sondern auch die ärztlich-wissenschaftliche Autorität, die jener auf seiner Seite hat: „Du kannst vom lieben Gott nicht erwarten, daß Er dem Doktor hilft, deine Augen zu heilen, wenn du den Feiertag nicht heiligst." (124) In seiner Umwelt wird seine Macht nicht nur durch die Unterwürfigkeit von Fräulein Valentine bestätigt, sondern auch durch die realistische Erkenntnis, die Johnny von seiner Mutter erfährt: „Heutzutage hätten die Geistlichen überall großen Einfluß." (125) In Anbetracht dieser Situation erscheinen alle religiösen Äuße-rungen und Rituale des Pfarrers unmißverständlich als Ideologie.

Werkzeuge des theokratischen Systems sind die Sonntagsschullehrerin und der Küster. Fräulein Valentine ist gekennzeichnet durch Opportunismus und Heuchelei: Sie küßt das reiche Kind und beschimpft das arme, sie predigt Moral, aber hält sich selbst nicht daran. Der Küster, eine unterste Charge in der Hierarchie, ist nicht unfreundlich, aber der Gewohnheit verhaftet und wehrt mit Redensarten ab, was das Gewohnte stören könnte. Produkt des Systems sind schließlich die Jungen Harry und Massey. Bei Harry erscheint Religion als Ansammlung indoktrinierter Vorurteile und ist Brutalität gegenüber Ärmeren und Schwächeren noch ohne die Bemäntelung der Erwachsenen. Von Massey wird nur deutlich, daß er sich der repressiven Atmosphäre durch Witze entzieht, aber selbst auf diese Weise für Johnny, die Bezugsfigur des ganzen Kapitels, die Situation erschwert.

Johnny, nach anfänglichem Aufbegehren gegen den Pfarrer und seine Mutter, wird zum Opfer aller Personen, die in dem Kapitel auftreten. Hunter löst den Vorgang aus, und alle tragen dazu bei, daß der Sonntagmorgen für ihn, der unter Augenkrankheit, Armut, Nässe und Kälte leidet, unerträglich wird. Zwei psychologische Arten der Entlastung werden gezeigt: gegenüber der Brutalität Harrys die Zuflucht zur Lüge und in der trostlosen Situation von Sonntagsschule und Kirche das Ausweichen in Tagträume. Daß die Helden dieser Träume britische Soldaten sind, die einen Eingeborenenaufstand in Afrika niederwerfen, holt, jenseits des theokratischen Systems in Irland, auch das repressive System des Imperialismus in die Schilderung herein und belegt zugleich, in welchem Maße solche Systeme selbst die entlastenden Träume ihrer Opfer noch mitbestimmen. Es ist realistisch genug, wenn geschildert wird, daß sich Johnny nicht mit einem friedfertigen Helden identifiziert, sondern mit einem, der seinerseits Unterdrücker ist, wenn auch in strahlender Siegerpose.

Eine Schlüsselposition in dem Spannungsfeld zwischen Hunter und Johnny nimmt die Mutter ein. Sie ist die einzige, die sich entwickelt. Am Anfang stimmt sie dem Pfarrer zu. Sie sieht, wie sie ausdrücklich sagt, in ihm einen Garanten für Johnnys Zukunft, doch ist es auch wahrscheinlich, daß sie zunächst einfach unreflektiert traditionelle Loyalität gegenüber der kirchlichen Obrigkeit bekundet. Als Johnny dann zitternd und durchnäßt aus der Kirche heimkommt, sagt sie: „Eine Kirche, die einer Mutter ihr halbverhungertes Kind in diesem Zustand zurückschickt, ist keine Kirche Gottes." (136) Diese Wendung ist psychologisch nicht ganz glaubhaft, wenn man bedenkt, daß die Mutter noch gar nicht weiß, wie es Johnny im einzelnen ergangen ist, seine Durchnässung aber selbst mitverschuldet hat. Für die Aussage des Kapitels kommt ihr freilich eine große Bedeutung zu. Einmal wird hier ein spontanes menschliches Mitgefühl der Inhumanität des institutionalisierten Christentums gegenübergestellt, und zum andern wird jenem überhaupt die religiöse Legitimation abgesprochen.

2.3. Erzähler und Darstellungsweise

Der Erzähler stellt das gesamte Geschehen vom Standpunkt des kleinen Johnny aus dar. Als sich dieser in seinen Träumen während Sonntagsschule und Gottesdienst ganz auf sich selbst zurückzieht, wird aus der Erzählung vorübergehend sogar eine Ich-Erzählung. Das Pronomen der ersten Person signalisiert aber nicht, wie üblicherweise in der Autobiographie, die Identität von Erzähler und Hauptfigur, sondern dient gleichsam nur der Innendarstellung dieser Figur.

Wenn also Johnny für Erzähler und Leser durchgängig der Bezugspunkt ist, der den Maßstab für die Beurteilung des Geschehens abgibt, so schränkt sich jedoch die Darstellung nicht auf die begrenzte Perspektive eines Achtjährigen ein. In Anbetracht dessen, was er erfährt, wäre wohl sonst Sentimentalität kaum vermeidbar. Die Charakterisierung der Personen ist aber frei von einer solchen Färbung; allenfalls sind die Vertreter der Kirche zum Karikaturistischen hin überzeichnet. Der objektivierende Ansatz der Darstellungsweise zeigt sich besonders in der Übereinstimmung von Sprechweise und Charakter. So erscheint Sprache bei Hunter als Instrument religiös legitimierter Herrschaft, bei Harry als Mittel unverhüllter Aggression, und bei Fräulein Valentine stehen beide Ausdrucksweisen, Symptom ihrer Zwiespältigkeit, unvermittelt nebeneinander. Die Kunst der Charaktergestaltung hatte schon Lady Gregory an dem jungen Dramatiker O'Casey gerühmt, ehe überhaupt ein Werk von ihm veröffentlicht war.

Aber es ist nicht nur die objektivierende Kunst des Dramatikers, die an diesem Kapitel ins Auge fällt. In einzelnen Stilzügen tritt auch der Erzähler hervor, und zwar ein Erzähler, der eine subjektive Freude am Spiel mit der Sprache hat, besonders in der Form der Wiederholung und der Häufung. Fünfmal wird mit leichten Variationen wiederholt, daß Fräulein Valentine keine Notiz von Johnny nahm (128), und von Hunter heißt es: „Und dann schwatzt er weiter, klappert und plappert, kohlt und sohlt, dröhnt und stöhnt weiter…" (134) Beide Beispiele ließen sich in ihrer Verspieltheit und affektiven Besetzung vom kindlichen Bewußtsein her deuten, sind aber doch so artifiziell, daß sie eher als Ausdrucksmittel des Erzählers erscheinen. Dies gilt in noch höherem Maße von Zitaten und Anspielungen, die in den Text aufgenommen sind. Betont werden muß, daß bei aller Freude am Spiel die genannten Stilzüge ein politisches Engagement bekunden, insofern sie Personen und Institutionen in ein ironisches Licht tauchen.

2.4. Intention

Die Intention des Kapitels ist unmißverständlich: Kritik an einem System kirchlich-gesellschaftlicher Zwänge. Ein Kind, das in dieses System noch nicht integriert ist, hat am offensichtlichsten darunter zu leiden. Weltanschaulich ist die Darstellung, insbesondere die Entlarvung kirchlicher Betriebsamkeit als Ideologie, in Übereinstimmung mit O'Caseys Eintreten für einen humanen Sozialismus. Ambivalent bleiben religiöse Implikationen. Titel des Kapitels und biblisches Zitat im Schlußsatz („Und das Licht scheinet in die Finsternis; aber die Finsternis hat's nicht begriffen.") können als ironische Spitzen gegen das theokratische System verstanden werden, lassen sich aber auch in einem ernst gemeinten Sinne auf die Bezugsfigur des Kapitels anwenden. Daraus könnte dann eine Einstellung des Erzählers gefolgert werden, die nicht die christliche Religion an sich ablehnt, sondern deren Pervertierung durch Herrschaftssysteme. In diesem Sinne ruft ja auch Johnnys Mutter Gott gegen die Kirche Hunters an. Aber eindeutig läßt sich eine solche Folgerung nicht belegen, denn in dem Text geht es ja nicht — wie häufig in autobiographischen Schriften — um Bekenntnisse, sondern um Kritik.

3. Entwicklungslinien

Die stofflichen Schwerpunkte, in denen O'Casey die ersten zehn Jahre seiner Lebensgeschichte darbietet, werden leitmotivisch durch Themen verknüpft, in denen sich Entwicklungen anzeigen. 1. Die Umwelt erschließt sich Johnny in ständig wachsenden Kreisen. 2. Seine Erfahrung von Schmerz und Freude, Unrecht und Handlungsbereitschaft vertieft sich. 3. Die Einstellung der Mutter ändert sich. 4. Die politische Situation Irlands und Großbritanniens bleibt nicht die gleiche.

3.1. Erschließung der Umwelt

In den ersten drei Kapiteln steht die Person Johnnys im Mittelpunkt: Es wird von seiner Geburt und seiner Augenkrankheit berichtet. Bis zum 9. Kapitel geht es dann um die Familie: Krankheit und Tod des Vaters, Fortzug der älteren Geschwister. Schauplatz des nächsten Erfahrungskreises — Erlebnis mit einem geschundenen Tier und Spiele mit anderen Kindern — ist die Nachbarschaft. Es folgt das Bekanntwerden mit gesellschaftlichen Institutionen: Schule, Sonntagsschule und Kirche. Der Umgang weitet sich von den Nachbarskindern auf die Schulkameraden aus, an die Stelle eines geschundenen Tieres tritt ein geschundener Mensch, ein von Kindern mißhandelter Jude. Mit britischer Militärparade und studentischer Protestdemonstration in Dublin gegen Ende des Buches beginnt Johnny schließlich auch von politischen Ereignissen Kenntnis zu nehmen.

3.2. Innere Entwicklung

Entscheidend für Johnnys zunehmende Erfahrung von Schmerz und Freude, Unrecht und Handlungsbereitschaft ist seine Augenkrankheit. „Johnny ist ein zartes Kind", sagt die Mutter zum Rektor, als sie ihren Sohn in die Schule bringt, „und er muß seiner Augen wegen besonders nachsichtig behandelt werden." (110) In bezug auf Johnny bedeutet die Bedrohung seines Augenlichts Isolierung von der Umwelt und Sensibilisierung gegenüber den Außenreizen, in bezug auf alle, die mit ihm zu tun haben, eine Herausforderung ihres mitmenschlichen Verhaltens. Neben dieser persönlichen Belastung ist es noch der gesellschaftliche Makel der Armut, der Johnny besonders verletzlich macht.

Daß er ein Schmerzenskind ist, kündigt sich schon im ersten Kapitel in der Vorgeschichte seines Namens an: Zwei Brüder, die vor ihm den Namen trugen, sind kurz nach der Geburt gestorben, im zweiten Falle mitverschuldet durch Ärzte, die für eine mittellose Mutter keine Zeit hatten. Johnnys Erfahrung des Schmerzes scheint sich im Fortgang des Buches zu steigern. Sie beginnt mit der geschwulstartigen Erkrankung der Augen. Dann leidet er unter der gefühlskalten Herrschaft seines kranken Vaters, nach dessen Tod unter dem Egoismus seiner älteren Geschwister und nach deren Fortzug unter den Zwängen von Schule, Sonntagsschule und Kirche und der Aggressivität von Schulkameraden. Den Höhepunkt bildet die Mißhandlung durch den Lehrer, in der sich eklatantes Unrecht mit perverser pädagogischer Begründung und Sadismus verbindet. Hilfe findet er vor allem bei der Mutter, sowohl gegenüber Vater und Geschwistern, als auch gegenüber Pfarrer und Lehrer. Schätzen lernt er aber auch den Arzt, der — wissenschaftlich-humane Gegenposition zum Pfarrer — den Schmerz in seinen Augen lindert, und seinen Schulkameraden Middleton, der ihn gegenüber der Brutalität der Gleichaltrigen in Schutz nimmt. Von der Entlastung durch Tagträume war schon die Rede. Außerdem gibt es noch zwei auffallende, in sich widersprüchliche Reaktionen. In dem Kapitel „Die müde Kuh" mündet das eigene Leiden in das Mitgefühl für die geschundene Kreatur, in dem Kapitel „Der Straßenglaser" dagegen in die Komplicenschaft bei der Mißhandlung eines Juden, also des Angehörigen einer verachteten Minderheit. Nirgendwo zeigt sich O'Caseys Realismus in der Beschreibung sozialpsychologischer Mechanismen des Unrechts so deutlich wie hier, wo der Leidende selbst zum Folterer wird.

Die charakteristische Situation Johnnys ist bis gegen Ende des Buches die des Opfers. Als er sich aber gegen die Gewalt des Lehrers zur Wehr setzt und ihn mit einem großen Lineal niederschlägt, da beginnt er sich aus dieser Situation zu befreien. Und als er im drittletzten Kapitel ein Stück Speck und ein Ei stiehlt, unternimmt er auch zum erstenmal etwas gegen die Armut. Im letzten Kapitel schließlich gewinnt er Interesse an Gedichten — ein unbelasteterer Ausdruck der Phantasie als seine Tagträume, und er küßt ein Mädchen — ein humanerer Bezug zu einem Du als alle Formen der Aggressivität. „Wenn er auch nicht in das Haus gegangen war, so hatte er doch an die Tür geklopft", lautet der letzte Satz des Buches. Das wahre Leben kann erst beginnen, wenn Abhängigkeiten überwunden sind und Handeln einsetzt. Freilich ganz aus eigener Kraft hat sich dieser Durchbruch bei Johnny nicht vollzogen. In dem Kapitel „Die Straße singt" wird schon früh aller Leiderfahrung das Glück kindlicher Geselligkeit gegenübergestellt, das Reserven schaffen kann für Augenblicke des Schmerzes und der Isolierung. Ebenso wichtig aber ist es, daß von Anfang an die Mutter zu Johnny steht.

3.3. Einstellung der Mutter

Johnnys Mutter ist vielleicht die bemerkenswerteste Person des Buches. Respektierung der Obrigkeit und Bindung an die geltende Moral sind für sie oberste Richtpunkte des Handelns. Noch auf der Trambahnfahrt im vorletzten Kapitel, kurz bevor die rebellischen Studenten auftreten, sagt sie zu Johnny: „Wenn die Regierung hier eine königliche Residenz schüfe, dann würde sie sehen, daß die Iren die treusten und gehorsamsten Untertanen sind." (196) „Loyal and law-abiding" heißen die entscheidenden Begriffe im Englischen.[4]

Wenn nun selbst solch eine Frau nicht unerschütterlich an den genannten Werten festhält, so spricht das umso nachdrücklicher gegen das politisch-gesellschaftliche System. Von der Aufgabe ihrer blinden Loyalität gegenüber der Kirche war bereits in der Betrachtung des Kapitels „Ein Kind Gottes" die Rede. In dem Kapitel „Gottes Urteil ist gerecht", als Hunter kommt, um eine Bestrafung Johnnys für den Widerstand gegen den Lehrer anzuordnen, da leistet auch sie Widerstand. Prägnant dargestellt wird dies durch ein mimisches Detail: „Der weiche, bebende Mund der Frau . . . wurde genauso hart wie der harte Mund des Pfarrers." (168)

In dem Kapitel „Leben ist mehr als Speise" (Life Is More than Meat) wird schon durch die Ironie des Titels eine Moralauffassung in Zweifel gezogen. Als die Mutter erfährt, daß Johnny ein Stück Speck und ein Ei gestohlen hat, reagiert sie nicht moralisch, sondern praktisch. Sie warnt ihn vor den Konsequenzen, die die Festnahme eines Diebes hat, und macht sich dann daran, ein gutes Essen mit dem gestohlenen Speck vorzubereiten. Ohne daß sie einen Verstoß gegen die geltende Moral gutheißt, wird klar, daß diese Moral für die Armen eine andere Bedeutung hat als für die Reichen.

An ihrer Loyalität gegenüber der britischen Herrschaft in Irland scheint die Mutter am nachhaltigsten festzuhalten, vielleicht weil deren Wirkung in ihrem eigenen begrenzten Lebenskreis am wenigsten spürbar ist. Aber während der schon genannten Trambahnfahrt betont sie Johnny gegenüber, daß die Cassides eine nationalirische Familie seien, spricht von den antibritischen Fenier als anständigen Menschen und tritt dann sogar öffentlich für Parnell ein, den Führer der Homerule-Bewegung: „Wenn man die Wahrheit sagen dürfte, dann würde sie lauten: Das Land kann keinen besseren König haben." (194) Wie in der Religion so fragt sie auch in der Politik nach der Menschlichkeit ihrer Vertreter. Was aber kann ihr eine Regierung dann wirklich bedeuten, die von einem fremden Land aus das ihre beherrscht? Sie räumt ja selber ein, daß die Wahrheit nicht gesagt werden darf, und so scheint denn ihre politische Loyalität eher auf Vorsicht als auf Überzeugung zu beruhen.

Was für die Mutter vollkommen unerschütterlich bleibt, ist das Gefühl für ihr jüngstes Kind, das auf sie angewiesen ist. Gegenüber dieser Bindung aber erweisen sich alle anderen als problematisch, was am deutlichsten wird — und darin zeigt sich das typisch Irische der Situation — bei der Loyalität gegenüber der Kirche. Für den kleinen Johnny bedeutet die Mutter vor allem Schutz vor dem unbarmherzigen Zugriff kirchlich-gesellschaftlicher Mächte. Geht man über den Rahmen des Buches hinaus, dann scheint es aber auch, daß ihr Verhalten für ihn modellhafte Züge gewonnen hat. Das läßt sich bei ihm, der später Dramatiker geworden ist, besonders klar an den Frauengestalten ablesen, die im Mittelpunkt seiner Stücke stehen, allen voran die Titelfigur von „Juno and the Paycock".

3.4. Politische Situation

Der bemerkenswerte erste Satz des Buches verknüpft die Geburt Johnnys, von der im Hauptsatz berichtet wird, mit der Zeitsituation zu Beginn der achtziger Jahre des vorigen Jahrhunderts, die über zwei Seiten in immer wieder anaphorisch mit „wo" eingeleiteten Nebensätzen umrissen wird. Hier ist unübersehbar angezeigt: Die Geschichte eines Einzelnen kann von derjenigen der Gesellschaft nicht getrennt werden.

Die Beschreibung des Balles im Schloß im zweiten Kapitel, passagenweise in Versen abgesetzt, läßt die britische Herrschaft über Irland in strahlendem Glanz erscheinen. Dieser Glanz verlockt zwei von Johnnys Brüdern, in die britische Armee einzutreten, und seine Schwester, einen Trommler dieser Armee zu heiraten. Daß aber die etablierte Herrschaft keineswegs sakrosankt ist, deutet sich gegen Ende des Buches an. Bei einer Parade zu Ehren der Königin Viktoria geben irische Soldaten ein eher den Herrschenden zuzurechnendes Regiment aus Schottland der Lächerlichkeit preis, und bei einer anderen Feier dieser Art kommt es sogar zu einer blutig niedergeschlagenen Protestdemonstration Dubliner Studenten gegen die verhaßte Fremdherrschaft. Veränderbar wie das drangsalierte Dasein eines Kindes und die Loyalitäten einer überwiegend konservativen Frau sind also auch verfestigt erscheinende Herrschaftsverhältnisse.

Was aus der Perspektive dessen, der sich an die Zeitsituation seiner Kindheit erinnert, eine Art politisches Oberflächengeschehen ist, erhält in dem Kapitel „Der kleine Protestant denkt an die Reformation" eine historische Tiefendimension. Aufgezeigt wird, wie der zunächst lebendige und kritische Protestantismus dank seiner Etablierung eine enge Verbindung mit der englischen Machtpolitik eingehen kann und wie in diesem Zusammenhang einem Mann wie dem Pfarrer Hunter eine exemplarische Bedeutung zukommt. Diese gilt dementsprechend auch für den Protest Johnnys und seiner Mutter gegen Hunter.

Aber nicht nur auf diskursive, sondern auch auf poetische Weise sensibilisiert O'Casey den Leser für die Situation Irlands. Das gepeinigte Tier in dem Kapitel „Die müde Kuh" kann als ein Sinnbild seines Landes verstanden werden. Johnny sieht es auf der „Straße vom Viehmarkt nach den Schiffen, die das Vieh nach England brachten, um die dicken Bäuche der Engländer zu füllen, wie Archie sagte, während die dummen Iren die Überbleibsel bekamen". (90) Und wenn Johnny von Gott annimmt: „Aber für eine Kuh, die auf regennassem Pflaster liegt, hat Er nichts übrig" (93), so mag der Erzähler in bezug auf sein Land Ähnliches denken. Das wäre dann aber nicht ein Ausdruck von Fatalismus, sondern vielmehr der Überzeugung, daß auf überirdische Mächte kein Verlaß ist und eine beklagenswerte Situation nur von engagierten Menschen verändert werden kann.

4. Bild der Kindheit

Wie viele Autoren, die ihre eigene Kindheit literarisch verarbeitet haben — Karl Philipp Moritz, Charles Dickens, Samuel Butler, André Gide, um nur einige zu nennen — erinnert sich O'Casey besonders eindringlich an Leiden und Zwänge seiner ersten Lebensjahre. Wenn Kinder überhaupt aufgrund der anthropologischen Tatsache, daß sie mit ihren eigenen Voraussetzungen und Verhaltensweisen in einer Welt leben, die nach den Gesetzmäßigkeiten der Erwachsenen geregelt ist, für solche Erfahrungen prädestiniert sind, so künstlerisch sensible vielleicht in gesteigertem Maße. Von anderen Darstellungen einer leidvollen Kindheit unterscheidet sich O'Caseys schon durch einen sehr einfachen

Sachverhalt: „Wenige Autobiographien können von einer härteren und verzweifelteren Kindheit und Jugend erzählen."[5] Aber dies ist nicht der wichtigste Unterschied.

Die Hinwendung von Schriftstellern zu ihrer Kindheit entspringt wohl oft einem Interesse an der eigenen Individualität, die Schilderung früher Leiden einem Hang zum Selbstmitleid. Darin äußert sich zugleich eine Abkehr von der gesellschaftlichen Wirklichkeit. Die Form des Romans kann wohl nicht selten als Kaschierung eines derartigen Motivationszusammenhangs verstanden werden (etwa im Falle von Hesses „Unterm Rad" oder von Dickens' „David Copperfield"). Sean O'Casey entspricht solch einem literarischen Verhaltensmuster nicht; vergleichbar ist er allenfalls mit Maxim Gorki.[6] Er verbindet, aufbegehrend nicht nur gegen selbst erlittene Unterdrückung, die Geschichte seiner Kindheit mit der Geschichte des Landes. Er demonstriert, daß es nicht so sehr auf die Erfahrung des Leidens ankommt, als vielmehr auf dessen Überwindung. Er macht bewußt, am Beispiel von Personen und Ereignissen und durch Aufweis von Erklärungszusammenhängen, daß auch die mißlichsten Zustände des Lebens, seien sie persönlicher oder gesellschaftlicher Art, veränderbar sind.

Als Form der Darstellung wählt er eine Zwischenform von Autobiographie und Roman: Er beschreibt das eigene Leben in der dritten Person. Damit schafft er sich die Möglichkeit, den beschränkten Erfahrungshorizont des erinnerten Ichs nach Belieben zu überschreiten und dieses Ich und seine Umwelt sowohl erklärend als Objekt, wie auch exemplifizierend als eine Fallstudie der Entwicklung Irlands erscheinen zu lassen. Der Leser hat den Eindruck, das Dargestellte sei objektiver und umfassender als das, was er aus herkömmlichen autobiographischen Schriften kennt. Diese Voraussetzungen schließen nun aber, wie man erwarten könnte, ein Engagement nicht aus, sondern intensivieren es sogar. Es äußert sich vor allem im Wechsel des Tons: Von den Herrschenden ist oft in einem ironischen Ton die Rede, von den Beherrschten eher in einem lyrischen.

Die Intention des Buches ist im weitesten Sinne politisch. Es kritisiert die Inhumanität eines kirchlich-gesellschaftlichen Systems am Beispiel eines Kindes, das als ein besonders gefährdetes in dieses System hineinwächst. Aber die Kritik erfolgt nicht aus einer Position der Schwäche. Nicht nur erlebt das Kind auch mitmenschliche Zuwendung und Freude am Schönen, es erreicht am Ende sogar eine gewisse Selbständigkeit. Darüber hinaus aber ist die ganze Darstellung mit ihrem Reichtum der Diktion und ihrer Mischung individueller und volkstümlicher Poesie unmittelbarer Ausdruck unhunterdrückbarer Vitalität. Die Notwendigkeit einer Änderung politisch-gesellschaftlicher

Verhältnisse ist offensichtlich, aber auch die Möglichkeit dessen, was das Leben lebenswert macht. Autobiographie der Kindheit ist hier zugleich Gesellschaftskritik und Lob einer überindividuellen Freude am Dasein.

Anmerkungen

1 Z. B. Günter Blöcker: „Irische Rhapsodie. Sean O'Casey — Träumer und Rebell." Merkur. 26 (1972). S. 489. Vgl. auch Martin S. Day: History of English Literature. 1837 to the Present. Garden City/New York 1964. S. 260.
2 E. H. Mikhail: Sean O'Casey. A Bibliography of Criticism. London 1972. S. 11.
3 Die Seitenangaben im Anschluß an die Zitate erfolgen nach der Taschenbuchausgabe Sean O'Casey: Ich klopfe an. dtv 1970, einer Lizenzausgabe des Paul List Verlages Leipzig (1957).
4 Englische Taschenbuchausgabe: Sean O'Casey: I Knock at the Door. Pan Books 1971. S. 181.
5 Roy Pascal: Die Autobiographie. Stuttgart: Kohlhammer 1965. S. 179.
6 Wie O'Casey thematisiert Gorki Kritik und Hoffnung zugleich, wenn er in seinem Buch „Meine Kindheit" über Rußland schreibt: „Nicht das allein ist an unserm Leben so erstaunlich, daß in ihm die Schicht des Rohen, tierisch Gemeinen noch so feist und dick ist, sondern auch das, daß durch diese Schicht, so dick sie auch sein mag, das menschlich Gute, Gesunde, Schöpferische siegreich hindurchwächst und die unerschütterliche Hoffnung auf unsere Wiedergeburt zu einem schönen, lichtvollen, wahrhaft menschlichen Dasein wach erhält." Zit. nach Pascal, S. 118.

2.3.3. Franz Kafka: Brief an den Vater

1. Einleitung

Den Dichter Franz Kafka (1883–1924) im Rahmen dieses Buches vorzustellen, dürfte ebenso überflüssig wie unmöglich sein.[1] Sein Werk, heute weltweit verbreitet, in Deutschland jedoch erst nach dem 2. Weltkrieg bekanntgeworden, hat die vielfältigsten Deutungen gefunden. Eine unübersehbare Fülle von Untersuchungen aus literaturwissenschaftlicher, philosophischer, religiöser, psychologisch-psychoanalytischer, kulturkritischer Sicht zeigt die große Resonanz, die „Das Urteil", „Der Prozeß", „Das Schloß", die anderen Werke, aber auch seine Tagebücher und Briefe gefunden haben und immer noch finden. Kaum geringer als das Interesse für das Werk ist das für den Autor, genauer für seine innere Biographie; denn die äußeren Lebensdaten des kaum aus Prag herausgekommenen, früh verstorbenen Kafka sind schnell aufgezählt.

Im Blick auf unser Interesse an Darstellungen der eigenen Kindheit sprechen besonders drei, bei der Textanalyse genauer aufzuweisende Gründe dafür, Kafkas „Brief an den Vater" in die Auswahl aufzunehmen: 1) Die Mitteilungsform des Briefes läßt einen betont individuellen und intimen Charakter der Kindheitsdarstellung erwarten. 2) Der Autor erklärt seine Schriftstellerexistenz aus Bedingungen und Umständen seiner Kinderzeit. Hierin ist Kafkas „Brief" mit Sartres „Wörtern" vergleichbar. 3) Kindheit in autobiographischer Darstellung erscheint meist als eine abgeschlossene Phase. Sie hat für die eigene Entwicklung eine große, wenn nicht ausschlaggebende Rolle gespielt, ist nun aber eine zurückliegende Zeitstufe, die ihre Funktion erfüllt hat und sich nicht selten — so z. B. in Theodor Fontanes „Meine Kinderjahre" — im Lichte eher verklärender Erinnerung zeigt. Demgegenüber gewinnt in Kafkas Selbstdarstellung die Kindheit den Charakter des Unabgeschlossenen, Nichtvollendeten, Nochvorhandenen.

1.1. Die Briefform

Wenn Kafkas „Brief an den Vater" der Autobiographie zugerechnet wird, so handelt es sich um einen Grenzfall der Textsortenzuordnung, insofern keine kontinuierliche Darstellung des eigenen Lebens gegeben wird. Dennoch trägt der Text wesentliche Merkmale der Selbstbiographie, zu der auch die Briefform nicht in Widerspruch steht. In der Geschichte der bekenntnishaften eigenen Bildungs- und Entwicklungsdarstellungen findet sich der Brief sogar als charakteristische Darstellungsform. Die Kunst des Briefeschreibens, schon in der Antike hoch entwickelt, ist im Freundschaftskult der Empfindsamkeit des 18. Jahrhunderts in Deutschland zu besonderer Blüte gelangt; auch Klassik und Romantik pflegten die literarische Form des Briefes. Unter den Briefen Kafkas, der im 20. Jahrhundert zu den großen Briefschreibern gehört, nimmt der „Brief an den Vater" eine Sonderstellung ein.[2] Als ungewöhnlich langer Brief widerspricht der Text der eigentlichen Charakteristik des Briefes (= kurzes Schriftstück von lat. breve, zu ergänzen: scriptum), andererseits erreicht er nicht den romanhaften Umfang vieler autobiographischer Darstellungen. Der selbstbiographische Charakter dieses langen Briefes ist unter verschiedenen Gesichtspunkten im einzelnen aufzuweisen.

1.2. Der Brief im Zusammenhang von Leben und Werk

Den vorliegenden Text[3] hat der 36jährige Kafka im November 1919 als Brief an seinen Vater geschrieben. Doch wurde das Schriftstück dem Adressaten — als „Liebster Vater" angeredet — niemals übergeben oder übersandt; die Mutter lehnte es ab, den Brief zu übermitteln. Er hat somit seine normale Funktion, einen Empfänger zu erreichen, Information und Meinung mitzuteilen und Verbindung herzustellen, nicht erfüllt.

Kafkas Nachlaßverwalter Max Brod hat den Brief aus dem Nachlaß unter dem Titel „Brief an den Vater" in den Sammelband „Hochzeits-vorbereitungen auf dem Lande" aufgenommen und ihn damit in die Reihe der literarischen Werke des Dichters gestellt.[4]

Den Kafka-Biographen gilt er als der umfassendste Versuch einer Selbstbiographie Kafkas.[5] In der Kafka-Forschung ist der Brief zu einer wichtigen Analysehilfe oder gar zu dem entscheidenden Schlüsseltext für die Interpretation des vieldeutigen Werkes geworden. Zweifellos eines der wichtigsten Dokumente für die Biographie Kafkas, wurde er auch Gegenstand zahlreicher psychologischer Analysen.[6] So genießt der Brief höchstes Interesse sowohl der Literaturwissenschaft als auch der Psychologie bzw. Psychoanalyse, und viele aus beiden Wissenschaftsbereichen sich speisende Kafka-Deutungen stützen sich auf ihn. Im Rahmen des Erkenntnisinteresses dieses Buches geht es uns um die Darstellung der Kindheit und ihrer Einschätzung durch den Autor selbst.

Darstellung und Einschätzung — das will besagen, daß für Kafka in besonderem Maße gilt, was bei Autobiographien allgemein zu beachten ist: Aus der Interessen- und Problemsituation des Zeit- und Standpunktes, von dem aus der Erwachsenen-Autor seine Kindheit darstellt, ergeben sich Färbungen, wenn nicht gar Verzerrungen der Wirklichkeit. Ob solche Verschiebungen in der Realitätswiedergabe vorliegen, welches Ausmaß und welche Bedeutung sie haben, kann nur im Vergleich mit anderen biographischen Materialien und Forschungen festgestellt werden. Von Interesse ist dabei nicht so sehr ein korrigiertes, historisch wahrheitsgetreueres Bild der Kindheit des Darstellers als vielmehr Ursachen und Anlaß der bewußt oder unbewußt vorgenommenen Veränderungen. Diese Erscheinung der Perspektivenverschiebung soll im Anschluß an die Analyse des „Briefes" selbst in einigen Vergleichspunkten aufgezeigt werden.

2. Die Darstellung der Kindheit

Die Einschätzung von Kafkas „Brief an den Vater" als Autobiographie bezieht sich im wesentlichen auf die Darstellung des inneren Lebens, auf die Darlegung psychischer Strukturen. So berichtet der Autor auch nicht in chronologischer Abfolge, sondern nach thematischen Gesichtspunkten, aber auch dies nicht in systematischer Ordnung. Tatsachen, Bedingungen, Ereignisse werden nicht um ihrer selbst willen erwähnt, sondern im Blick auf ihre Bedeutung für die seelische Entwicklung. Die im Laufe der Entwicklung entstehenden psychischen Tatbestände und Verhaltensweisen schlagen sich jedoch auch nieder in der „äußeren" Biographie. Die Unterscheidung von innerem und äußerem Leben hat also nur methodisch-analytische Bedeutung für die Betrachtung der Gesamtexistenz eines Menschen.

Da nun Kafka, wie zu zeigen ist, sein Leben in entscheidender Weise durch die Erziehung geprägt sieht, stellt der autobiographische Brief auf weite Strecken eine Selbstanalyse seiner Kindheit dar. Bei der Einschätzung dieser Analyse ist folgendes zu beachten: Es handelt sich um einen erwachsenen Menschen, einen Schriftsteller, der, auf der Höhe seines Lebens, die Ursachen der Problematik seiner Existenz weitgehend in seiner Kindheit und Erziehung sucht. Der Verfasser schreibt für einen bestimmten Leser, für seinen Vater, und zwar mit einer bestimmten Absicht. Distanz, Adressat, Intention sind Stichworte für drei Aspekte, die den Charakter der Kindheitsdarstellung im „Brief an den Vater" wesentlich bestimmen.

2.1. Anlaß und Perspektive des Briefes

Mit dem von Max Brod dem Text gegebenen Titel „Brief an den Vater" wird zunächst nur der Empfänger des Schreibens genannt. Der Vater, genauer das Verhältnis des Schreibers zu seinem Vater ist aber auch das zentrale Thema des Briefes, dem alle anderen Gesichtspunkte untergeordnet sind. Die Vatergestalt ist für den Briefschreiber so allgegenwärtig und allmächtig, daß sie nicht nur Adressat und beherrschender Inhalt, sondern auch Veranlasser des Briefes ist.

Der Verfasser knüpft an eine offenbar gesprächsweise gestellte Frage des Vaters an, warum der Sohn behaupte, Furcht vor ihm zu haben. Der erwachsene Sohn sieht sich außerstande, auf diese Frage im Gespräch einzugehen, damit die Berechtigung der Frage bestätigend, „eben aus der Furcht, die ich vor Dir habe" (5)[7]; diese Furcht sei durch viele Einzelheiten begründet, die er im Reden nicht zusammenhalten könne.

Beachtet man bei dieser Reaktion des Sohnes zunächst einmal nur den Gesichtspunkt der Kommunikationsart, so wird, unter Anspielung auf anerzogene Hemmungen im Sprechen (vgl. 20 f.), festgestellt, daß Vater und Sohn ungleichgewichtige Gesprächspartner sind. Nicht nur, daß der 36jährige Verfasser das sein Verhältnis zum Vater belastende Thema der Furcht nicht aus freien Stücken — sozusagen von Mann zu Mann — aufgreift (er reagiert nur auf die Initiative des Vaters), er fühlt sich ihm auch im gesprochenen Wort nicht gewachsen. So löst die Frage des Vaters nicht nur inhaltlich Bericht und Überlegung des Sohnes über sein Verhältnis zu ihm aus, die Art dieses Verhältnisses bestimmt auch die Art der sprachlichen Reaktion. Im Schreiben sieht Kafka noch am ehesten ein Feld, wo er dem mächtigen Vater gegenüber festen Fuß fassen kann. Da der Sohn sein gesamtes Schreiben als einen Weg, sogar als den einzigen Weg begreift, sich vom Vater zu lösen — „Hier war ich tatsächlich ein Stück selbständig von Dir weggekommen, ..." (50) —, steht der Brief in dieser autobiographisch-psychologischen Hinsicht mit den Dichtungen Kafkas auf der gleichen Ebene. Die Befreiung vom Vater wird freilich auch im Schreiben nicht erreicht. „Mein Schreiben handelte von Dir, ... Es war ein absichtlich in die Länge gezogener Abschied von Dir." (51) Diese Sätze, auf die Erzählungen und Romane bezogen, gelten für den Brief in ausgesprochenem Maße. Sie bestimmen zugleich die Perspektive, unter der Kafkas selbstbiographischer Entwurf und damit auch die Darstellung seiner Kindheit steht.

Im Rückblick sucht der Verfasser Erklärungen für Probleme und Verlauf seines Erwachsenenlebens. Erziehung und Sozialisation in der Kindheit werden in genetisch-kausalem Verständnis auf die Gesamtexistenz bezogen. Doch bringt die zeitliche Distanz, aus der der 36jährige schreibt, nicht die Ruhe eines abgeklärten Rückblicks, denn der Hauptverursacher und Hauptbestimmer der Entwicklungsbedingungen, die Hauptbezugsperson im pädagogischen Prozeß, der Vater eben, hat im Bewußtsein des Sohnes kaum etwas eingebüßt an Einfluß und Kraft. So ist in dieser Autobiographie Kindheit nichts Abgeschlossenes, sondern über ihre auch ansonsten weiterwirkende Bedeutung hinaus etwas gegenwärtig Vorhandenes, weil als Entwicklungsphase nicht vollendet und überwunden.

Ist die Furcht des Sohnes vor dem Vater der thematische Ansatz des Briefes, so bestimmt die Textart die Erzählhaltung: Die direkte Anrede des Empfängers, der gleichzeitig Hauptthema ist, bezieht diesen auch als Redenden ein, erteilt ihm das Wort, z. B. „Es schien Dir etwa so zu sein: ..." (5) — der Brief ist hier ja in besonderer Weise ein Gesprächsersatz.

Als „Quellen" für die Darstellung seiner Kindheit stehen dem Autor direkte Erinnerungen zur Verfügung; für die allerersten Jahre zieht er Rückschlüsse aus den späteren Jahren und aus der Art und Weise, wie der Vater seinen Enkel Felix behandelt, wobei er nicht einzuberechnen vergißt, daß der Vater in jüngeren Jahren frischer und unbekümmerter das Erziehungsgeschäft betrieben hat (vgl. 10).

2.2. Der Vater und die Erziehung des Kindes

Wie sich aus dem bereits Gesagten ergibt, ist in Kafkas Leben der Vater die alles beherrschende Figur, der alle anderen Faktoren unter- und zugeordnet sind. Trotz der engen Verflechtung aller Einwirkungselemente untereinander soll im folgenden versucht werden, das Verhältnis zum Vater im engeren Sinn und die väterlichen Erziehungs- und Sozialisationswirkungen so weit wie möglich gesondert herauszustellen.

Kafka beschreibt sein Verhältnis zum Vater als „Entfremdung" (6); in allgemeinster Form heißt dies, „daß zwischen uns etwas nicht in Ordnung ist". (7) Dafür nennt und beschreibt der Autor verschiedene Ursachen.

Der Vater vergleicht seine eigene harte Kindheit und Jugend vorwurfsvoll mit der *materiellen Sicherheit,* die er dem Sohn auf Grund seines sozialen Aufstiegs bieten kann. Der Vater, dessen Auffassung Kafka referiert (5 f.), wirft dem Kind „Kälte, Fremdheit, Undankbarkeit" (6) vor. Die „unaufhörlichen Vorwürfe" (7) des materiell erfolgreichen Hermann Kafka beurteilt Rattner als Moralisieren und Liebeswerben, als Spekulieren auf Dankbarkeit. Kinder aber, so charakterisiert Rattner das erzieherische Fehlverhalten, wollen weder Moralität noch materielle Fürsorge, sie wollen vor allem „Liebe und Achtung vor ihrer kleinen und unbeholfenen Persönlichkeit."[8] Zwar zweifelt der Autor nicht an der Güte des Vaters und an der Wahrheit seines Satzes „Ich habe Dich immer gern gehabt" (7), aber das Kind konnte die sich ihm nicht offen zeigende Liebe nicht erkennen. Kafka spricht den Vater denn auch frei von Schuld, sieht ihn jedoch als Mitverursacher der Entfremdung.

In der *Situation des ältesten Kindes* — die Brüder starben klein, die Schwestern kamen erst viel später — sieht sich Kafka der Erziehungsenergie des Vaters in besonderer Weise ausgesetzt, so daß er „also den ersten Stoß ganz allein aushalten mußte". (8) Stellt man in Rechnung, daß an das älteste Kind, besonders wenn es ein Sohn ist, in einer patriarchalisch strukturierten Familien- und Gesellschaftsordnung früh besondere Erwartungen herangetragen werden (Stammhalter, Fortführer des Geschäfts . . .), so entsteht leicht ein Schuld- und Versagenssyndrom, wenn es hinter den Forderungen zurückbleibt.[9]

Verstärkt wird die aus der Psychologie der Geschwisterreihe abzuleitende Spannung durch einen *anlagebedingten Wesensgegensatz*. In differenzierter Weise sieht sich Kafka mit dem mütterlichen Erbe als Löwy in der schwächeren Position dem starken Vater gegenüber mit dem „Kafkaschen Lebens-, Geschäfts- und Eroberungswillen". (8) Verschärfend kommt hinzu, daß der Vater das Kafkasche Wesen nach Ansicht des Sohnes besonders streng verkörpert. Aber selbst der Vater war, wie seine Brüder, fröhlicher und ungezwungener, „ehe Dich Deine Kinder, besonders ich, enttäuschten und zu Hause bedrückten". (9) So empfindet sich das Kind, so schwach es auch ist, schon durch seine bloße Existenz als Belastung des Vaters.

Die Verschiedenheit zwischen dem „langsam sich entwickelnden Kind" und dem „fertigen Mann" (9) hält der Autor für so gefährlich, weil sie — nicht in der Absicht, aber in der Wirkung — auf eine völlige Vernichtung des Kindes hinauszulaufen schien. Der Vater war nicht in der Lage, sich auf die Individualität seines ängstlichen Kindes einzustellen; er wollte einen Menschen nach seinem Bilde formen, „einen kräftigen mutigen Jungen in mir aufziehen". (10) Anklagend und entschuldigend zugleich urteilt der Sohn: „Du kannst ein Kind nur so behandeln, wie Du eben selbst geschaffen bist." (10)

Das väterliche Erziehungsverhalten im ganzen und die Erziehungsmittel im einzelnen führen zu der Empfindung der eigenen Ohnmacht und Nichtigkeit. Dieser Grundton, der das ganze spätere

Leben bestimmt, wird in einem *Schlüsselerlebnis*, einem „Vorfall aus den ersten Jahren" (10), angeschlagen. Als der Junge „einmal in der Nacht immerfort um Wasser winselte" (10) und durch „einige starke Drohungen" nicht zur Ordnung gebracht werden konnte, trug ihn der Vater auf die Pawlatsche (offener Balkon zum Innenhof) und ließ ihn „dort allein vor der geschlossenen Tür ein Weilchen im Hemd stehn". (11) Kafka hat die Unangemessenheit dieser Maßnahme — „das außerordentlich Schreckliche des Hinausgetragenwerdens" (11) — nicht mit der vergleichsweisen Harmlosigkeit des Anlasses in Einklang bringen können. Gegenüber der Hilflosigkeit des eigenen Ich wird der in seinen Reaktionen unkalkulierbare Erzieher zum Tyrannen.

Psychologisch gesprochen liegt in diesem Ereignis eine jener *Ursituationen* vor, die der kindlichen Entwicklung die Richtung weisen und ein bestimmtes Weltbild fixieren helfen.[10] Kafka beschreibt sehr genau die Wiederholung dieser Ursituation in seinem späteren Leben: „Noch nach Jahren litt ich unter der quälenden Vorstellung, daß der riesige Mann, mein Vater, die letzte Instanz, fast ohne Grund kommen und mich in der Nacht aus dem Bett auf die Pawlatsche tragen konnte und daß ich also ein solches Nichts für ihn war." (11) Dies Gefühl der Ohnmacht und des Ausgeliefertseins zieht sich, interpretiert man sein Werk tiefenpsychologisch, als reproduzierte Ursituation aus der Kindheit durch seine Romane und Erzählungen hindurch.

In das *Grundschema der eigenen Ohnmacht und Unfähigkeit* ordnen sich die übrigen Wirkungen der Erziehungssituation und -maßnahmen ein. Schon körperlich-konstitutionell fühlt sich das schmächtige Kind von der „bloßen Körperlichkeit" des Vaters „niedergedrückt". (12) Der physischen entspricht die geistige Überlegenheit. Das grenzenlose Selbstvertrauen des sich in seinen Urteilen auch überschätzenden Vaters wirkt entmutigend auf den Sohn. Die Reaktionen Hermann Kafkas auf Probleme und Ereignisse des kindlichen Erlebens führen zu Enttäuschungen und Entmutigungen, die „im Kern trafen" (15), weil ja der Vater dem Kind „das Maß aller Dinge" (12) ist.

Schmerzlich empfindet der Sohn das Leid und die Schande, die ihm der Vater mit seinen „Worten und Urteilen" (16) zufügt. Wiederum ist es nicht das Verhalten des Vaters an sich, sondern die unbedachte Wirkung beim Kind, die der Autor beklagt; denn „für mich als Kind war aber alles, was Du mir zuriefst, geradezu Himmelsgebot". (16) Da der Vater in seinem Geschäft stark beansprucht ist, spielt sich die direkte Erziehung bei den Mahlzeiten ab, Unterricht ist „zum großen Teil Unterricht im richtigen Benehmen bei Tisch". (16 f.)

Von Bedeutung ist nicht eine Einzelheit, sondern die allgemeine Tatsache, „daß Du, der für mich so ungeheuer maßgebende Mensch,

Dich selbst an die Gebote nicht hieltest, die Du mir auferlegtest". (17)

Kommt in solchem Verhalten des Erziehers eine Mißachtung der kindlichen Persönlichkeit zum Ausdruck, so wird durch sprachlich-rednerische Überlegenheit, die kein Gespräch aufkommen läßt, die *Kommunikationsfähigkeit* des Kindes nicht nur nicht entwickelt, sondern zurückgebildet: „Ich verlernte das Reden." (20) Seine „stockende, stotternde Art des Sprechens" (20) sieht der Sohn durch den Vater verursacht.

Kafka „verstummte gänzlich" (21) vor den „rednerischen Mitteln bei der Erziehung . . .: Schimpfen, Drohen, Ironie, böses Lachen und — merkwürdigerweise — Selbstbeklagung". (21)

Der Autor zeichnet das Bild eines mit Schimpfwörtern um sich werfenden Vaters, „daß ich als kleiner Junge manchmal davon fast betäubt war". (21) Das Kind empfindet die verbalen Angriffe, selbst wenn sie anderen Menschen gelten, immer auch auf sich selbst bezogen. Der Vater braucht seine Strafandrohungen gar nicht wahrzumachen. Die *Drohung* bedeutet dem Kind schon die Strafe selbst; ihre Nichtausführung hat zudem die Wirkung, als lasse der Vater unverdientermaßen Gnade vor Recht ergehen. Das mangelnde Selbstvertrauen des Kindes wird durch die Voraussage des Mißerfolgs weiter abgebaut. Die Prognose des Erziehers führt gerade wegen seiner großen Autorität zu einem Erfüllungszwang (self-fulfilling prophecy).

Die demütigende Erziehungswirkung wird durch *Ironie* weiter verstärkt. Ironische Fragen, in denen vom Kind etwa gar in der dritten Person die Rede ist, „von bösem Lachen und bösem Gesicht" (23) begleitet, erzeugten die Empfindung, bestraft zu werden, „ehe man noch wußte, daß man etwas Schlechtes getan hatte". (23)

Eine weitere Mißachtung der kindlichen Persönlichkeit liegt darin, daß der Vater die auf seine Kinder bezogenen Vorwürfe und Klagen vor anderen, „öffentlich" (29) äußert.

Wenn Kafka rückblickend die *Schimpf- und Drohpädagogik* seines Vaters auf ihren Erfolg befragt, stellt er fest, „wie wenig Du im Tatsächlichen dadurch erreicht hast". (24) Die fortwährende Drohung stumpft ab, „der Aufwand von Zorn und Bösesein [steht] zur Sache selbst in keinem richtigen Verhältnis". (24) Das Ergebnis ist „ein mürrisches, unaufmerksames, ungehorsames Kind, immer auf eine Flucht, meist eine innere, bedacht". (24) Selbst die seltenen Freundlichkeiten des Vaters, über die das Kind „vor Glück weinte" (26), führten in der Gesamtkonstellation nur dazu, sein „Schuldbewußtsein" zu vergrößern.

Eine Form der Selbstbehauptung einem solchen übermächtigen Vater gegenüber findet das Kind in einer typischen Waffe der Schwachen: in der genauen *Beobachtung* des Tyrannen.[11]

Das „vor lauter Ängstlichkeit überscharf beobachtende Kind" (48) fängt an, „kleine Lächerlichkeiten, die ich an Dir bemerkte, zu beobachten, zu sammeln, zu übertreiben". (26) Doch wird durch diesen Kleinkrieg die Lage des Kindes nicht verbessert, sondern das Leiden aneinander gesteigert. Das führt nicht nur zur „inneren" (24), sondern auch zur äußeren Flucht vor allem, „was nur von der Ferne an Dich erinnerte". (31 f.) Da sich der Herrschaftsbereich des Vaters außer in der Familie besonders deutlich im Geschäft zeigt, wächst die Abneigung gegen dieses. Dagegen entwickelt der Sohn Solidaritätsgefühle mit den Angestellten, die wie das Kind den Beschimpfungen des Chefs ausgesetzt sind; das bringt das Kind „notwendig zur Seite des Personals". (34)

Verlust des Selbstvertrauens, Schuldbewußtsein und Mißtrauen gegenüber allen — so faßt Kafka die Ergebnisse seiner Erziehung durch den Vater zusammen. Angesichts dieser trostlosen Situation sieht der Rückblickende einen Bereich, in dem „an sich Rettung denkbar gewesen" (44), in dem Vater und Sohn sich hätten finden können: im *Judentum*. Damit wird die Möglichkeit des religiösen Faktors in der Erziehung zwar hoch eingeschätzt, ihre Verwirklichung aber entbehrt der Voraussetzungen. Mit zunehmender Klarheit erfährt das Kind und der junge Mensch, wie ausgedünnt, auf Formalitäten und gesellschaftliche Aspekte reduziert der jüdische Glaube des Vaters ist. So erweist sich die religiöse Erziehung als inhaltsleer.

Kafka versteht den Glaubensverlust seines Vaters als eine typische Folge des Übergangs vieler Juden vom frommen Dorf in die Stadt. In noch umfassenderem Sinn zeittypisch dürfte das Verhalten des Vaters in der Frage der *sexuellen Aufklärung* seines Sohnes sein: Sie findet nicht statt (60 ff.). Etwa 16jährig macht der Sohn den Eltern Vorwürfe, daß er erst von den Mitschülern belehrt worden sei. Der Vater bietet ihm nun einen Rat an, wie er „ohne Gefahr diese Dinge werde betreiben können". (60) Dieser Hinweis auf das Bordell, der möglicherweise „der Lüsternheit des mit Fleisch und allen guten Dingen überfütterten, körperlich untätigen, mit sich ewig beschäftigten Kindes" (60 f.) entsprach, ist „eigentlich die erste direkte, lebensumfassende Lehre" (61), die der Vater ihm gibt. Das Gewicht dieses Rates liegt nicht nur in seiner Fragwürdigkeit, sondern in seiner das Mißverhältnis zwischen Vater und Sohn aufdeckenden Funktion. Da der Rat der Wertvorstellung des Vaters selbst widerspricht, stößt er damit den Sohn von sich: „Das, wozu Du mir rietest, war doch das Deiner Meinung nach und gar erst meiner damaligen Meinung nach Schmutzigste, was es gab." (61)

Die Problematik der Einordnung des Sexuellen ist nur ein Aspekt im Verständnis der *Leiblichkeit* überhaupt. Die Unsicherheit allen Dingen gegenüber läßt ihn auch des eigenen Körpers unsicher werden. Kafka erkennt hier psychosomatische Zusammenhänge zwischen der von Angst und Schuldbewußtsein geprägten Sorge um sich, um seine Gesundheit und seine körperliche Entwicklung (vgl. 53). Das körperliche Wachstum in der Pubertät läßt ihn ratlos, das stetige Mit-sich-selbst-Beschäftigtsein eröffnet den „Weg zu aller Hypochondrie". (53)

Die zuletzt genannten Aspekte wirken im Gesamtprozeß der von der Vatergestalt beherrschten Sozialisation Kafkas in die gleiche Richtung wie die übrigen Gesichtspunkte. Demütigung, Mangel an Selbstvertrauen, Aufbau eines Schuldbewußtseins, Entscheidungsschwäche sind im Urteil des sich selbst darstellenden Autors die Hauptergebnisse seiner Erziehung. Sie bestimmen sein ganzes Leben: In einem Teufelskreis der Abhängigkeit gelingt dem Sohn die Lösung vom Vater nicht. So mißlingen seine Heiratsversuche, obwohl er im Heiraten die große Möglichkeit zum Selbständigwerden sieht (58 f.; 64 ff.). Dadurch wäre er dem Vater ebenbürtig geworden; aber weil das Heiraten, für Kafka „das Größte" (67), des Vaters „eigenstes Gebiet" (67) ist, bleibt es dem Sohn verschlossen.

So sieht der Sohn seine Lebensmöglichkeiten ringsum von einem überstarken Vater verstellt. Der Sohn bleibt im Bann der väterlichen Übermacht „von Kindheit an": „Gegenüber jeder Kleinigkeit überzeugtest Du mich durch Dein Beispiel und durch Deine Erziehung ... von meiner Unfähigkeit." (70)

Nur im *„Schreiben"*, von dem es heißt, daß „es mir in der Kindheit als Ahnung, später als Hoffnung, noch später oft als Verzweiflung mein Leben beherrschte" (51), eröffnet sich Kafka eine Möglichkeit, er selbst zu werden. „Hier war ich tatsächlich ein Stück selbständig von Dir weggekommen." (50) Aber auch dies nur äußerlich als eine dem Vater nicht geläufige Tätigkeit. Der Vater ist das Thema: „Mein Schreiben handelte von Dir, ich klagte dort ja nur, was ich an Deiner Brust nicht klagen konnte. Es war ein absichtlich in die Länge gezogener Abschied von Dir." (51) Damit eröffnet Kafka selbst die Möglichkeit der autobiographischen Deutung seines dichterischen Werks; in diesem Zusammenhang sind Kindheit und Erziehung zentrale Erklärungsaspekte.

2.3. Die Rolle der Mutter und der Geschwister

Gegenüber der alles überragenden und das Kafkasche Familienleben beherrschenden Figur des Vaters nehmen die Mutter und die Geschwister im „Brief an den Vater" entschieden weniger Raum ein — dem Umfang und der Bedeutung nach.

Für das Bewußtsein des Kindes war die *Mutter* eine ausgleichende, insofern auch vor dem Vater schützende Kraft. Sie ist Vermittlungsinstanz einer indirekten Kind-Vater-Beziehung: „Es war dem Kind viel ungefährlicher, die neben Dir sitzende Mutter nach Dir auszufragen." (23) Die Mutter ist „im Wirrwarr der Kindheit das Vorbild der Vernunft". (28) Durch „Gutsein, durch vernünftige Rede", „durch Fürbitte" gleicht sie wieder aus. Gerade in dieser Wirkung aber sieht der analysierende Autobiograph den für ihn verderblichen Anteil der Mutter an seinem Erziehungsschicksal. Die Mutter verhindert durch ihr Verhalten den möglichen Ausbruch des Sohnes, sie verschlimmbessert die durch den Vater geschaffene Grundsituation; sie hat „unbewußt die Rolle eines Treibers in der Jagd". (27 f.) Und wenn die Mutter den Sohn vor dem Vater schützt, ohne daß es zu einer „eigentlichen Versöhnung" (28) kommt, verwischt sie den scharfen Gegensatz. So bekommt alles, was die zu dem Kind „grenzenlos gute" Mutter betrifft, seine Bedeutung nur im Bezug auf den Vater; es steht „also in keiner guten Beziehung". (27) Der Sohn kann sich deshalb auch nicht vor dem Vater zurückziehen und sich an die Mutter anlehnen; er kann „bei ihr zwar immer Schutz finden, doch nur in Beziehung zu Dir". (35) „In dem Kampf des Kindes" kann sie um so weniger „eine selbständige geistige Macht für die Dauer" (35) sein, als sie ihren Mann liebt und ihm „mit den Jahren immer noch enger verbunden" (35) wird. Dabei behält sie ihre aufreibende Zwischenstellung zwischen dem Vater und den Kindern. „Rücksichtslos haben wir auf sie eingehämmert, Du von Deiner Seite, wir von unserer." (36)

Franz Kafka war zwar nicht der Erstgeborene, erziehungsmäßig aber doch, da seine Brüder früh starben, in der Situation des ersten Kindes, das „den ersten Stoß ganz allein aushalten mußte". (8) Von den drei jüngeren *Schwestern* gelingt Valli, der Mutter am nächsten stehend, das harmonischste Verhältnis zum Vater. Elli dagegen erreicht das, was Franz versagt bleibt. Wie der Briefschreiber unter der Erziehung des Vaters leidend, bricht sie aus dessen Bann aus; sie geht in jungen Jahren von zu Hause weg, heiratet, bekommt Kinder und wird „fröhlich, unbekümmert, mutig, freigebig, uneigennützig, hoffnungsvoll". (38) Mit diesem Katalog der die Befreiung vom Vater signalisierenden Qualitäten beschreibt Kafka einen ihm versagt gebliebenen Zustand.

Hat sich Valli angepaßt und Elli befreit, so ist Ottlas Verhältnis zum Vater „eine ungeheure Entfremdung, noch größer als zwischen Dir und mir". (38) In Ottla, der Lieblingsschwester Kafkas, wiederholt sich der Kampf mit dem Vater, aber verschärft, nicht als Flucht nach innen, sondern als offene Auseinandersetzung. So sieht sich Kafka bei den unterschiedlichen Reaktionsweisen der drei Schwestern Ottla zugeordnet, ohne jedoch deren Kampfkraft zu haben.

Im Blick auf die Darstellung der Kindheit des Autobiographen haben die Hinweise auf die Schwestern die Funktion, die eigene Existenz als Ergebnis einer vaterbestimmten Erziehung noch deutlicher zu beleuchten.

2.4. Schule und Berufswahl

Über die Schule sowie über andere außerfamiliäre Sozialisationsfaktoren enthält der „Brief an den Vater" nur spärliche Hinweise. Das hat seinen Grund im Adressaten des Briefes, vor allem aber in der hinter dem Vater zurücktretenden Bedeutung anderer Erziehungseinflüsse. So werden die auch mit Erziehungsaufgaben betrauten Personen der Köchin, des Hausfräuleins, des Kindermädchens und der französischen Gouvernanten in dieser Autobiographie überhaupt nicht erwähnt.[12] Auch über die frühe Schulzeit erfahren wir nichts in diesem Brief. Hier wäre, wie für viele weitere Bereiche, auf andere autobiographische Quellen — Briefe, Tagebücher — zurückzugreifen.

Die nach innen gewandte Haltung des jungen Kafka läßt ihn auch der Schule gegenüber verschlossen sein. Wenn es an anderer Stelle heißt, daß „die Schule schon an und für sich ein Schrecken"[13] sei, wird die Gleichgültigkeit des Gymnasiasten zusätzlich durch seine innere Problematik begründet: „Ich hatte, seitdem ich denken kann, solche tiefsten Sorgen der geistigen Existenzbehauptung, daß mir alles andere gleichgültig war." (52)

Das fehlende Zutrauen zum eigenen Können läßt ihn bei der Aufnahmeprüfung ins Gymnasium und dann von Jahr zu Jahr das Schlimmste befürchten. „Mit solchen Vorstellungen zu leben ist für ein Kind nicht leicht." (55) Unter solchen Umständen interessiert ihn der Unterricht nicht oder nur so wie einen Bankangestellten, der vor der Entdeckung seiner Unterschlagung zittert. Das spätere Jurastudium und die Beamtentätigkeit wertet Kafka als Ausdruck seiner Gleichgültigkeit; sie beruht auf der in der Kindheit angelegten Unfähigkeit, sich ernsthaft mit etwas anderem als mit sich selbst zu beschäftigen.

3. Einschätzung und Bedeutung der Kindheit im „Brief an den Vater"

3.1. Der Brief im ganzen wie die Analyse der Einzelaspekte zeigen deutlich, daß Kafka der *Erziehung* und der *Sozialisation* in der Kindheit die entscheidende Prägekraft für das gesamte Leben zuschreibt. Diese Einsicht konkretisiert der Autobiograph, indem er rückblickend solche Szenen, Verhaltensweisen und Schlüsselereignisse vorführt, die die weitere Entwicklung tiefgreifend bestimmen. Es bleibt durchaus zu fragen, ob andere Faktoren, die für Kindheiten auch von Bedeutung sein können wie z. B. Freundschaft, Lektüre, Tiere usw., bewußt oder unbewußt keinen Eingang in die Darstellung finden oder tatsächlich nicht vorhanden sind.

Daß auch unter den gegebenen Erziehungsverhältnissen nicht deterministisch auf eine einzige Ergebnismöglichkeit geschlossen werden kann, zeigt die Selbstbefreiung der Schwester Elli. Freilich sind dabei differenziert alle Faktoren (Erbanlagen, Zeitpunkt usw.) in Rechnung zu stellen. Kafka skizziert Aspekte seiner Kindheit im Bewußtsein eines mißlungenen Lebens, das sich ihm von Kindheit an als geschlossenes System zeigt. Danach mußten alle Faktoren dazu führen, wozu sie geführt haben. Ein anderer Verlauf hätte andere Bedingungen vorausgesetzt: „Es hätte sich doch nicht etwa um irgendeinen Unterricht gehandelt, den Du Deinen Kindern hättest geben sollen, sondern um ein beispielhaftes Leben." (49) Alternativen stehen im Konjunktiv irrealis.

Den Wirklichkeitsgehalt des Briefes bekräftigt Kafka in einem Brief an Milena: „Wenn Du einmal wissen willst, wie es früher mit mir war, schicke ich Dir von Prag den Riesenbrief, den ich vor etwa einem halben Jahr meinem Vater geschrieben, aber noch nicht gegeben habe."[14] Freilich ist dem Autor auch völlig bewußt, daß ein objektives Bild gar nicht möglich ist; denn „so können die Dinge in Wirklichkeit nicht aneinanderpassen, wie die Beweise in meinem Brief." (74) Die Fakten sind im Sinne der Gesamttendenz arrangiert, der Autor spricht von „advokatorischen Kniffen".[15] Aber insgesamt ist eben, so Kafka „etwas der Wahrheit so sehr Angenähertes erreicht, daß es uns beide ein wenig beruhigen und Leben und Sterben leichter machen kann". (74) So ist der Brief als absichtsvoll komponierter Text mehr als ein privates Dokument. Für den Schreiber ist er auch ein Versuch, durch erinnerte Kindheit ein Stück Lebensproblematik bewältigen zu helfen.

3.2. Die *Abweichungen* des „Briefes" *von den Tatsachen* sollen an einigen Beispielen vorgeführt werden.[16] Von Interesse sind dabei die Ursachen und Absichten des Schreibers. Zu beachten ist zunächst die Situation, in der der Brief entstanden ist. Während Franz Kafka Ottlas Pläne für eine landwirtschaftliche Tätigkeit, die sie 1917 begann, unterstützte, hielt sie der Vater für verrückt. Als Kafka im November 1918 Julie Wohryzek kennenlernte und sich ein halbes Jahr später mit ihr verlobte, protestierte der Vater heftig, weil das Mädchen die Tochter eines Schusters und Synagogendieners war und er deshalb diese Verbindung als eine soziale Schande für seinen Namen empfand.

Diese Vorgänge verweisen auf das gespannte Verhältnis zwischen Vater und Sohn zur Zeit der Abfassung des „Briefes". Der Sachverhalt kann auf die Darstellung und Beleuchtung auch weiter zurückliegender autobiographischer Zusammenhänge nicht ohne Einfluß geblieben sein.

Auf die verkürzte Darstellung der Erziehungssituation wurde schon hingewiesen. Kafka läßt seine Erziehung als das ausschließliche Werk seines Vaters erscheinen. Die Köchin, das im Haushalt tätige Fräulein Werner, das Kindermädchen, die französische Gouvernante werden im „Brief" nicht erwähnt, obwohl es an anderer Stelle entsprechende Hinweise gibt. Daß die Gleichgültigkeit, die Kafka den Lehrgegenständen des Gymnasiums gegenüber empfindet, auch dem damaligen humanistischen Bildungswesen angelastet werden kann, interessiert den Autor des „Briefs" nicht. Er sucht alle Schuld in seiner Person, die für ihn das Werk der väterlichen Erziehung ist. Auch das Bild des schlechten Schülers, das Kafka von sich entwirft, wird durch seine Zeugnisse, die immer über dem Durchschnitt lagen, widerlegt.

Am Beispiel Löwy wird deutlich, wie Kafka verkürzt und verallgemeinert. Der Vater mißbilligte den Umgang seines Sohnes mit dem jiddischen Schauspieler Löwy — dies war 1912, Kafka war 29 Jahre alt. Im „Brief" werden die abfälligen Bemerkungen des Vaters über den Freund (15 f.) in einem Zusammenhang erwähnt, in dem von der Kinderzeit die Rede ist: Der Vater habe dem Kind immer und grundsätzlich Enttäuschungen bereitet. Tatsächlich hat Hermann Kafka Freundschaften seines Sohnes begrüßt — freilich nur, wenn sie gesellschaftlich günstig waren; diese Bedingung schien ihm bei Löwy nicht gegeben zu sein.

Das zeitraffende Arrangement der Fakten in diesem Beispiel zeigt, daß Zurückhaltung geboten ist, will man den „Brief" als dokumentarische Quelle lesen. Er bleibt jedoch ein Dokument für Kafkas Einschätzung seiner Kindheit, in der für ihn eben der Vater die alles beherrschende Instanz ist. Daß der Vater seinem längst erwachsenen Sohn noch vorschreiben will, wen er zum Freund haben oder mit wem er sich verloben darf, mag für die damalige Zeit keineswegs außergewöhnlich sein; dieser Anspruch rechtfertigt Kafkas Projektionen seiner Erwachsenenprobleme in die Kindheit angesichts eines Vaters, der den

Sohn nicht freigibt, und im Bewußtsein der eigenen Schwäche, sich nicht freimachen zu können.

Auch wenn also nicht alle Züge des Bildes, das Kafka von seiner Kindheit entwirft, in den Einzelheiten mit der Wirklichkeit übereinstimmen, so kann der Wahrheitsgehalt dieser Rekonstruktion von den Tatsachen her offenbar auch nicht in Frage gestellt werden. In der Konstruktion des Autors sind die Fakten Bestandteile seiner psychischen Wirklichkeit.

3.3. Die Rolle des autobiographischen Briefes als Schlüsseldokument für das Verständnis des Kafkaschen Werkes kann in unserem Zusammenhang nicht diskutiert werden. Dies ist nur in größeren Zusammenhängen der Kafka-Forschung und -Interpretation möglich. Dem mehr von pädagogisch-psychologischem Erkenntnisinteresse geleiteten Leser bietet sich der „Brief an den Vater" als bedeutsame Quelle, deren individuelle Inhalte er auf allgemeingültige Bedeutungsgehalte befragen möchte.

Unter solcher Fragestellung versteht Josef Rattner seine Interpretation des Kafka-Briefes auch als einen „Beitrag zur Psychohygiene des Kindesalters".[17] Kafkas Erziehung erscheint demnach als *Negativ-Modell,* an dem erzieherisches Fehlverhalten der Eltern studiert werden kann; in diesem Sinne ist die Darstellung von Kafkas Kindheit exemplarisch für die Kindheit späterer Neurotiker und anderer seelisch kranker Menschen.

Rattner, der bei seiner tiefenpsychologischen Analyse die Ergebnisse Sigmund Freuds mit der Individualpsychologie Alfred Adlers verbindet, erkennt in Kafkas Selbstdarstellung einen kindlichen Masochismus, in dem sich unter dem Eindruck der erdrückenden Vaterpersönlichkeit die Tendenz zur Selbstauslöschung ausbildet. Dabei ist jedoch zu unterscheiden zwischen der Realität und dem Bild, das sich das Kind von der Wirklichkeit schafft. So führt Rattner Kafkas masochistisches Weltbild auf sein Vaterbild zurück, zu dessen Ausbildung die Wirklichkeit vielfältigen Anlaß gibt, das jedoch nicht mit ihr identisch ist.

Die Angst des Kindes, Reflex der Unsicherheit seiner Umgebung, bereitet auf die Fluchthaltung vor. Aus dem Grundgefühl der Ohnmacht entstehen Überwältigungsphantasien. Die in der Härte oder in der Verwöhnung erlebte Abhängigkeit des Kindes führt zum Gefühl der Minderwertigkeit. Die Verneinung des Kindes liegt in der Selbstgerechtigkeit der Erzieher; sie äußert sich auch in der Rechtlosigkeit des Kindes.

Die scharfe Beobachtungsgabe ist Teil der allgemeinen Wachsamkeit, die ein Kind in gefährlicher Umgebung entwickelt und die geistige

Regsamkeit stimulieren kann. Von diesen im Brief entfalteten Kindheits- und Erziehungsvoraussetzungen her erscheint Kafkas Leben als der ständige Versuch, mit seinem Vater-Erlebnis fertig zu werden.

Insofern die familiäre Sozialisation, wie sie der Brief schildert, typisch für die Erziehung in einer bestimmten sozialen Schicht ist, stellt der Brief auch ein Dokument zur Kritik der bürgerlichen Familie dar.[18] Diese Kritik läßt sich jedoch auch umfassender als kritische Darstellung fragwürdiger zwischenmenschlicher Beziehungen überhaupt fassen. In diesen Beziehungen nimmt das Verhalten dem Kind gegenüber eine entscheidende und jeweils die Grundstrukturen offenbarende Bedeutung ein.

Der „Brief an den Vater" stellt einen Typus autobiographischer Kindheitsdarstellung dar, bei dem der Erwachsene seine Vergangenheit beschreibt, die ihm aber als *Zustand des Unfertigen,* des Abhängigen noch ungebrochen gegenwärtig ist. Für den Schriftsteller Kafka ist dieser Zustand, der im wesentlichen durch die nicht vollendete Auseinandersetzung mit dem Vater gekennzeichnet ist, nach eigener Einschätzung Antrieb und Voraussetzung seines Schreibens. Psychologisch gesehen, läßt sich der Zustand des Erwachsenen als defizitär bezeichnen: Nicht überwundene, nicht verarbeitete Kindheit verhindert die „Normalität" des Erwachsenen. Den Spielraum des Normalen abzugrenzen, bleibt ein psychologisches Problem. Insofern ein Schriftsteller den bezeichneten Zustand als Ausgangspunkt seiner Arbeit nennt, interessiert sich auch die Literaturwissenschaft für die Zusammenhänge. Diese stellen sich nach den bisher vorgeführten Befunden etwa so dar:

Die im Autor Kafka weiterlebende Kindheit, ihre Problemaspekte wie Abhängigkeit und Angst, ihre Verteidigungsmöglichkeiten wie Beobachtung und Fluchtbewegungen, dieses innere Unerwachsensein und die Unfertigkeit bei hochentwickelter Sensibilität und Reflexionskraft scheinen als Intensität der Welterfassung, als kindliche Kompromißlosigkeit, rigorose Moralität, als Suchen nach Absolutem, als Humor, der auch vor Grotesk-Schaurigem nicht zurückschreckt, als bildhafte Anschaulichkeit der Beschreibung — um nur einige Merkmale zu nennen — in Kafkas Werk Gestalt und Leben gewonnen zu haben. Mit diesem Hinweisen soll der Anspruch, Kafkas Dichtung allein aus seiner Biographie heraus erschließen zu wollen, keineswegs durch die verengende Kindheitsperspektive gestützt werden. Zweifellos aber liefert das Bild, das Kafka sich von seiner eigenen Kindheit macht, einen aufschlußreichen Gesichtspunkt zum Verständnis seines Werkes — und vielleicht auch zu dessen Rezeption. In der Perspektive dieser seiner Vorstellung schreibt Kafka gewissermaßen unter den Existenz-

bedingungen eines Kindes. In diesem Sinne ist der „Brief an den Vater"
nicht nur ein autobiographischer Selbstentwurf, der die Kinderzeit
einschließt, er ist Dokumentation einer unabgeschlossenen und unab-
schließbaren Kindheit.

Anmerkungen

1 Zur Einführung gut geeignet Klaus Wagenbach: Franz Kafka in Selbstzeugnissen und Bilddokumenten. Reinbek: Rowohlt 1964 (rowohlts monographien
91). Weiterhin Heinz Politzer (Hrsg.): Das Kafka-Buch. Eine innere Biographie
in Selbstzeugnissen. Frankfurt/M.: Fischer 1965 (Fischer Taschenbuch 708).
Abdruck des „Briefes an den Vater" S. 13–51. Eine Auswahl wichtiger Aufsätze
aus der unübersehbaren Kafka-Literatur bietet Heinz Politzer (Hrsg.): Franz
Kafka. Darmstadt: Wiss. Buchgesellschaft 1973 (Wege der Forschung 322).
2 Eine zusammenfassende Darstellung der bisherigen Ergebnisse der Kafka-
Forschung zum „Brief an den Vater" bei Peter U. Beicken: Franz Kafka.
Eine kritische Einführung in die Forschung. Frankfurt/M.: Athenäum/Fischer
1974. S. 193 ff. u. ö.
3 Wir beziehen uns im folgenden auf die leicht zugängliche Taschenbuchausgabe
Franz Kafka: Brief an den Vater. Mit einem Nachwort von Wilhelm Emrich.
Frankfurt/M.: Fischer 1975 (Fischer Taschenbuch 1629).
4 Franz Kafka: Hochzeitsvorbereitungen auf dem Lande und andere Prosa aus
dem Nachlaß. Frankfurt/M.: Fischer 1953 (Gesammelte Werke, hrsg. von
Max Brod. Zweite Ausgabe), S. 162–223. — Auszüge aus dem Brief hat
Max Brod zuerst auf Englisch veröffentlicht: „F. K.'s Letter to his Father"
(1938); vgl. Beicken S. 196.
5 Max Brod: Über Franz Kafka. Frankfurt/M.: Fischer 1966. Klaus Wagenbach:
Franz Kafka. Eine Biographie seiner Jugend 1883–1912. Bern: Francke 1958.
6 Die folgende Analyse der Kindheitsdarstellung im „Brief an den Vater"
verdankt in ihren psychologischen Aspekten viele Hinweise Josef Rattner:
Kafka und das Vater-Problem. Ein Beitrag zum tiefenpsychologischen Problem
der Kinder-Erziehung. Interpretation von Kafkas „Brief an den Vater".
München/Basel: Reinhard 1964.
7 Eingeklammerte Zahlen bezeichnen die Seite der hier benutzten Textausgabe.
S. Anm. 3.
8 Rattner, S. 15.
9 Vgl. dazu Rattner, S. 17.
10 Vgl. Rattner, S. 20 ff.
11 Das Kind als Beobachter findet sich in der Literatur des 20. Jahrhunderts
in verschiedenen Ausprägungen. Vgl. z. B. besonders eindringlich bei Gisela
Elsner: Die Riesenzwerge. Reinbek: Rowohlt 1964 (rororo 1141: 1968).
12 Vgl. Klaus Wagenbach: Franz Kafka in Selbstzeugnissen und Bilddokumenten.
S. 20.
13 Franz Kafka: Briefe an Milena, hrsg. von Willy Haas. Frankfurt/M.: Fischer
1966 (Fischer Bücherei 756). S. 49.

14 Ebd., S. 49.
15 Ebd., S. 61.
16 Die Vergleichsinformationen liefern Brod und Wagenbach. S. Anm. 1 und Anm. 5.
17 Rattner, S. 9; im folgenden nach Rattner.
18 Beicken, S. 202.

3. Unterrichtsmodelle

3.0 Vorbemerkungen

1. Literaturdidaktische Aspekte

In den folgenden Unterrichtsmodellen sollen die literaturwissenschaftlich erarbeiteten Befunde im Bereich literarischer Kindheitsdarstellungen in den pädagogischen Praxiszusammenhang gestellt werden. Da für einen unterrichtlich gelenkten Umgang mit Texten in einer wissenschaftspropädeutischen Schule literaturwissenschaftliche Verfahrensweisen und Ergebnisse zu den Voraussetzungen gehören, soll einleitend kurz auf den Stellenwert der literaturwissenschaftlichen Texterklärung bei der Erarbeitung von Unterrichtsmodellen hingewiesen werden.

Die vorgelegten Interpretationen beschreiben und analysieren literarische Werke mit textwissenschaftlichen Mitteln (vgl. dazu 2.0.). An ausgewählten Beispielen, die eine gewisse Variationsbreite der Kindheitsthematik dokumentieren, werden Fragestellungen, Analyseverfahren und Deutungsmöglichkeiten durchgespielt Diese Verfahrensweisen sind, flexibel gehandhabt, auf andere Texte gleicher oder ähnlicher Thematik übertragbar. Entsprechend greifen die Unterrichtsvorschläge auch bisher nicht besprochene Kindheitsdarstellungen auf; nur vereinzelt beziehen sie sich auf Texte der Interpretationsmodelle.

Literaturwissenschaftliche Texterklärung schließt viele Aspekte ein; sie ist offen für Fragestellungen und Ergebnisse anderer wissenschaftlicher Disziplinen. Aber trotz der angestrebten Breite der Betrachtung und der Vielzahl der Gesichtspunkte kann Literaturwissenschaft nicht beanspruchen, fiktionale Texte erschöpfend und eindeutig zu bestimmen. Das liegt nicht nur an der Vieldeutigkeit künstlerischer Werke; die Unabschließbarkeit der Deutung hat ihren Grund vor allem auch in dem schwer faßbaren Prozeß der Textrezeption. So ist der Leser der am wenigsten berechenbare Faktor in einem kommunikativ verstandenen Zusammenhang von Autor, Text und Leser. Gegenüber unreflektierten oder meditativen Formen der Textaufnahme aber hat Literaturwissenschaft, sofern sie Wissenschaft ist und ihre Verfahrensweise offenlegt, den Vorzug, daß ihre Ergebnisse und die Art, wie sie zu ihnen gelangt, rational überprüft, diskutiert und kritisiert werden können. Dies gilt zumindest für die Analyse des Textes, ein Stück weit auch für ihre Aussagen über den Entstehungsprozeß. Der Erforschung der allgemeinen Rezeptionsbedingungen und -vorgänge hat sich die Literaturwissenschaft erst in neuerer Zeit verstärkt zugewandt.[1]

Der Literaturpädagogik stellt sich das Problem der Textrezeption als ein zentrales Aufgabenfeld. Im Mittelpunkt rezeptionstheoretischer Überlegungen der Literaturdidaktik steht traditionellerweise der leserpsychologische Ansatz. Danach werden den einzelnen Entwicklungsphasen junger Menschen Texte mit bestimmten Themen und Darstellungsformen zugeordnet. Diese Auffassung von den Lesealtern (z. B. Märchen-, Sagen-, Abenteueralter) ist stark von entwicklungspsychologischem Denken geprägt. Sie wird heute in der Literaturdidaktik durch kommunikationstheoretische, literatursoziologische und sozialwissenschaftliche Aspekte relativiert und ergänzt. Dadurch wird einerseits das breite Feld der wirklich gelesenen Literatur im weitesten Sinne (Trivialliteratur, Kinder- und Jugendliteratur, das Angebot der Massenmedien) als textdidaktisch bedeutsam erkannt, andererseits geraten dadurch auch die nicht nur entwicklungspsychologisch, sondern auch soziokulturell bedingten Unterschiede im Rezeptionsverhalten von Kindern und Jugendlichen in den Blick.

Literaturdidaktik hat aber nicht nur — wie eine allgemeine Theorie der Textrezeption — die Situation der Rezipienten zu beachten und Literatur im Blick auf deren Rezeptionsbedingungen zu analysieren, sie hat darüber hinaus auch Ziele zu formulieren, die sie im Rahmen übergeordneter Erziehungsabsichten durch Texte erreichen oder diskutieren will. Als planvoll angelegte Textvermittlung will Literaturdidaktik also mit Kindern und jungen Menschen literarische Texte erschließen, die sie auf Grund ihres entwicklungs- und sozialisationsbedingten Vermögens verstehen und mit Gewinn verarbeiten können. Die Lesersituation, der Schwierigkeitsgrad eines Textes und die pädagogische Zielsetzung sind aufeinander zu beziehen, jedoch nicht so, daß momentane Verständnisgrenzen als statisch betrachtet werden. Interessen können geweckt, sprachliche und thematische Schwierigkeiten können durch motivierte Arbeit überwunden werden. Dabei behält das Prinzip der dosierten und kalkulierten „Überforderung", wie bei Lernprozessen überhaupt, auch für den Literaturunterricht seine Gültigkeit. Von größter Bedeutung ist jedoch, daß der junge Leser sieht, welchen Bezug ein Text, insbesondere seine Thematik, zu seinem eigenen Leben hat. Diesem Bezug vor allem entspringt die Motivation.

Eine weitere Erörterung grundsätzlicher Fragen der Literaturdidaktik und ihrer allgemeinen Lernziele würde hier zu weit führen.[2] Den konkreten Unterrichtsvorschlägen sollen lediglich noch einige Bemerkungen zur speziellen Thematik vorausgeschickt werden.

Lösen literarische Kindheitsdarstellungen beim Erwachsenen Erinnerungen aus, sind Anlaß für Rückblick und Vergleich, so stellen sie für jugendliche Leser eine Art Spiegel dar, in dem sie sich in dieser oder jener Weise wiederfinden. Der pädagogische Ertrag dieses Sachverhalts liegt in der intensiveren und bewußteren Wahrnehmung der eigenen Erziehung und Sozialisation, und zwar, wie in der Einführung schon dargelegt, in der doppelten Blickrichtung auf die eigene Entwicklung und auf die spätere Erzieherrolle. Der zuletzt genannte Aspekt tritt erfahrungsgemäß um so mehr in den Vordergrund, je älter die Leser im Verhältnis zu den literarischen Kindergestalten sind. Fast schon mit der Distanz des Erwachsenen, aber noch mit der Deutlichkeit der Erinnerung an das zeitlich Naheliegende setzen sich Jugendliche der nachpupertären Phase mit dargestellter Kindheit auseinander. Diese Leser, fünfzehnjährig und älter, stehen dem Thema Kindheit mit der Freiheit der diesem Alter Entwachsenen und noch nicht mit Erziehungsverantwortung Beladenen gegenüber.

Das Verhältnis zwischen dem Alter der literarischen Kinderfiguren und dem der jungen Leser kann für die Textauswahl ein wichtiger Gesichtspunkt sein. Im allgemeinen wird es sich empfehlen, darauf zu achten, daß die Kindergestalten der Texte nicht wesentlich älter sind als die Leser; sie können jedoch jünger sein, so daß in dieser Hinsicht „nach unten" keine Grenzen gesetzt sind. Diese Überlegung geht davon aus, daß die eigene Erfahrung das Verständnis von erzählten Lebenssituationen wesentlich fördert. Daß jüngere Kinder Geschichten mit Hauptfiguren, die älter sind als sie selbst, lesen und verstehen, ist freilich keineswegs auszuschließen, schon gar nicht im Blick auf die Ausbildung antizipierenden Verstehens.

Neben der Alterszuordnung sind bei der Textauswahl weitere Gesichtspunkte zu beachten. Z. B.: Liegt eine einfache, lineare Handlung vor, oder handelt es sich um eine komplexere Geschichte mit Nebenhandlungen, Rückblenden usw.? Wird in einer einfachen, anschaulichen Sprache erzählt, oder stellen Wortschatz, Satzbau und Abstraktionsgrad größere Anforderungen an den Leser? Fragen solcher Art sind im voraus zu klären, ehe themenspezifische Überlegungen die Textauswahl bestimmen.

In der Systematik der schulischen Fächer gehören Erziehungs- und Sozialisationsfragen zu den Arbeitsbereichen Gemeinschaftskunde, Religion und des nur an ganz wenigen Oberschulen angebotenen Faches pädagogisch-psychologische Propädeutik. Aber der Deutschunterricht und fremdsprachliche Literaturunterricht können mit einem entsprechenden Textangebot einen wichtigen Erziehungsbeitrag leisten. Dabei sind jedoch die Möglichkeiten und Grenzen des Literaturunterrichts zu beachten. Eine direkte Information und Problemdarstellung durch expositorische, informatorische Texte ist vorwiegend Aufgabe der genannten Fächer. Das schlösse aber keineswegs aus, die Thematik Kindheit auch im Literaturunterricht anhand von Sachtexten (z. B. einer populär-psychologischen Darstellung der Entwicklung des Kindes) zu behandeln.

Die Absicht der folgenden Unterrichtsmodelle ist jedoch, im literardidaktisch engeren Sinne durch fiktionale Texte Interesse und Lesefreude zu wecken, zu entdeckendem, analysierendem Lesen anzuregen. Im aktiven Umgang mit ästhetisch kodifizierten Texten wird neben dem Inhalt auch die Sprache und die Gestaltung wahrgenommen. Die Mehrdeutigkeit solcher Texte verhindert eine Reduktion auf einfache Rezepte und Handlungsanweisungen; sie fordert zur Diskussion und Standpunktbildung heraus. Unterschiedliche Verstehensweisen müssen, sofern sie sich aus dem Text begründen lassen, toleriert werden. In literarischen Kindheitsdarstellungen trifft der junge Leser auf Lebensmodelle, die zur Auseinandersetzung und zur Ausbildung der eigenen Lebenskräfte herausfordern.

2. Fremdsprachendidaktische Aspekte

Was zu literaturdidaktischen Aspekten im allgemeinen gesagt worden ist, gilt grundsätzlich auch für den Fremdsprachenunterricht. Doch muß der Versuch einer thematischen Literaturbetrachtung hier eine spezifische Inhaltsproblematik berücksichtigen sowie die Ziele und Grenzen, die sich aus der primären Aufgabe des Lehrens und Lernens einer fremden Sprache ergeben.

Die Inhaltsproblematik des Fremdsprachenunterrichts ist bestimmt durch die Dialektik von Gemeinsamkeit und Andersartigkeit. Der Bereich der Fremdsprachendidaktik, den man heute als Landeskunde bezeichnet, hebt vor allem auf die Andersartigkeit des Landes ab, dessen Sprache, beeinflußt von dem spezifischen soziokulturellen Kontext, im Unterricht gelehrt wird. Würde es aber nicht auch Gemeinsamkeiten zwischen den Kulturen geben, so wäre eine Verständigung über nationale Grenzen hinweg, sowohl im psychologischen wie im sprachlichen Sinne, kaum denkbar. Im Hinblick auf solch eine Verständigung ist es deshalb nötig, daß nicht nur ein Zugang zum Andersartigen gefördert wird, sondern auch ein Bewußtsein für Gemeinsamkeiten.

Literarische Texte sind in der Tradition der deutschen Fremdsprachendidaktik immer wieder auf ihren nationalkulturellen Entstehungszusammenhang bezogen worden. Die Kulturkundebewegung der zwanziger Jahre hat versucht, sie als Ausdruck eines hypostasierten nationalen Geistes zu deuten.[3] In neueren Überlegungen[4] werden sie dagegen als individuelle Zeugnisse der fremden Kultur gewertet, die sowohl ihrer Aussageweise wie ihrem Motivationswert nach geeignet sind, im Fremdsprachenunterricht den verallgemeinernden landeskundlichen Informationstexten ausgleichend an die Seite gestellt zu werden.

Gegenüber solchen Betonungen des kulturspezifischen Zusammenhangs literarischer Texte wäre zu fragen, ob diese Texte nicht eher dazu dienen könnten, das Bewußtsein für Gemeinsamkeiten zu stärken, ist doch Universalität der Aussage eines ihrer wesentlichen Merkmale. Literarische Texte über die Kindheit wären wohl zusätzlich für solch eine Zielsetzung qualifiziert, insofern sie einen Themenkomplex behandeln, der wie kaum ein anderer Ausdruck allgemeinmenschlicher Erfahrungen ist. „Autobiographien der Kindheit sind hauptsächlich wichtig", hat der englische Lyriker Stephen Spender gesagt, „weil sie ein Licht auf die Kindheit im allgemeinen werfen."[5] Und das gilt wohl auch von anderen Kindheitsdarstellungen als denjenigen, die sich ausdrücklich als autobiographisch zu erkennen geben. Dabei soll keineswegs bestritten werden, daß solche Texte auch kulturspezifische Elemente enthalten, einzelne Beispiele — wie O'Caseys „I Knock at the Door" — sogar in sehr hohem Maße. Ja, bis zu einem gewissen Grade mag zutreffen, daß es kulturspezifische Bilder des Kindes gibt.[6] Aber diesem Aspekt sollte bei einer Behandlung von literarischen Kindheitsdarstellungen im Fremdsprachenunterricht eine untergeordnete Bedeutung zukommen. Über die erkenntnistheoretischen Gründe hinaus sprechen auch motivationspsychologische für ein Abzielen auf die universellen Züge in Kindheitsdarstellungen. So läßt sich etwa beobachten, daß deutsche Schüler, die im Briefwechsel mit englischen oder französischen stehen, sich diesen eher durch die Gemeinsamkeit als durch die Unterschiedlichkeit von Erfahrungen verbunden fühlen.

In bezug auf die Sprachproblematik müssen literarische Texte über die Kindheit, wenn sie für den Fremdsprachenunterricht ausgewählt werden, einige spezielle Voraussetzungen erfüllen. Sie sollten in einer heute gebräuchlichen, nicht allzu schwierigen Sprache abgefaßt sein, damit die Schüler sie verstehen und möglichst auch für den eigenen Sprachgebrauch davon profitieren. Sie sollten nicht zu umfangreich sein, damit die Schüler nicht vorzeitig das Interesse daran verlieren. Und sie sollten Probleme enthalten, damit sich die Schüler unmittelbar zur Stellungnahme und damit zum Sprechen, der unerläßlichen Voraussetzung für den Fremdsprachenerwerb, herausgefordert fühlen.

Als sprachlicher Lernzielbereich, auf den die Behandlung literarischer Kindheitsdarstellungen bezogen ist, läßt sich an erster Stelle die rezeptivmediengebundene Komponente der Kommunikationsfähigkeit nennen[7], einfacher gesagt: das Verständnis von Texten. Die produktive Komponente kommt in der Form von Stellungnahmen zu Text und Thematik zur Geltung. Im Unterschied zum muttersprachlichen Unterricht setzt die Erreichung beider Ziele, die ja dort ebenfalls relevant sind, eine stärkere Lenkung durch den Lehrer voraus. Schließlich können anhand von Ausschnitten der behandelten Texte Ausdrucksmöglichkeiten der fremden Sprache erkannt oder auch reproduziert werden.

3. Konzeption der Unterrichtsmodelle

Die folgenden Unterrichtsvorschläge sind nach den Teilaspekten „Textanalyse", „Didaktische Analyse" und „Methodische Hinweise" aufgebaut. Innerhalb dieser Gliederung, die sich als praktisch erwiesen hat und die einen Vergleich der Vorschläge erlaubt, wird keine Schematisierung angestrebt. Im Gegenteil sollen gerade verschiedene Möglichkeiten der Unterrichtsvorbereitung, abhängig vom Text und von den didaktischen Absichten, sichtbar werden. Die Offenhaltung verschiedener Wege muß besonders bei den methodischen Hinweisen beachtet werden. Zwar gilt es, konkrete, unterrichtspraktische Vorschläge zu machen, besonders solche, die sich in der Erprobung bewährt haben, von der Vorlage detailliert ausgearbeiteter Stundenverläufe wird jedoch bewußt abgesehen.

Die Ergebnisse der Textanalyse haben einen relativ hohen Grad von Allgemeingültigkeit; sie sind deshalb auch leicht übernehmbar. Mit Einschränkungen gilt dies auch für die didaktische Analyse. Nimmt man die Rolle des Lesers beim Rezeptionsvorgang jedoch ernst, so können sich sowohl bei der Bestimmung der didaktischen Ziele durch den Unterrichtenden wie auch beim Verstehensvorgang bei den Schülern unterschiedliche Auffassungen bemerkbar machen. Dabei versteht es sich von selbst, daß Interpretationsvarianten von einem literaturwissenschaftlich eindeutig als falsch nachzuweisenden Textverständnis zu unterscheiden sind.

Bei der Planung und Gestaltung des Unterrichts sind die konkreten Voraussetzungen zu berücksichtigen, und zwar auch solche, die nicht wie z. B. altersspezifische Rezeptionsbedingungen mit dem Anspruch relativer Allgemeingültigkeit formuliert werden können. Dazu gehören insbesondere die soziokulturelle Situation einer Klasse, ihre intellektuelle und sprachliche Leistungsfähigkeit und vor allem auch die bisher erworbenen Erfahrungen, Fertigkeiten und Techniken im Umgang mit Texten. Solche Gesichtspunkte sind mit zu bedenken, wenn zur Planung und Durchführung des Literaturunterrichts methodische Hinweise gegeben werden.[8]

1 Vgl. zu dem weiten Feld der Rezeptionsforschung u. a. die Artikel „Rezeption"
und „Literatursoziologie" in entsprechenden Nachschlagwerken, z. B. Diether
Krywalski (Hrsg.): Handlexikon zur Literaturwissenschaft. München: Ehrenwirth
1974.
Vgl. im einzelnen besonders Hans Robert Jauß: Literaturgeschichte als Provo-
kation. Frankfurt/Main: Suhrkamp 1970 (edition suhrkamp 418). — Harald
Weinrich: Literatur für Leser, Essays und Aufsätze zur Literaturwissenschaft.
Stuttgart: Kohlhammer 1971 (Sprache und Literatur 68).
2 In der kaum noch zu übersehenden Fülle literardidaktischer Veröffentlichungen
sei beispielsweise auf einen der neueren Beiträge hingewiesen: Gerhard Bron-
sema: Kommunikativer Literaturunterricht: Grundfragen, Lernziele und Inhalte.
In: Erich Wolfrum (Hrsg.): Kommunikation. Aspekte zum Deutschunterricht.
Baltmannsweiler: Burgbücherei Wilhelm Schneider 1975. S. 44–120 mit reich-
haltigen Literaturangaben.
3 Vgl. hierzu: Emil Mihm: Die Krise der neusprachlichen Didaktik. Frankfurt/M.:
Hirschgraben 1972. S. 47–114.
4 Z. B. bei Martin Schulze: „Gesellschaftskundliche Aspekte des Unterrichts mit
Literatur im Fach Englisch auf der Sekundarstufe I." In: Gesellschaft-Staat-
Erziehung. 12/1972. S. 248–257 und Helmut Heuer: Brennpunkte des Englischunterrichts. Wuppertal/Ratingen: Henn 1970. S. 74–91.
5 Zit. nach Roy Pascal: Die Autobiographie. Stuttgart: Kohlhammer 1965. S. 104.
6 Vgl. Rainer Hagen: Kinder wie sie im Buche stehen. München: List 1967.
7 Nach Helmut Reisener: „Zur Definition von Kommunikation als Lernziel für
den Fremdsprachenunterricht." In: Die neueren Sprachen. 4/1972. S. 197–202.
8 Es ist vorgesehen, daß die den Unterrichtsmodellen zugrundeliegenden Texte
in dem geplanten Materialienband abgedruckt werden.

3.1. Stufenspezifische Modelle für den Deutschunterricht

Während im Fremdsprachenunterricht literaturdidaktische Arbeit im allgemeinen erst im Laufe der Sekundarstufe I einsetzen kann, weil zuvor ein bestimmtes Mindestmaß an Lese- und Verstehensfähigkeit in der Fremdsprache aufgebaut werden muß, ist im muttersprachlichen Unterricht der Umgang mit Texten schon in der Primarstufe ein wichtiges Arbeitsfeld, in dem nach Abschluß der elementaren Leselehre im 1. Schuljahr gearbeitet wird. Ja, in der Form der mündlichen Textvermittlung werden Kinder schon im Vorschulalter mit Literatur im weiten Sinne bekannt (Kinderreime, Erzählen und Vorlesen von Märchen, Kindergeschichten usw.).

Die folgenden drei Modelle für die Behandlung von Kindheitsgeschichten im Deutschunterricht beruhen auf Texten mit zunehmendem Schwierigkeitsgrad. Dabei erwies es sich als sinnvoll, für die Primarstufe ein Beispiel aus der Kinderliteratur zu wählen, weil die sprachlichen und gestalterischen Mittel dieser Gattung, in der Kindheitsthemen eine große Rolle spielen, gezielt auf die Aufnahmefähigkeit sehr junger Leser abgestimmt sind. Außerdem wird damit auch eine gerade für die Grundschule wichtige didaktische Forderung erfüllt, nämlich im Literaturunterricht den Bezug zur außerschulischen Lektüre herzustellen.

Die Altersstufenabgaben für die ausgewählten Texte ergeben sich aus unterrichtlichen Erfahrungen; sie sind jedoch keineswegs als starre Festlegungen zu verstehen.

Ursula Wölfel: Der Nachtvogel. Ab 2. Schuljahr.
Rudolf Otto Wiemer: Der Vater. Ab 6. Schuljahr.
Marie Luise Kaschnitz: Popp und Mingel. Ab 7. Schuljahr.

1. Ursula Wölfel: Der Nachtvogel[1]

1.1. Textanalyse

Der Text ist den sogenannten Umweltgeschichten zuzuordnen, die in der heutigen Literatur für Kinder eine große Rolle spielen. Die Autorin nennt den Band mit kurzen Erzählungen, dem „Der Nachtvogel" entnommen ist, „wahre Geschichten". „Sie erzählen von den Schwierigkeiten der Menschen, miteinander zu leben, und wie Kinder in vielen Ländern diese Schwierigkeiten erfahren..." (Vorwort).

162

Die Geschichte erzählt von einem Jungen, der, da seine Eltern am Abend oft ausgehen, nachts allein in der Wohnung bleibt. Er hat dann so große Angst, daß er nicht einschlafen kann. Er hört allerlei Geräusche, vor allem aber fügen sich ihm die Schatten- und Lichtspiele der vorbeifahrenden Autos zu der seine Angst symbolisierenden Gestalt des Nachtvogels. Die Eltern, denen der Junge von seiner Angst erzählt, haben kein Verständnis dafür; sie nehmen das Kind nicht ernst.

Diese immer wiederkehrende Situation des von der Angst gepeinigten Kindes spitzt sich zu, als die Eltern einmal den Schlüssel vergessen. Nachdem der Junge, „steif vor Angst", auf das Läuten der Eltern nicht reagiert, klopfen sie mit einer Latte an sein Fenster — für das Kind schlägt der Nachtvogel mit seinem Schnabel an die Scheibe. Auf dem Höhepunkt der Angst schleudert der Junge eine Blumenvase durchs Fenster, und der Nachtvogel ist fort. Nun hört er seine Eltern, öffnet ihnen befreit und froh die Tür. Diese aber schimpfen wegen der zerbrochenen Scheibe und der vom Blumenwasser durchnäßten Ausgehkleider. Die Eltern lassen ihr Kind auch weiterhin nachts oft allein, der Junge hat auch weiterhin Angst, aber der Nachtvogel kommt nicht wieder. „Er selbst hatte ihn vertrieben, er ganz allein."

Der Text läßt sich stichwortartig in folgende Abschnitte einteilen:
I) Die Grundsituation der immer wiederkehrenden Angst
   1) Der Nachtvogel
   2) Das Unverständnis der Eltern
II) Das besondere Ereignis
   1) Die Steigerung der Angst
   2) Die erlösende Tat des Jungen
   3) Seine Freude und der Ärger der Eltern
III) Die Situation nach dem Ereignis
   1) Der Junge hat immer noch Angst
   2) Sein gestärktes Selbstbewußtsein: Er selbst hat den Nachtvogel vertrieben.

Der Aufbau der Geschichte zeigt deutlich den Dreischritt der Problementfaltung (die kindliche Angst), die Zuspitzung der Situation mit dem Höhepunkt der selbstbefreienden Aktion genau in der Mitte (II, 2), die zur Lösung des Schlusses führt: Nicht die Angst an sich, sondern die im Nachtvogel personifizierte Macht der Angst ist überwunden.

Die kurze Geschichte wird sprachlich sehr einfach erzählt; kurze Hauptsätze überwiegen, wörtliche Rede stellt Unmittelbarkeit des Dabeiseins her, reihende Steigerungen schaffen Spannung („gleich würde das Glas zerbrechen, gleich würde der Vogel ins Zimmer springen!"). Die auktoriale Erzählhaltung blendet, wenn der Junge den Nachtvogel wahrnimmt, in dessen Perspektive über („Das war der Vogel!"). Die Schlüsselbegriffe „Angst" und „Nachtvogel" ziehen sich durch den ganzen Text. Die Reaktion der Eltern wird dreimal mit „aber" eingeleitet: „Aber sie sagten nur . . ." — „Aber sie schimpften." — „Aber die Eltern verstanden das nicht." Die im Imperfekt erzählte Geschichte berichtet von der andauernden Lage eines Kindes („immer, wenn"), die durch ein besonderes Ereignis („einmal") verändert wird.

1.2. Didaktische Analyse

Die Geschichte thematisiert das menschliche Phänomen der Angst, wie sie ein kleiner Junge erlebt. Für eine genauere Altersbestimmung des Kindes gibt der Text keine Anhaltspunkte, man wird aber nicht fehlgehen, wenn man, einen weiten Spielraum eingerechnet, sich einen etwa Achtjährigen vorstellt. Über die Ursache der Angst wird in der Geschichte zwar nicht reflektiert, sie wird jedoch unmittelbar mit der Abwesenheit der Eltern in Verbindung gebracht. Wollte man die hier dargestellte Angst einer psychoanalytischen Erklärungstheorie zuordnen, so würde am ehesten Alfred Adlers Auffassung zutreffen, der die kindliche Angst auf Umwelteinflüsse zurückführt (Freuds Kastrationshypothese und C. G. Jungs Auffassung vom Übergewicht des Rationalen als Ursache der Angst finden im Text keine Anhaltspunkte.). Damit bekommt der vorwiegend individualpsychologische Vorgang der Geschichte — Verhalten eines Kindes im Zustand der Angst — auch einen sozialen Aspekt. Drei Bedingungen, die veränderbar wären, verursachen und erhalten den Zustand der Angst: Die Eltern lassen das Kind (offenbar handelt es sich um ein Einzelkind) allein, sie lassen es nachts allein, und sie haben kein Verständnis für die seelische Not des Kindes.

Geht man davon aus, daß Kinder in dieser oder jener Form eigene Erfahrungen mit Angst haben, so bietet der Text einen Anlaß, über diese Erfahrung allgemein oder über die speziellen Angsterlebnisse zu sprechen. Dabei sollte sich der Lehrer davor hüten, etwa vorhandene Angstneurosen einzelner Kinder dilettierend therapieren zu wollen. In der gemeinsamen Lektüre und Besprechung der Geschichte liegt jedoch ein allgemeiner pädagogisch-therapeutischer Effekt: Die Kinder erkennen, daß Angst nicht nur ihr eigenes Problem ist; sie können dieses Phänomen an der literarisch objektivierten Gestalt des Jungen studieren; sie erfahren im Gespräch, daß andere Kinder ebenfalls die Angst kennen. Im Erkennen dieser Gemeinsamkeit könnten Hilfen für die Verringerung oder die Überwindung der Angst liegen. In dieser angstneutralisierenden Funktion ist der „Nachtvogel" mit manchen Märchen verwandt, die die amorphe kindliche Angst objektivieren und dadurch abfangen. Im Blick auf die Überwindung der Angst als Leistung des Kindes läßt sich auch Jules Renards Geschichte von dem Jungen „Rotfuchs" vergleichend heranziehen. (vgl. *2.1.1.* Jules Renard: Die Hühner — Poil de Carotte).

Aus diesen Hinweisen auf die pädagogische Wirkung der Geschichte ergibt sich auch die Bestimmung der Zielgruppe: Der Text kann bereits in der Primarstufe gelesen werden, und zwar, wie Erfahrungen zeigen, vom zweiten Schuljahr an. Der einfache lineare Aufbau, die ebenfalls klare Sprache machen die Geschichte über ein Kind auch zu einer Geschichte für Kinder. Selbstverständlich lassen sich Texte dieser Art auch mit älteren Kindern und mit Jugendlichen lesen; „Der Nachtvogel" ist auch für Erwachsene ein sehr aufschlußreicher Text. Dabei ist je nach Alter, Erfahrung und Wissen der Leser der Abstraktionsgrad der Einsicht in den Sachverhalt des Textes verschieden. Auch die Akzente der Analyse können verschieden gesetzt werden. So werden ältere Leser das erzieherische Fehlverhalten der Eltern in der Geschichte vielleicht deutlicher hervorheben. In den Grundzügen eines wichtigen Aspekts der Kinderexistenz aber eröffnet sich der Text schon dem Grundschüler. Soweit nötig, sollte der Lehrer bei der Erschließung behutsam helfen, aber nicht drängen, wenn die Schüler stärker am Vorgang der Geschichte haften; sich vom Konkreten lösende Einsichten stellen sich oft erst später ein, wenn Geschichten, Bilder, Symbole, im Gedächtnis oder Unbewußten ruhend, durch neue Lebens- und Leseerfahrungen angestoßen, zur Verarbeitung und Deutung drängen.

Lernziele:
1) Die Schüler verstehen den Handlungszusammenhang der Geschichte.
2) Sie erkennen die Angst des Jungen und beschreiben ihre Auswirkungen.
3) Sie erkennen die Ursache der Angst und versuchen, Alternativen für das Verhalten der Eltern zu finden.
4) Sie begreifen den hohen Wert der Selbstbefreiung des Jungen, die ihm nicht die Angst, aber deren Macht über ihn nimmt.

Beim 2. Teilziel ist darauf zu achten, daß das Problem nicht einfach durch Schuldigsprechen der Eltern gelöst werden kann; zwar ist deren erzieherisches Fehlverhalten deutlich zu beschreiben, doch ist ihnen, was der Text auch tut — Sie „verstanden das nicht." —, zuzubilligen, daß sie nicht wider besseres Wissen, sondern aus Unkenntnis und vielleicht auch aus Bequemlichkeit nicht richtig auf ihr Kind eingehen,

In diesem Zusammenhang eröffnet sich bei diesem Text die Möglichkeit, bei den jungen Lesern Verständnis für die Schwierigkeit des pädagogischen Geschäfts und die Verantwortung dem Kind gegenüber zu wecken. Als geeigneteres Verhalten der Eltern wurde von Kindern schon vorgeschlagen, sie hätten dem Jungen erklären sollen, wie seine Vorstellung durch das Licht der vorüberfahrenden Autos zustandekommt. Natürlich sollten sie das Kind auch nicht so oft allein lassen; sie könnten ihm auch, wenn es schon keine Geschwister hat, einen Hund kaufen. Diese und ähnliche Vorschläge gipfelten aber alle in der Forderung, daß die Eltern für die Angst des Kindes Verständnis zeigen müßten.

Mit älteren Schülern kann im Zusammenhang sowohl mit dem 2. wie mit dem 3. Teilziel diskutiert werden, ob Kinder und Erwachsene in getrennte Welten mit jeweils andersgeartetem Wirklichkeitsverständnis leben (vgl. dazu auch *2.1.2.* Marie Luise Kaschnitz: Popp und Mingel): Zwischen der Beteuerung des Jungen, daß es „wirklich" der Nachtvogel gewesen sei, und der Feststellung der Erzählerin, daß „die Eltern das nicht verstanden", gibt es im Text keine Brücke. Vielleicht sollte dieser Hinweis auf das anthropologische Problem der Abgeschlossenheit der Generationen erst mit nachpubertären Jugendlichen diskutiert werden.

1.3. Methodische Hinweise

Bei Geschichten, deren Thema einen starken Bezug zu einem Problemaspekt der Lesergruppe haben oder vermuten lassen, stellt sich die Frage, ob es empfehlenswert ist, diese direkt mit dem Text zu konfrontieren oder durch ein vorbereitendes Gespräch zu ihm hinzuführen. In Grundschulklassen ist eine solche *Hinführung* durchaus erwägenswert: Ein Gespräch mit den Kindern über das Alleinsein, besonders nachts, bereitet auf den Problemgehalt der Geschichte vor. Ein solches vorbereitendes Gespräch sollte nicht in Form einer gefühlsstimulierenden „Einstimmung" angelegt werden, wohl aber könnte es wichtig sein, den Kindern Raum zu geben, ihre Erlebnisse zu erzählen, wenn die Stichworte Angst und Alleinsein emotionale Entladungen hervorrufen. Diese Einstiegsphase sollte relativ kurz sein — in der Regel höchstens 10 Minuten —, da ja nicht beabsichtigt ist, individuelle Angsterfahrungen der Schüler, sondern die in der Geschichte objektivierte Angst als einen durchschaubaren Komplex zu analysieren. Deshalb müssen die Kinder den Text anschließend kennenlernen. Es ist aber auch in der Primarstufe möglich, was sich für die Sekundarstufe vorwiegend anbietet: die Kinder unmittelbar mit der Geschichte bekanntzumachen. Läßt man ältere Schüler den Text eher durch stilles Lesen aufnehmen, so wird der Lehrer in Grundschulklassen die Geschichte in der Regel vorlesen — die Erzählweise des „Nachtvogel" fordert ein gutes Vorlesen geradezu heraus.

Die unterrichtliche Besprechung des Textes kann dann in der üblichen methodischen Abfolge geschehen; dabei sollte der Lehrer sehr flexibel sein, damit das Gespräch über die Geschichte nicht nach einem starren Schema verläuft; doch dürfen die wichtigsten Gesichtspunkte, die den Text erschließen, nicht vergessen werden. Also: Nachdem die Kinder die Geschichte gehört haben, äußern sie sich dazu. Der Lehrer kann diese ersten Eindrücke an der Tafel oder auf der Folie des Tageslichtschreibers festhalten. Für die genauere Analyse, bei der die Schüler ihre Beobachtungen durch Textstellen belegen sollen, ist es unbedingt wichtig, daß der Text jedem Leser vorliegt. Entweder wird eine Phase des stillen Lesens eingeschoben, oder die Geschichte wird vom Lehrer oder von Schülern noch einmal vorgelesen.

Ob zuerst der Aufbau der Geschichte (Tafelanschrieb) oder zuerst das Verhalten der Personen erarbeitet wird, ist unerheblich. Beide Teilaufgaben können im arbeitsteiligen Gruppenverfahren angegangen werden. Selbstverständlich müssen die Ergebnisse der ganzen Klasse mitgeteilt werden.

Nach der gesicherten Rezeption der Erzählung können die Alternativvorschläge der Schüler diskutiert werden: Was hätte der Junge tun können? (Aufstehen, Lichtmachen, Radiohören, sich einen Hund wünschen...) — Wie sollten sich die Eltern verhalten? (s. didaktische Analyse) Berichte über eigene Erfahrungen, wie Angst überwunden wurde, gehören zu den Leserreaktionen, die der Text herausfordern will.

Andere Texte zum Thema Angst:

Für die Primarstufe: Jules Renard: Die Hühner (vgl. *2.1.3.*).

Für die Sekundarstufe I: Marie Luise Kaschnitz: Popp und Mingel (Einsamkeit) (vgl. *2.1.2.*);

Wolfgang Borchert: Nachts schlafen die Ratten doch (Angst um den kleinen Bruder).

Für die Sekundarstufe II: Hermann Hesse: Unterm Rad (Schulangst) (vgl. *2.2.1.*).;

Franz Kafka: Brief an den Vater (Existenzangst) (vgl. *2.3.3.*).

2. Rudolf Otto Wiemer: Der Vater[2]

2.1. Textanalyse

Die Geschichte erzählt die Situation des Jungen Arno, dessen Vater durch einen Arbeitsunfall als Baggerführer ums Leben kam, und seines Vetters Lothar, der, wie sich am Schluß herausstellt, als uneheliches Kind keinen Vater hat. Eine Gruppe von Kindern, die man sich als etwa zwölfjährige Jungen vorstellen kann, zu der auch der gleichaltrige Wir-Erzähler gehört, aus dessen Perspektive der Leser informiert wird, schlendert nach Feierabend am Fluß entlang, wo Arnos Vater vor zwei Tagen mit dem Bagger verunglückt ist. Arno hat seinen Cousin Lothar mitgebracht, der zu der am nächsten Tag stattfindenden Beerdigung angereist ist.

Für Arno ist die Baustelle an der Flußbegradigung, an der sein Vater arbeitete, ein beliebter Spielplatz. Er will seinem Vetter den Bagger zeigen, der für ihn ein Stück vom Leben seines geliebten Vaters darstellt. Lothar aber untergräbt Arnos Bewunderung für seinen Vater, indem er alle wichtigen Gegenstände, auf die die Jungen treffen und die an Arnos Vater erinnern, heruntersetzt und durch phantastische Schilderungen über die Taten seines eigenen Vaters als unbedeutend erscheinen läßt. So seien die Kipploren, mit denen sein Vater arbeite, „viel größer" als die, mit denen Arnos Vater arbeitete; der Hebekran, den sein Vater bediene, könne ganze Häuser versetzen; sogar die Fische, die sein Vater angle, seien viel größer als die hiesigen. Das Läuten der Sterbeglocke am Vorabend der Beerdigung kommentiert der Cousin, „wenn es sein Vater wäre, müßte mit allen Glocken geläutet werden, nicht so ein Gebimmel". Als die Kinder in der Schreinerei den Sarg sehen, der für Arnos Vater bestimmt ist, kommt Lothar zum Höhepunkt seiner Aufschneiderei und Übertrumpfung: Wenn sein Vater einmal stirbt, kriegt er nicht einen Holz-, sondern einen Zinksarg.

Arno sieht durch die Angeberei Lothars das Ansehen seines Vaters herabgesetzt. Durch die einzelnen Etappen der Gegenüberstellung schon gereizt, stürzt er sich beim Sargvergleich auf den Vetter, vor dessen Schlägen er jedoch mit blutender Nase davonläuft. Auf diesem Höhepunkt der Auseinandersetzung taucht Arnos Mutter auf, läßt sich alles erzählen und entlarvt Lothars Verhalten durch die Mitteilung, daß er ja unehelich sei.

Die Geschichte ist in einfacher Sprache erzählt, der lineare Handlungsverlauf im Zeitraum eines Spätnachmittags folgt dem Prinzip der Steigerung und der Konfrontation. Der erzählte Zeitausschnitt gehört in eine viertägige Zeitspanne vom Unglück (vor zwei Tagen) bis zur Beerdigung (am folgenden Tag). Hinweise auf den Tod findet die Kindergruppe bei ihrem Gang am Fluß (eine tote Krähe; Schierlingsstauden, es riecht nach Schlamm, „dann wieder süßlich, irgendwo mußte was Totes liegen".) und bei der Schreinerei (die Totenglocke, der Sarg).

Die Geschichte erweckt zunächst den Eindruck, als thematisiere sie die Erfahrung des Todes, die ein Kind durch den Verlust des Vaters macht. Als Darstellung einer Grenzsituation mit erzählerisch offenem Anfang und offenem Schluß läßt sich der Text als Kurzgeschichte klassifizieren. Der überraschende Schluß verleiht der Geschichte jedoch einen thematisch anderen Akzent: Sie enthüllt die schwierige Situation eines unehelichen Kindes.

Vom Ende her gesehen ist so auch der Titel anders zu verstehen, als man auf den ersten Blick vermutet. Die Geschichte erzählt nicht von einem Vater, sondern von zwei Kindern ohne Vater. Die Eigenart des Schicksals dessen, der seinen Vater verliert, und dessen, der keinen hat, zu erkennen, dürfte eine zentrale Aufgabe in der Auseinandersetzung des Lesers mit der Erzählung sein.

2.2. Didaktische Analyse

Im Gegensatz zu Ursula Wölfels Geschichte „Der Nachtvogel", wo sich der kindliche Leser in der literarisch objektivierten Angst des Jungen wiederfindet, ohne daß die die Angst verursachenden oder fördernden Umweltfaktoren (die Eltern) zum Verständnis unbedingt notwendig wären, kann die psychische Situation der vaterlosen Kinder in Wiemers Erzählung nur im Zusammenhang sozialpsychologischer Bedingungen (uneheliches Kind) voll verstanden werden. Wegen des einfachen, punktuellen literarpsychologischen Text-Leser-Bezugs im „Nachtvogel", natürlich auch wegen der einfachen Sprache und Struktur und der von Ferne an das Märchen erinnernden positiven Lösung kann deshalb Wölfels Geschichte schon in der Grundschule gelesen werden.

Wiemers „Der Vater" stellt dagegen bei aller Einfachheit des Erzählens erheblich höhere Ansprüche an die Fähigkeit junger Leser, menschliches Verhalten aus seelisch komplexen Zuständen, die ihrerseits auch noch gesellschaftspsychologisch bedingt sind, zu verstehen und nachzuvollziehen. Unterrichtsversuche haben gezeigt, daß Wiemers Geschichte ab dem 6. Schuljahr besprochen werden kann[3]; eine frühere Behandlung dürfte kaum möglich und ratsam sein. Hauptaufgabe der Besprechung von Wiemers Kurzgeschichte „Der Vater" in der Sekundarstufe I ist es, mit den Schülern zu erarbeiten, unter welchem psychischen Druck die beiden vaterlosen Jungen stehen und wie jeder auf seine Weise versucht, mit seiner besonderen inneren Not fertigzuwerden. Die Unterschiedlichkeit der Problembewältigungsversuche wird im Aufeinanderprall der beiden Kinder besonders deutlich.

Arno kann sein Leid noch nicht sprachlich artikulieren; er versucht, damit fertigzuwerden, indem er den Ort aufsucht, wo der geliebte und auch von seinen Freunden bewunderte Vater gearbeitet hat; an der Arbeitsstätte des Vaters sucht er dessen Lebensbild zu erhalten. Durch den Besuch des Vetters wird dieser Wunsch verstärkt. Dadurch kommt es zu einer unerwarteten Konfrontation mit Lothar, aus dessen Verhalten der sehnliche Wunsch spricht, einen ebenfalls tüchtigen und von den Kameraden geachteten Vater zu besitzen. In kindlich grausamer Mißachtung der Gefühle Arnos kompensiert Lothar seine Vaterlosigkeit in maßlosen Übersteigerungen, die in der übertrumpfenden Behauptung, sein Vater würde einmal einen Zinksarg bekommen, ihren makabren Höhepunkt finden, worin der Wunsch nach dem Vater noch über die Vorstellung vom Tod hinaus dokumentiert wird.

Man muß damit rechnen, daß die Schüler (in einem 6. Schuljahr) die Verhaltensweisen der Jungen nur schwer verstehen; vor allem ist damit zu rechnen, daß sie Lothar scharf verurteilen. Demgegenüber ist es ein wichtiges pädagogisches Ziel, den Schülern zu einer rational begründeten Analyse des Verhaltens der beiden Jungen zu verhelfen. Insbesondere ist anzustreben, für Lothar Verständnis zu wecken und sein Verhalten, das Arno als gemein empfinden muß, als Folge seiner gesellschaftlichen Situation als uneheliches Kind zu erklären. Die Schüler können an dieser literarischen Figur lernen, wie man zu Fehlurteilen über Menschen kommen kann, wenn man nur ihr augenblickliches Verhalten betrachtet und nicht nach den dieses Verhalten verursachenden Faktoren individueller und gesellschaftlicher Art forscht.

Wird der Text entsprechend den bisherigen Vorschlägen hauptsächlich als Verhaltens- und Situationsstudie zweier Kinder gelesen, so ist es unerläßlich, die wirkungsästhetische Funktion der Darstellungsmittel wenigstens an einigen Beispielen zu erörtern. Durch die immer wieder auf den Text sich beziehende Arbeit soll vermieden werden, daß das Gespräch zu einer allgemeinen Diskussion über das uneheliche Kind sich verselbständigt. Die in der literarischen Gestaltung objektivierte Typik des kindlichen Verhaltens verhindert andererseits das Mißverständnis, als ob es sich nur um einen Einzelfall handle. Die Schüler sollen erkennen, daß die fiktionale Darstellung eines individuellen Falles ein allgemeines Problem eindringlicher repräsentiert als z. B. dessen statistische Erfassung.

Bei der Besprechung dieser Geschichte ist darauf zu achten, ob in der Klasse Kinder sind, die von der Thematik persönlich betroffen sein könnten (Halb- oder Vollwaisen, uneheliche Kinder). Eventuellen Abwehrreaktionen hätte der Lehrer mit großem Takt zu begegnen. Möglicherweise kann die Besprechung des Textes entsprechende Spannungen in der Klasse abbauen und das Sozialklima verbessern helfen.

Lernziele:
1) Die Schüler erkennen den Aufbau der Geschichte und beschreiben den sich zuspitzenden Konflikt zwischen Arno und Lothar.
2) Sie verstehen die Ursache des Zusammenstoßes der beiden Jungen.
3) Sie erkennen die Funktion des Schlusses als Anstoß, die Situation Lothars neu zu überdenken und gegebenenfalls ein schon gefälltes negatives Urteil über ihn zu revidieren.
4) Sie diskutieren die je besondere seelische Not des Kindes, das seinen Vater verloren, und dessen, das keinen hat.

2.3. Methodische Hinweise

Für die Besprechung der Erzählung in einem 6. Schuljahr, für die die folgenden Hinweise gedacht sind, ist mindestens eine Doppelstunde anzusetzen; mit älteren Schülern, etwa mit fünfzehnjährigen, die die psychologischen Zusammenhänge schneller durchschauen, läßt sich der Text auch in einer Stunde hinreichend analysieren.

Ehe die Schüler die Geschichte kennenlernen, ließe sich ein auf das Thema hinführendes Gespräch über die Probleme vaterloser, speziell unehelicher Kinder führen. Unter literardidaktischem Gesichtspunkt empfiehlt sich jedoch eher eine unmittelbare Begegnung mit dem Text, der die zu diskutierende Problematik ja enthält. Wird der Text zur häuslichen Lektüre aufgegeben, so können Arbeitsfragen bei seiner Erschließung hilfreich sein, z. B. Wie verhält sich Arno nach dem Tode seines Vaters? — Warum sprechen die Jungen so viel über die Kipploren? — Was erzählt Lothar über seinen Vater? — Warum erfahren wir erst am Schluß, daß Lothar unehelich ist? Anstatt solcher Einzelfragen läßt sich auch eine umfassendere Frage stellen, etwa: Warum kommt es zu der Auseinandersetzung zwischen Arno und Lothar?

Entscheidet sich der Lehrer dafür, die Kinder mit dem Text zuerst durch Vorlesen bekanntzumachen, so könnte es verlockend sein, den Schluß (vom Auftritt von Arnos Mutter an) zunächst auszusparen und die Schüler für das Verhalten Lothars spekulativ Erklärungen finden zu lassen (antizipierendes Verfahren).

Wie immer der Einstieg aussieht, im Mittelpunkt steht die Textanalyse. Einzelaspekte (z. B. die obengenannten Fragestellungen) können in Gruppen erarbeitet werden. Das pädagogisch Bedeutsame bei der Gruppenarbeit ist dabei in erster Linie nicht, daß Zeit gewonnen wird, sondern daß auch schwächere, zurückhaltende Schüler in der Kleingruppe intensiver mit dem Text befaßt sind, sich äußern und dadurch den Wert ihrer Beiträge zur Erkenntnisgewinnung erfahren. Die Zusammenfassung der Gruppenergebnisse führt zu einem abschließenden Gespräch in der Klasse, bei dem die wichtigsten Ergebnisse im Sinne der Lernziele festgehalten werden (Tafel, Folie, Protokoll).

Möglichkeiten tabellarischer Zusammenfassungen von Arbeitsergebnissen (Tafelanschrieb):

Elemente aus der Welt	
von Arnos Vater	von Lothars Wunschvater
kleine Kipploren	viel größere Kipploren
Bagger	Hebekran
kleine Fische	große Fische
eine Angelstelle	Angeln am ganzen Fluß
eine Glocke	alle Glocken
Holzsarg	Zinksarg

Arnos Zustand zunehmender Erregung:
„Es war ihm sonst nicht viel anzumerken ..."
„Er schnippt bloß mit dem Finger und guckt den Cousin böse an."
„Arno sagte nichts mehr."
„Sein Kopf war noch schwitziger geworden."
„Wie Arnos Gesicht plötzlich ganz rot wurde."
„Stürzte sich auf den Cousin."
„Er fing an zu heulen, aus Wut oder Trotz ..."
„Arno drehte sich um und lief weg."

2.4. Anschlußtext: Ursula Wölfel: Der Vater.[4]

Die Geschichte erzählt ebenfalls von einem unehelichen Jungen. Die Mutter hat sich bewußt entschieden, den Vater ihres Kindes nicht zu heiraten. Sie ist berufstätig, was sie nicht hindert, ihr Kind verantwortungsvoll zu erziehen und dabei auch manche traditionellerweise dem Vater zugeschriebenen Funktionen in der Familie zu übernehmen. Einem Wunsch des Jungen entsprechend, kommt es zu einer Begegnung

172

mit dem Vater, der für das Kind aber doch ein fremder Mann bleibt. Die Geschichte könnte im Rahmen der Thematik des unehelichen Kindes als Hinweis auf die Möglichkeit verstanden werden, daß für das Kind eine harmonische Halbfamilie besser sein kann als eine äußerlich vollständige, aber innerlich gestörte Familie.

3. Marie Luise Kaschnitz: Popp und Mingel

3.1. Textanalyse (s. *2.1.2.*)

3.2. Didaktische Analyse

Wie die Textanalyse zeigt, wird in der Kurzgeschichte „Popp und Mingel" die psychische und soziale Situation eines Kindes im rückblickenden Monolog der Ich-Erzählung entfaltet. Sowohl die mehrschichtige Thematik als auch ihre erzähltechnisch komplexe Darbietung machen den Text für Schüler der Sekundarstufe I zu einer anspruchsvollen Lektüre. Zwar stellt auch Wiemers Geschichte „Der Vater" an das psychologische Erkennen und Verstehen hohe Anforderungen; was es bedeutet, als Kind den Vater zu verlieren, bleibt für junge Menschen theoretisch schwer nachvollziehbar; und auch die erzieherischen und gesellschaftlichen Probleme des unehelichen Kindes werden dem Nichtbetroffenen in ihrer Tragweite nur annäherungsweise deutlich werden können. Demgegenüber mag die Geschichte eines Schlüsselkindes psychologisch in den Grundlinien leichter faßbar sein. Auch dürften die eigenen Erfahrungsvoraussetzungen (Einzelkinder, Schlüsselkinder, ganztägig berufstätige Eltern, höhere Einschätzung materieller Werte vor seelischen Bedürfnissen von Kindern) zum Verständnis von „Popp und Mingel" bei den meisten Kindern und Jugendlichen größer sein als bei der „Vater"-Thematik Wiemers. Dennoch stellt, wie Unterrichtsversuche ergeben haben, das Verständnis von „Popp und Mingel", soll mehr als das Grundschema von Liebesmangel und Kompensation erfaßt werden, größere Anforderungen. Das liegt stofflich u. a. an der psychologischen Differenzierung des Grundschemas, an den erst bei genauerer Analyse zu erschließenden gesellschaftlichen Bedingungsfaktoren, möglicherweise auch an dem anthropologisch deutbaren, zumindest aber als bemerkenswertes Phänomen (wie auch in Wölfels „Nachtvogel") feststellbaren Befund der Fremdheit zwischen den Generationen.

Diese Vielfalt der Aspekte und die Beziehungen zwischen ihnen finden ihren Ausdruck in der Erzählstruktur, die dem schnellen Verstehen der Geschichte durch junge Leser Widerstand bietet. Ist bei Wiemers „Vater" das chronologisch fortlaufende Geschehen leichter zu verfolgen, wird dort durch die Konfrontation zwischen den beiden Jungen Spannung aufgebaut, die sich für den Leser in einem überraschenden Schluß löst, so fordert das rückblendende, eher handlungsarme und teilweise reflektierende Erzählen intensivere Bemühungen des Lesers, den Vorgang zu rekonstruieren, vor allem aber den seelischen Ursache-Wirkungs-Zusammenhang der Situation des Jungen zu verstehen.

Der größere Umfang des Textes, die bei aller Leichtigkeit des monologischen Sprechcharakters schwierige Syntax, die Verschachtelung der Zeitebenen sind einige Einzelheiten der insgesamt komplexeren Erzählstruktur, die bei der Behandlung des Textes zu beachten sind. Unterrichtsversuche haben ergeben, daß die Geschichte in ihren Grundzügen frühestens im 6. Schuljahr besprochen werden kann. Ab dem 7. Schuljahr wird die Erzählung dann leichter und mit zunehmend differenzierterem Verständnis von Schülern der Sekundarstufe I aufgenommen. Als ein anspruchsvolles Beispiel erzählender Prosa zum Thema dargestellter Kindheit hat die Kurzgeschichte auch in der Sekundarstufe II und im Literaturstudium ihren Platz.

Die weiteren Überlegungen zur didaktischen Analyse von „Popp und Mingel" werden im folgenden abkürzend in kommentierten *Lernzielen* formuliert. Je nach Alter, (Lese-) Erfahrung und Interesse können diese und andere auszudifferenzierende Lernziele in der jeweiligen Situation in Auswahl und in unterschiedlicher Intensität erarbeitet werden.

1. Die Schüler erkennen und begründen die Gliederung in drei Hauptabschnitte vom Inhalt her:
   a) Familiensituation: Ein Schlüsselkind kommt nach Hause (Zeile 1—117);
   b) Traumwelt: Spiel mit der Phantasiefamilie (Zeile 118—197);
   c) Wendepunkt und Folgen: Reaktionen auf das Verschwinden der Spielfamilie (Zeile 198—280). [5]

Das Erkennen der Kurzgeschichtenstruktur wird erleichtert, wenn Strukturmerkmale dieser Textsorte bereits bekannt sind.

Zusatzziel: Erkennen der Zeitebenen im Zusammenhang des erinnernden Erzählens.

Präsens — Perfekt — Präsens — Perfekt — Präsens.

2. Die Schüler charakterisieren die reale Familiensituation und vergleichen sie mit der Ersatzfamilie.

3. Die Schüler erkennen die Funktion der Phantasiefamilie; sie können damit auch das Verhalten des Jungen erklären, indem sie es mit

dem Verhalten der Eltern in einen ursächlichen Zusammenhang bringen.

Die Schüler können am Beispiel des Jungen lernen, daß eine auffällige oder unsinnig erscheinende Verhaltensweise eines Menschen durch das Verhalten seiner Umwelt mitbestimmt oder verursacht wird.

Beim Verhalten der Eltern wäre auf das mangelnde Einfühlungsvermögen und Wissen über die Bedürfnisse des Kindes abzuheben, um eine einseitige Kausalbeziehung zwischen berufstätiger Mutter und vernachlässigtem Kind zu vermeiden. (Vgl. dazu Ursula Wölfel: Der Vater. Eine berufstätige ledige Mutter erzieht ihr Kind verantwortungsvoll.)

4. Die Schüler verstehen die Reaktion des Jungen beim Verlust der Spielfamilie (Suchen und Feuer) aus seiner psychischen Verfassung. Sie können den Bandeneintritt erklären als aggressive Reaktion auf die Enttäuschung von bisher kompensierten Bedürfnissen und als Teilbefriedigung des Bedürfnisses nach menschlicher Zuwendung.

5. In Verbindung mit 1) lernen die Schüler, Verfahrensweisen ästhetischer Kodierung zu erkennen und zu interpretieren, z. B. anhand wiederkehrender Motive (die Bande vor und nach dem Verlust der Ersatzfamilie; die Nixe am Anfang und am Schluß) die Veränderung des Jungen beschreiben. Dazu gehört auch die Funktion des Gebrauchs von Indikativ und Irrealis sowie der Personalpronomen „ich" und „man".

6. Die Schüler erkennen individuelle Mangelerscheinungen (fehlende Nestwärme) als Ursache gesellschaftlicher Probleme (Kriminalität), die ihrerseits individuelles Fehlverhalten verursachen können (keine Zeit für das Kind, Erziehungsfehler, gesellschaftliche Normverletzung). Hier sollen die Schüler lernen, die Problemdarstellung im literarischen Text, der keine Lösung mitliefert, als Herausforderung zu verstehen, Lösungsmöglichkeiten zu suchen (Verbreitung von pädagogischem Wissen, Erziehung der Erzieher, Freundschaft und Kameradschaft gerade den Einzelgängern gegenüber, Funktion von Gruppen und Vereinen usw.).

7. Die Schüler lernen, die pädagogischen und psychologischen Inhalte der realistischen Erzählung auch als Erkenntnisimpulse zu verstehen. Danach ist die Intention des Textes:
   — besseres Selbstverständnis des Lesers,
   — mehr Verständnis für die Probleme und Konflikte anderer,
   — Reflexion über Fragen der Erziehung und Sozialisation,
   — indirekte Vermittlung pädagogischen Grundwissens für gegenwärtige und zukünftige Erzieher.

Im Rahmen einer größeren, auch fächerübergreifenden Unterrichtseinheit über Erziehung und Sozialisation, über Ursachen im Verhalten junger Menschen, über den sogenannten Generationenkonflikt, über Jugendkriminalität und verwandte Problemkreise kann die Besprechung von „Popp und Mingel" als gewichtiger Beitrag des Literaturunterrichts eingebracht werden. Der Text kann aber auch, dem üblichen Leseverhalten entsprechend, zunächst ohne besondere Erkenntnisinteressen als die Geschichte eines Kindes gelesen werden. Als ein Stück dargestellter Wirklichkeit, sprachlich-gestalterisch verdichtet, verweist sie den aufmerksamen Leser auf die genannten Wirklichkeitselemente.

3.3. Methodische Hinweise

Bei einer Lesezeit von etwa 20 Minuten empfiehlt sich als Methode der Textvermittlung normalerweise, die Geschichte zu Hause lesen zu lassen. *Arbeitsaufträge* folgender Art verhelfen zu intensiver Lektüre und bereiten die unterrichtliche Besprechung, für die mindestens zwei Stunden anzusetzen sind, vor.
1. Stelle möglichst alle Aussagen des Textes über die „richtige Familie" und über die „Spielfamilie" in einer Tabelle zusammen. (Die Ergebnisse werden im Unterricht als Tafel-/Folienaufschrieb festgehalten.)

richtige Familie	Spielfamilie
vgl. Text S. 31/31 (Seitenangaben hier nach Reclam)	vgl. Text S. 33–35

Vergleiche die Aussagen miteinander.
2. Auf S. 31 wird beschrieben, wie der Junge aus der Schule nach Hause kommt. Auf S. 34 wird beschrieben, wie er „Aus-der-Schule-Nachhausekommen" spielt. Vergleiche.
3. Nach dem Verschwinden der Spielfamilie wird die Suche des Jungen nach ihr beschrieben (S. 35–38). Wie ist das Verhalten des Jungen zu erklären?
4. Auf S. 36–37 werden die Gedanken des Jungen wiedergegeben, die auf sein zukünftiges Verhalten hinweisen. Was wird der Junge nach dem Verlust der Phantasiefamilie tun, und wie ist seine Reaktion zu erklären?

Nach einem einleitenden Gespräch über erste Eindrücke, Meinungen und Urteile wird der Text auf Grund der Arbeitsaufträge analysiert. Waren diese zur häuslichen Vorbereitung aufgegeben, können deren Ergebnisse in der Klasse diskutiert und zusammenfassend festgehalten werden. Arbeitsfragen der genannten Art können aber auch Gegenstand arbeitsteiliger Gruppenarbeit sein. Wo dieses Verfahren noch zu wenig eingeübt ist, empfiehlt es sich, kleinere Analyseaufträge zu erteilen, z. B.:

— Stelle Textaussagen über Vater und Mutter des Jungen zusammen.
— Stelle Textaussagen über das Nachhausekommen des Jungen zusammen.

Solches kleinschrittigere und textnahe Analyseverfahren ist besonders dort angebracht, wo es gilt, schweigsamere Schüler zu aktivieren und in das Gespräch einzubeziehen. Dieser Absicht können auch gezielte Gesprächsanregungen dienen; z. B.: Du weißt, daß der Junge nach dem Verschwinden seiner Spielfamilie den Entschluß faßt, der Bande beizutreten. Kannst du die Ursache(n) für diesen Schritt angeben? Notiere Stichwörter für deinen Gesprächsbeitrag.

Selbstverständlich muß für die Erarbeitung solcher Beiträge ausreichend Zeit gegeben werden. Differenzierung und Individualisierung im Literaturunterricht erfordern eine sehr sorgfältige, auf die konkrete Situation einer Klasse abgestellte Planung; sie sollten, auch wenn der Zeit- und Kraftaufwand hoch und sie deshalb nicht immer durchführbar sind, im Interesse der Schüler wenigstens ansatzweise immer wieder versucht werden.

Die unterrichtliche Analyse wird in der Regel zunächst der Reihenfolge der Lernziele 2) bis 4) entlang gehen. Die damit zusammenhängenden Fragen der erzählerischen Darbietung können mit Hilfe graphischer Strukturdarstellungen verdeutlicht werden.

Darstellung der Zeitebenen:

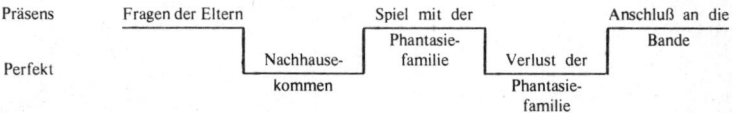

Darstellung des Verhältnisses von Wirklichkeit und Phantasie (S. 178 f.)[6].

Schritt 1:

BEREICH DER WIRKLICHKEIT	BEREICH DER PHANTASIE

Schritt 2:

BEREICH DER WIRKLICHKEIT	BEREICH DER PHANTASIE
Vater: nervös Mutter: liest nicht vor, spielt nicht arbeiten für mehr Konsum, streiten wegen Unordnung keine Geschwister Schule Wohnung: öde und still Kino Kinder im Parterre Bande Hund	Popp: gemütlich Mingel: spielt gern, ist zärtlich, kocht zu Hause, sind glücklich über ihre Kinder Bruder Harry Schwester Luzia Schule Wohnung: fröhliches Lachen

$\longleftrightarrow$

Schritt 3:   Bedürfnis nach Zuwendung: ENTTÄUSCHUNG I   ↔   AUSGLEICH, ERSATZ, TROST, SCHEINBEFRIEDIGUNG

Schritt 4:

```
Vater
Mutter
usw. wie Schritt 2
```

```
Popp
Mingel
usw. wie Schritt 2
ZERSTÖRT
```

Ausgleich nicht mehr möglich: ENTTÄU-
SCHUNG II

Schritt 5:

```
Vater
Mutter
Schule
Kino
Bande
```

179

Darstellung des Ablaufs unter psychologischem Aspekt:

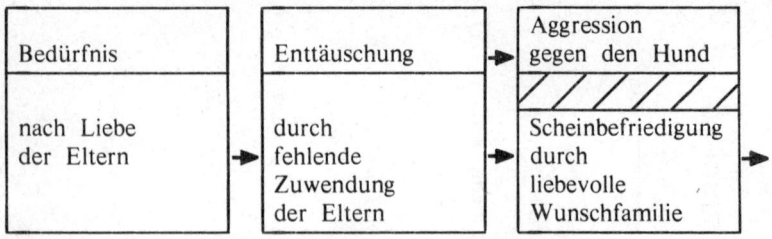

Wie bei anderen Darstellungen kindlicher Problemverhältnisse ist zu beachten, daß die im Text dargestellte Kindheit mit der Situation von Schülern Ähnlichkeiten aufweisen kann. Betroffene Schüler können unterschiedlich reagieren:
— durch erhöhtes Engagement
— durch stillschweigende Verweigerung der Mitarbeit
— durch aggressive Ablehnung des Unterrichtsgegenstands durch Störversuche (Blödeln u. ä.).
Abschließend sei auf einige Möglichkeiten hingewiesen, für beabsichtigte Leserreaktionen auf den Text (s. Lernziele 6 und 7) Aktionsmöglichkeiten auch in anderen Teilbereichen des Deutschunterrichts anzubieten.

Die Geschichte kann Anstoß zur Beschaffung weiterer Informationen über Erziehungs- und Sozialisationsfragen sein: Lexika, Sachbücher, populärwissenschaftliche Werke zur Psychologie, Pädagogik, Soziologie usw.

Im Bereich „schriftlicher Sprachgebrauch" können Briefe an die Eltern des Jungen mit verschiedener Intention (Redeabsicht) geschrieben werden, z. B. Anklagen; Vorwürfe machen; sachlich kritisieren und Verbesserungsvorschläge machen. Als Aufgabe ist auch möglich, dem Jungen einen Brief zu schreiben: Verständnis zeigen, andere Lösungen für sein Problem vorschlagen.

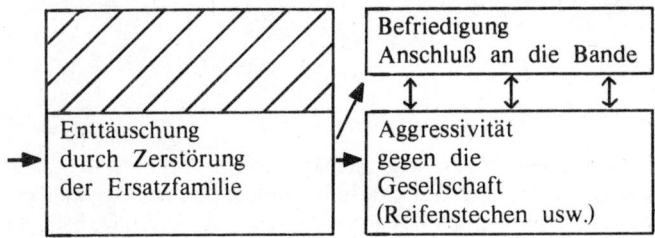

```
┌─────────────────────┐   ┌─────────────────────────┐
│ ///////////////     │   │ Befriedigung            │
│ ///////////////     │   │ Anschluß an die Bande   │
│ ///////////////     │   ├─────────────────────────┤
│                     │   │   ↕      ↕      ↕        │
│ Enttäuschung        │ ↗ │ Aggressivität           │
→│ durch Zerstörung   │→ │ gegen die               │
│ der Ersatzfamilie   │   │ Gesellschaft            │
│                     │   │ (Reifenstechen usw.)    │
└─────────────────────┘   └─────────────────────────┘
```

Anmerkungen

1 Aus: Ursula Wölfel: Die grauen und die grünen Felder. Wahre Geschichten. Mühlheim a. d. Ruhr: Neithard Aurich Verlag 1970. S. 21–23. Didaktische und methodische Hinweise zu Ursula Wölfels „Der Nachtvogel" finden sich in Johann Bauer (hrsg.): Lernziele, Kurse, Analysen zu schwarz auf weiß. Primarstufe. 2. Jahrgangsstufe. Darmstadt, Hannover: Schroedel 1975. S. 142–143.
2 Aus: Dorothee Sölle u. a. (Hrsg.): Almanach für Literatur und Theologie 1. Wuppertal: Hammer 1967. S. 35–39. Hier benutzt in der Ausgabe Winfried Ulrich (Hrsg.): Deutsche Kurzgeschichten 7.–8. Schuljahr. Stuttgart: Reclam 1973 Universal-Bibliothek 9506. S. 70–74.
3 Angela Frey: Texte mit dargestellter Kindheit im sechsten Schuljahr. (Zulassungsarbeit zur Zweiten Prüfung für das Lehramt an Grund- und Hauptschulen. PH Reutlingen 1975. Unveröffentlicht). — Gudrun Hackemann: Texte mit dargestellter Kindheit und Jugend in einem sechsten Schuljahr. (Zulassungsarbeit zur Zweiten Prüfung für das Lehramt an Grund- und Hauptschulen. PH Reutlingen 1975. Unveröffentlicht).
4 Aus: Ursula Wölfel: Die grauen und die grünen Felder. Wahre Geschichten. Mühlheim a. d. Ruhr: Neithart Aurich Verlag 1970. S. 67–72.
5 Zeilenzählung nach der Reclam-Ausgabe; s. 2.1.2.
6 Die beiden folgenden Skizzen wie auch einige der methodischen Hinweise verdanke ich Herrn Reallehrer Josef Burann, der „Popp und Mingel" in mehreren Realschulklassen behandelt hat. (T. K.)

3.2. Eine Kurzgeschichte im Englischunterricht der Sekundarstufe I

1. Einleitung

Für eine Behandlung der Kindheitsthematik im Englischunterricht sind gemäß den zuvor genannten fremdsprachendidaktischen Auswahlkriterien einige Kurzgeschichten des amerikanischen Autors J. D. Salinger besonders geeignet. Salinger wurde 1919 als Sohn eines jüdischen Vaters in New York geboren, nahm nach unabgeschlossenem Studium am zweiten Weltkrieg teil und begann während dieser Zeit damit, Kurzgeschichten zu schreiben. International bekannt wurde er mit seinem 1951 erschienenen Roman „The Catcher in the Rye" (Der Fänger im Roggen), der ihn für viele Amerikaner als Sprecher seiner Generation erscheinen ließ.

Salingers literarische Kindergestalten haben nach dem zweiten Weltkrieg eine wohl noch größere Wirkung erlangt als Katherine Mansfields nach dem ersten Weltkrieg. Dabei sind diejenigen Gestalten, die im Mittelpunkt des Interesses stehen, von beiden Autoren mit einer Unverdorbenheit und Sensibilität ausgestattet worden, die sie in harten Gegensatz zur unheilen Welt der Erwachsenen treten lassen, entweder helfend oder leidend darauf bezogen. Mögen diese Charakteristika bei den jeweiligen Nachkriegslesern Wunschvorstellungen befriedigt haben, so bieten für das kritische Bewußtsein unserer Tage die problematischen gesellschaftlichen Kontexte der Kindergestalten interessante Anknüpfungspunkte.

Salingers Kurzgeschichte „Down at the Dinghy", die hier für eine Behandlung im fünften bis siebten Jahr des Englischunterrichts ausgewählt wird, wurde 1953 in dem Sammelband „Nine Stories" veröffentlicht[1], nachdem sie erstmals 1949 in einer Zeitschrift erschienen war. Deutschen Englischlehrern ist sie als beispielhafte moderne Kurzgeschichte schon durch zwei Publikationen empfohlen worden: eine kommentierte Textausgabe[2] und eine Sammlung von Interpretationen zur amerikanischen Literatur[3]. Dem vorliegenden Unterrichtsvorschlag ist es darum zu tun, auf der Grundlage einer problem- und strukturorientierten Werkanalyse Lernziele zu formulieren und Hinweise zur Methode zu geben, die zu deren Realisierung führen könnte. Für die beiden Abschlußklassen der Sekundarstufe I wird eine sprachliche Vereinfachung des Textes empfohlen[4].

2. Textanalyse

2.1. Inhalt und Struktur

Im Mittelpunkt der Geschichte steht der vierjährige Lionel, der zusammen mit seinen Eltern bis in den Oktober hinein in dem oberhalb eines Sees gelegenen Sommerhaus der Familie lebt. Als die unzufriedene Hausangestellte Sandra, die lieber daheim in New York wäre, eine abfällige Bemerkung über die jüdische Herkunft seines Vaters macht, läuft er — was er immer tut, wenn er erschreckt worden ist — davon. Er zieht sich auf das am Anlegesteg befestigte Boot seines Vaters zurück, aber seiner jungen Mutter, Boo Boo Tannenbaum, gelingt es mit Phantasie und Einfühlungsvermögen, ihn aus seiner Isolierung zu befreien und sein Vertrauen in die Welt wiederherzustellen.

Die Geschichte ist ebenso einfach wie wirkungsvoll gebaut. Sie ist von Anfang bis Ende szenisch konzipiert und gliedert sich wie ein Drama gemäß Schauplatz und Dialog. In bezug auf den Schauplatz lassen sich zwei Teile unterscheiden: Der erste ist in der Küche des Sommerhauses lokalisiert, der zweite (ab 79) unten am See. Die wechselnde Gesprächskonstellation legt es nahe, jeden der Teile nochmals zu halbieren. Im ersten Teil ist das Gesprächsthema durchgehend Lionel, aber die Gruppe der Sprechenden wird von Sandra und der Putzfrau Mrs. Snell etwa nach der Hälfte (76) um Boo Boo erweitert. Im zweiten Teil wird das Gespräch durchgehend von Boo Boo und Lionel bestritten, aber seine Richtung ändert sich, als Boo Boo nach anfänglicher Kontaktnahme Lionel nach dem Grund seines Weglaufens fragt (83) und dieser schließlich Sandra und Mrs. Snell nennt.

Aus dem Wechsel der Gesprächskonstellation ergibt sich eine Art verschachtelter Ringkomposition, die sich sinnvoll für das Vorgehen bei der unterrichtlichen Erschließung der Kurzgeschichte nutzen läßt. Am Anfang sprechen Sandra und Mrs. Snell über Lionel, am Ende spricht Lionel über Sandra und Mrs. Snell. Schrittweise — dem Spannungsaufbau eines analytischen Dramas vergleichbar — wird das Interesse des Lesers auf den Grund für Lionels Verhalten hingelenkt. Als der Grund dann gegen Ende der Geschichte enthüllt ist, stellt sich die Frage nach Sandras Motiven, die uns an den Anfang zurückverweist.

Das Gestaltungsprinzip szenischer Darstellung sollte einen nicht zu der Annahme verleiten, der Erzähler sei von strikter Neutralität. Besonders in den kurzen Passagen direkter Charakterisierung der vier auftretenden Personen verrät der Ton Parteilichkeit. Sandra und Mrs. Snell werden ironisch-distanziert vorgestellt, Boo Boo und Lionel voll einfühlsamer Sympathie. Es ist überraschend, daß das große Verständnis, das der Erzähler für die psychische Situation eines Kindes in der Welt der Erwachsenen zeigt, auf Kosten von Menschen geht, die in ihrer gesellschaftlichen Abhängigkeit ebenfalls Anspruch auf Verständnis hätten. In einer unterrichtlichen Behandlung der Geschichte sollte darüber nicht hinweggesehen werden.

2.2. Problemzusammenhang

Die Geschichte enthält zwei Problemkreise, die sich in der Person des vierjährigen Lionel überschneiden: einen sozialpsychologischen: Lionel ist betroffen von der Diskriminierung seines Vaters durch das Hausmädchen; und einen psychologisch-pädagogischen: Boo Boo sucht Lionel aus seiner Isolierung zu befreien, in die er sich, verstört wie er ist, geflüchtet hat. Sachlogisch ist wohl der sozialpsychologische Problemkreis der umfassendere, aber in der Gewichtverteilung der Geschichte ist er dem psychologisch-pädagogischen untergeordnet. Oder weniger abstrakt: Salinger geht es in der Geschichte mehr um das Verhältnis Boo Boos zu Lionel als um das Verhältnis Sandras zu den Tannenbaums, und das heißt zugleich, daß er eher eine positive Tendenz bestätigt als eine negative kritisiert.

2.2.1. Der psychologisch-pädagogische Themenkomplex

Der psychologisch-pädagogische Themenkomplex wird durch antizipierende Hinweise auf das stille, verschlossene und sensible Wesen des kleinen Lionel eingeleitet: Sandra klagt Mrs. Snell, daß sie ihn nie höre, auch nicht wenn er in der Nähe sei, und daß sie jedes Wort ihm gegenüber abwägen müsse. Boo Boo berichtet dann, von Mrs. Snell darauf angesprochen, über Lionels Neigung, von zu Hause fortzulaufen: Mit zweieinhalb Jahren hat er sich im Keller ihres New Yorker Appartementhauses unter einem Ausguß versteckt, weil ihm ein Mädchen von einem Wurm in ihrer Thermosflasche erzählte; und mit drei Jahren hat er in einer Februarnacht in einem Musikpavillon des nahegelegenen Zentralparks Unterschlupf gesucht, wahrscheinlich weil ihn ein anderes Kind am Nachmittag beleidigt hat.

Der zweite Teil der Geschichte thematisiert, als unmittelbar gegenwärtig dargestellt und zugleich gespiegelt im Gespräch von Mutter und Sohn, ein drittes Beispiel des Fortlaufens. Wie in den vorherigen Fällen hat sich Lionel instinktiv an einen Ort begeben, der sowohl Schutz wie Abkapselung vor dunkel gefühlter Feindseligkeit bedeutet. Für die, die ihm helfen will, liegt darin die Herausforderung, ihn eines besseren Schutzes zu versichern und aus der Abkapselung zu befreien. Was zunächst ein psychologischer Sachverhalt ist, wird durch das Gespräch auch zu einem pädagogischen. Überblickt man dieses Gespräch bis zum Ende, dann überrascht die Offenheit der Situation und damit der Realismus in der Darstellung. Denn wenn auch Boo Boo anfangs planmäßig auf Lionel einzuwirken scheint, so wird dieses Verhalten durch unvorhersehbare Widerstände des Angeredeten mehrfach durchkreuzt. In ihrem Verhalten mischen sich dementsprechend Aktion und Reaktion, Spiel der Phantasie, Appell an die Vernunft und Ausdruck des Gefühls. Bei gleichbleibender Zielsetzung zum Wohle des Kindes ist dies ein sehr menschliches und lebendiges pädagogisches Vorgehen, in dem keine Komponente auf Kosten anderer verabsolutiert wird.

Im einzelnen nimmt das Gespräch folgenden Verlauf. Statt von ihrer naturgegebenen Überlegenheit in direkten Anweisungen Gebrauch zu machen — eine vorherrschende Verhaltensform bei vielen Eltern —, ist es Boo Boo in erster Linie um das Vertrauen Lionels zu tun: Sie kommt ihm in zweifacher Weise entgegen: indem sie sich ihm, auf dem Landesteg kauernd — das ist eine intuitiv verständliche symbolische Handlung —, in der Größe annähert und indem sie, konsequent die Rolle eines Admirals übernehmend, die kindliche Neigung zu Fiktionsspielen anspricht. Den entschiedenen Zweifeln an ihrer Rolle begegnet sie mit einem Appell an die Neugier: Sie imitiert einen Trompetenstoß und verspricht, nachdem sie sein Interesse erregt hat, weitere Signale, falls er ihr den Grund seines Fortlaufens nennt. Aber nach dieser unverhüllten Ansteuerung ihres Ziels zieht sich Lionel nur noch mehr in seine Starrheit zurück. Der erhoffte Kontakt ist über das Fiktionsspiel nicht zustandegekommen, doch bleibt es eine weiterwirkende Komponente des Gesprächs.

Es folgen direktere Methoden. Boo Boo erinnert Lionel an sein früheres Versprechen, nie wieder fortzulaufen — ein Appell an die Vernunft —, und sie versucht, zu ihm ins Boot zu steigen. Nach der Zurückweisung droht sie nicht, wie es nach erfolglosen Appellen an die Vernunft oft von Eltern zu hören ist, Liebesentzug an, sondern bittet vielmehr um Liebe. Vermutlich aus einem Widerstreit der Gefühle wirft Lionel eine Taucherbrille, die seinem Onkel gehört, ins Wasser. Beabsichtigt oder nicht beabsichtigt, wird dies zu einer Probe für die Gefühle der Mutter. Auch jetzt reagiert sie nicht autoritär, aber die Freundlichkeit weicht einen Augenblick der Ironie. In assoziativer Anknüpfung an den Vorfall bringt sie ein Schlüsselbund ins Spiel, dessen Bedeutung für Lionel sie richtig einschätzt. Daß sie es ihm nach dem, was er mit der Taucherbrille getan hat, überläßt, ist ein Vertrauensbeweis. Lionel wirft das Schlüsselbund ebenfalls ins Wasser. Ob dieser irrationale Akt als eine Art Selbstbestrafung[5] oder einfach als eine Abreaktion eines nicht mehr beherrschbaren Gefühlsstaus zu verstehen ist, läßt sich nicht mit Sicherheit sagen. Jedenfalls ist der Junge nun bereit, sich unter Tränen seiner Mutter anzuvertrauen.

Obwohl Lionels Wiedergabe von Sandras antisemitischer Äußerung über seinen Vater („kike" ist eine verächtliche amerikanische Bezeichnung für Juden) auch auf Boo Boo eine Schockwirkung ausübt, behält sie sich doch so weit in der Gewalt, um festzustellen, ob dem Vierjährigen überhaupt die Bedeutung des wiedergegebenen Wortes bekannt ist. Es zeigt sich, daß er es mit „kite" verwechselt, der Bezeichnung für einen Papierdrachen (86). So läßt sich, im Hinblick auf ein Kind, das schwerwiegende Problem rassischer Diskriminierung auf der heiteren Ebene des Wortspiels auflösen. Wenn es von Boo Boo heißt, „she put a wild hand inside the seat of his trousers, startling the boy considerably" (86), dann scheint sich aber in dieser erratischen, wenn nicht erotischen Geste auch von *ihrer* Aufgestörtheit etwas zu zeigen. Am Schluß beschwört sie das harmonische Bild einer Familienfahrt in eben dem Boot, auf das sich Lionel in die Isolation begeben hatte.

2.2.2. Der sozialpsychologische Themenkomplex

Sandras Äußerung, das bewegende Moment der ganzen Geschichte, ist die Kundgabe eines Vorurteils. Der damit zusammenhängende Problemkomplex mag sowohl für die Kindheitsthematik im allgemeinen wie für diese Geschichte im besonderen von untergeordneter Bedeutung sein. Würde man aber in diesem Zusammenhang nicht weiter auf ihn eingehen, so hieße das, sich mit Vorurteilen als einer gleichsam naturgegebenen Tatsache abfinden, statt ihrer Gefährlichkeit durch Aufklärung entgegenzuwirken.

Einen Kontext für Sandras Äußerung bietet der Einleitungsteil der Geschichte. Dahin sollte man nach Lionels Zitat am Ende der Geschichte zurückkehren. Wenn Sandra auf Mrs. Snells Lob von Lionels gutem Aussehen entgegnet: „He's gonna have a nose just like the father." (76), dann zeigt sich darin das gleiche rassische Vorurteil wie in der Bemerkung, die Lionel aufgeschnappt hat. Beide Äußerungen entspringen einem Unmut, den Sandra ebenfalls gegenüber Mrs. Snell kundtut: Sie ist unzufrieden über den langen Aufenthalt der Tannenbaums in dem Sommerhaus und wäre lieber in New York, wo sie ihr „social life" hat (86).

Aber der Unmut ist nur ein psychischer Anlaß für ihre Äußerung von Vorurteilen, sie hat auch eine allgemeinere, und das heißt: gesellschaftliche, Ursache. Diese Ursache ist aus der Geschichte erschließbar, obwohl vom Erzähler, der ja ohnehin für die beiden Hausangestellten wenig Verständnis zeigt, nicht ausdrücklich thematisiert. Ihre Rekonstruktion ist deshalb zugleich eine implizite Kritik an dem mittelschichtenspezifischen Bezugssystem der Erzählung. Sandras als rassisches Vorurteil formulierte Verachtung für ihre Arbeitgeber läßt sich verstehen als eine Kompensation ihrer sozioökonomischen Abhängigkeit. Da sie aufgrund ihrer wirtschaftlichen Situation anderen so ausgeliefert ist, daß sie nicht einmal ihren Wohnort selbst bestimmen kann, will sie ihnen, soll nicht ihr Selbstwertgefühl ganz erschüttert werden, wenigstens unter Bezug auf das konventionelle Vorurteil überlegen sein. Ein ähnlicher kompensatorischer Mechanismus ist bei Mrs. Snell wirksam, wenn sie in Hut und Handtasche, so abgetragen beide sind, das Markenzeichen aufbewahrt hat, das ihre Herkunft aus einem vornehmen Kaufhaus ausweist. Die Abhängigkeit der beiden Hausangestellten von ihrem Arbeitgeber findet einen subtilen sprachlichen Ausdruck. Mrs. Snell will der erregten Sandra vorschlagen, sich doch eine andere Stelle zu suchen. Aber als sich die Tür öffnet und „the lady of the house" in die Küche tritt (76), bricht sie mitten im Satz ab („I'd just get me — ").

In der Geschichte geht es um die Erschütterung, die ein zornig geäußertes Vorurteil bei einem Kind auslösen kann. Schaut man aber nicht nur auf die Wirkung, sondern auch auf den Motivzusammenhang der Äußerung, dann werden nicht nur psychische, sondern auch gesellschaftliche Probleme deutlich. Das betroffene Kind kann von der Mutter noch vor solchen Problemen bewahrt werden, und das ist bei einem Vierjährigen wohl auch notwendig. Der Leser jedoch sollte über dem Mitgefühl für das Kind nicht den größeren Zusammenhang vergessen, in dem Personen, denen die Funktion des Bösewichts zugeteilt ist, selbst als Opfer erscheinen. Denn nicht die Hausangestellte ist schuld an dem, was dem Kind geschieht — oder nur zum geringeren Teil —, sondern vielmehr eine Gesellschaft, für deren Ordnungsgefüge Vorurteile eine wichtige Rolle spielen.

2.3. Sprache

Der Eindruck ungewöhnlicher Lebendigkeit, der von der Geschichte ausgeht, beruht wesentlich auf den Besonderheiten ihrer Dialoge. Daß die Äußerungen der dargestellten Personen aus einem „authentic conversational idiom" bestehen, ist von einem amerikanischen Interpreten beglaubigt und belegt worden.[6] Das vorausgesetzt, ließe sich die Geschichte als ein reichhaltiges Feld für pragmalinguistische Funde auswerten. Hier können nur einige Hinweise gegeben werden.

Zwei gruppenspezifische Sprachrepertoires treten deutlich erkennbar hervor: das der Unterschicht und das des kleinen Kindes. Sandras und Mrs. Snells Sprachgebrauch verweisen auf die Unterschicht, und zwar in Aussprache („Wuddaya *think*?" 78), Wortwahl („loony", 75) und Syntax (Wiederholungszwang, z. B. „What good's it gonna do to worry about it?" 75. — ‚Falsche' Grammatik, z. B. „There was only two left." 77). Wenn sich bei Boo Boo hier und da ähnliche Erscheinungen finden („I wanna come down in your boat." 84), dann belegt das nur die bekannte Tatsache, daß Sprecher der Unterschicht zwar in der Regel auf ihren Code beschränkt sind, solche der Mittelschicht dagegen auch zumindest über Teile von jenem der Unterschicht verfügen. — In Lionels Äußerungen fallen als typisch kindersprachlich auf: Lautverwechslungen („Mrs. S*m*ell", 86), Wortverwechslungen („kike/kite", 86), Tautologie statt Kausalität („Nobody can come in." . . . „Why not?" . . . „Because they're not allowed." 83), kindliche Standardwendungen („I don't care." 84).

Besonders eindrucksvoll sind die psychologischen Merkmale der Dialoge. Sie decken sich zum Teil mit den gruppenspezifischen. So ist der Wiederholungszwang in Sandras Rede zugleich Ausdruck ihrer Besorgtheit und Lionels Gebrauch von Tautologie statt Kausalität Symptom seines Trotzes. Bei Sandra artikuliert sich außerdem Unzufriedenheit, Verachtung, Haß, Unterwürfigkeit, Stolz; bei Lionel Entschiedenheit, Unsicherheit, Neugier, Hilflosigkeit, Vertrauen. Boo Boo neigt im Gespräch mit den beiden Angestellten zur sachlichen Darstellung, im Gespräch mit Lionel zur spielerischen, argumentativen oder auch affektiven Einwirkung.

Der Vergleich von Boo Boos Sprechweise mit der der anderen drei Personen verweist darauf, daß in dieser Geschichte die elementaren Sprachfunktionen relativ rein hervortreten und dazu beitragen, die Personen voneinander abzuheben. Die Ausdrucksfunktion, bei der es um die Selbstartikulation des Ichs geht, ist den beiden Vertreterinnen der Unterschicht sowie dem Kind zugeordnet, die sach-bezogene Darstellungsfunktion und die du-bezogene Wirkfunktion[7] der jungen Hausherrin, deren so natürlich anmutende Überlegenheit auch darin deutlich wird. Das schließt den Ausdruck des Gefühls bei ihr aber nicht aus. Boo Boos Satz „I wanna come down in your boat" rührt Lionel wahrscheinlich, gerade weil er eher Ausdruck als Einwirkung ist. Ja, selbst die drei Sprachfunktionen, um die Roman Jakobson[8] die drei von Karl Bühler formulierten erweitert hat, lassen sich deutlich bei Boo Boo nachweisen: die der Kontaktaufnahme dienende phatische (in der Eröffnung des Gesprächs mit Lionel, z. B. „Ahoy" 80), die poetische (im Vorspielen der Admiralsrolle einschließlich der Prägung des Nonsensewortes „stermaphor" aus „stern" plus „semaphor"[9]) und die metasprachliche (in der Frage nach der Bedeutung des Wortes „kike"). Auch Sandra verhält sich metasprachlich, wenn sie als New Yorkerin Mrs. Snell erklärt, was „the Mall" ist (78), aber die psychologische Implikation der gleichen Spracherscheinungen ist bei beiden Sprecherinnen verschieden: bei Sandra ein fast kindlicher Stolz auf die eigene Stadt, bei Boo Boo pädagogische Überlegenheit.

Was im vorigen Kapitel als Problemzusammenhang der Geschichte aufgezeigt wurde, ließe sich nun auch als konfliktreiches Zusammenspiel verschiedener Formen des Sprachverhaltens darstellen. Es hat beinahe etwas Tragisches, daß Kind und Hausmädchen, die in ihrem Sprachverhalten einander nahe sind — ein Großteil volkstümlicher Kinderliteratur beruht ja auf dieser Art von Koexistenz —, sich so feindlich gegenüberstehen. Bei einer Beschränkung auf den Problemzusammenhang könnte sich die Frage erheben: Wie ist es möglich, daß die Beschimpfung des Vaters solch eine starke Wirkung auf den kleinen Jungen hat, wo er doch nicht einmal die Bedeutung des Schimpfwortes versteht? Dazu läßt sich jetzt sagen, daß unabhängig von der Bedeutung verwendeter Wörter, der Ausdruck feindseliger Gefühle von einem Kind, das selbst zu einem ausdruckshaften Sprechen neigt, sehr genau verstanden wird. Es gehört zu der psychologischen Subtilität der Geschichte, daß, nachdem das fatale Wort genannt worden ist, auch die Mutter in ihren Gefühlen aufgerührt ist und in ausdruckshaftem Sprachverhalten (angezeigt durch emphatisch gebrauchte Adjektive: „Well, that isn't *too* terrible ... That isn't the *worst* that could happen." 86) ihrem Sohn so nahe ist wie in keinem Augenblick zuvor.

Eine kritische Bemerkung zur Sprache des Erzählers ist noch notwendig. Sie ist nicht von der gleichen Qualität wie die der dargestellten Personen. Sowohl in der ironischen Charakteristik Sandras und Mrs. Snells zu Beginn der Geschichte wie in der sympathisierenden Vorstellung Boo Boos wirkt sie etwas umständlich, ohne daß darin ein unverzichtbarer Aussagewert läge. Adverbien, die die psychologischen Implikationen von Sandras Sprachverhalten bezeichnen („malcontentedly", „rancorously", 76), sind überflüssig, da die Implikationen unmittelbar den Äußerungen entnommen werden können.

2.4. Symbolik

Die Geschichte wirkt beim ersten Lesen durchgehend realistisch. Bei genauerem Hinschauen wird freilich deutlich, daß aufgrund der konsequenten Strukturierung die dargestellte Wirklichkeit zur Symbolik tendiert, sofern diese, als psychisch oder gesellschaftlich bedingt, nicht schon der Wirklichkeit immanent ist.

Von übergreifendem Aussagewert ist die Polarisierung der beiden vorhandenen Schauplätze: hier die Küche als Aufenthaltsort von Sandra und Mrs. Snell — eine Art gesellschaftlicher Raum, dort das Seeufer als ein Ausschnitt der Natur dem Kind zugeordnet. Dabei ist aber die Natur derart ausgestattet — Anlegesteg und Boot sind ja von Menschenhand geschaffen —, daß sie keinen schroffen Gegensatz zum Zivilisationsraum bildet (wie etwa die Wildnis, von der sich der junge Held in Faulkners Geschichte „The Bear" angezogen fühlt). In Boo Boos Erzählung von Lionels früherer Flucht aus dem New Yorker Appartementhaus in den Zentralpark findet sich noch eine Parallele zur Anordnung der Schauplätze in der Gegenwart der Geschichte.

Im Raum der Gesellschaft wirken auch aussagekräftige Einzelheiten gesellschaftsbezogen. Mrs. Snells Hut und Handtasche sind Statussymbole, und der Vergleich von Sandras Schürze mit einer Uniform ist Hinweis auf konventionelles Ordnungsdenken.

In Lionels Umkreis sind Dinge dagegen eher von psychologischem Belang. Daß das Boot ebenso wie frühere Fluchtorte die Ambivalenz von Schutz und Isolierung erkennen läßt, wurde schon gesagt. Dabei ist es dann ja am Ende in ein Symbol gemeinsamen Glücks konvertierbar. Symbolisch bedeutsam sind auch Taucherbrille und Schlüsselbund: Wenn Lionel sie fortwirft, so liegt darin eine Abweisung der Fähigkeit zu sehen und der Möglichkeit eines mitmenschlichen Zugangs. In diesem Fall ist aber wohl kaum ein psychologischer Bezug herstellbar; Brille und Schlüssel sind als Symbole nur unter Rückgriff auf eine literarische Konvention verstehbar.

Insofern die übertragene Bedeutung von Brille und Schlüssel in dieser Geschichte eng mit dem Vorgang des Fortwerfens verbunden ist, zeigt sich, daß über Schauplatz und Dinge hinaus auch Gesten und Handlungen symbolischer Art sein können. Man denke außerdem an Boo Boos Niederkauern auf dem Landesteg, Lionels Schwenkungen des Steuerruders und den abschließenden Wettlauf zwischen Mutter und Sohn. Die Herstellung bedeutungsvoller sinnlicher Zeichen wird als spezifische Leistung von Schriftstellern angesehen. In dem Zusammenspiel von Boo Boo und Lionel läßt sie sich aber auch zu der spezifischen Weise kindlicher Welterfahrung in Beziehung setzen: Anschaulich, nicht abstrakt ist das, was das Kind artikuliert, und auch das, was ihm in den Äußerungen anderer am ehesten zugänglich ist. So gesehen, demonstriert die Geschichte die Affinität nicht nur einer Mutter, sondern auch eines Schriftstellers zum Denken des Kindes. Es braucht also nicht zu verwundern, wenn Salinger die junge Frau mit einer Sympathie darstellt, die bis zur Identifikation geht.

2.5. Bild der Kindheit

Die Geschichte ist von einem Realismus, der sich an Detailbeschreibungen und am Sprachgebrauch der Dialoge unmittelbar ablesen läßt und der in der subtilen Darstellung psychischer Vorgänge erst voll zur Geltung kommt. Thematisiert ist die Dialektik von Verletzlichkeit und Schutzbedürftigkeit eines kleinen Kindes. Wenn das dargestellte Kind sensibler zu sein scheint als viele andere Kinder, so entspricht dem eine besondere Verständnisbereitschaft auf seiten der Mutter. Ihrer Zuwendung gelingt es, den Schrecken abzuwehren, der aus dem Bereich der Gesellschaft kommt, vermittelt durch eine unzufriedene Hausangestellte. Die Zuwendung erhält eine zusätzliche Intensität durch die von Mutter und Autor geteilte Ahnung, daß die Schreckerfahrung des Kindes, da es in eine mit Vorurteilen belegte gesellschaftliche Minderheit hineinwächst, jederzeit wiederholbar ist. Das heißt, die Gefährdung durch psychische und physische Gewalt, der jedes Kind ausgesetzt ist, wird hier dadurch verstärkt, daß es einer jüdischen Familie angehört. Eine vergleichbare, jedoch weit krassere Erfahrung spiegelt sich in den Kindheitsdarstellungen schwarzer Amerikaner.[10]

Die gesteigerte Bedeutung, die der Gefährdung und Schutzbedürftigkeit in dieser Geschichte zukommt, macht das Bild der Kindheit auch zu einer Metapher der Unschuld, die, in Anknüpfung an die Tradition der „Songs of Innocence" des von Rousseau beeinflußten englischen Frühromantikers William Blake, über den realistischen Grundansatz hinausweist. Belege dafür sind auch die Tatsache, daß der kleine Junge das diskriminierende Wort, vor dem er zurückschreckt, noch gar nicht versteht, und als symbolisches Detail die weiße Farbe seines Hemdes. Schließlich ist bezeichnend, daß das Kind — wie auch schon bei Blake und Rousseau — dem Bereich der Natur zugeordnet ist im Unterschied zu den typischen Erwachsenen, die dem Bereich der Zivilisation angehören. Die idealisierende Überhöhung in der Darstellung von Kindheit erinnert deutlich an jene Vision, in der sich der 17jährige Held von Salingers Roman „Catcher in the Rye" als ein magischer Beschützer der Kinder sieht:

„Anyway, I keep picturing all these little kids playing some game in this big field of rye and all. Thousands of little kids, and nobody's around — nobody big, I mean — except me. And I'm standing on the edge of some crazy cliff. What I have to do, I have to catch everybody if they start to go over the cliff..."[11]

Was im Roman als Vision ausdrücklich von der realistischen Darstellung abgesetzt ist, nämlich das Bild der Kindheit als eines gefährdeten naturnahen Zustands der Unschuld, geht in der Geschichte fast unmerklich daraus hervor. Aber sowohl in dem 17jährigen wie in der jungen Mutter gestaltet der Verfasser Wunschbilder der Hinwendung zum Kinde, wenn sie auch ihrem Erscheinungsbild nach (beide tragen Jeans) wie gewöhnliche Zeitgenossen der ersten Leser wirken. Gerade dieser Wunschcharakter aber ist es, nicht so sehr das realistisch gezeichnete Äußere, was die Leser eindringlich zur Identifikation auffordert.

3. Didaktische Überlegungen

Die Textanalyse hat, unter Bezug auf einige wichtige inhaltliche und strukturelle Aspekte, bewußt gemacht, mit welcher Subtilität eine prekäre Situation im Leben eines vierjährigen Jungen von Salinger dargestellt wird, und außerdem angedeutet, in welchen literaturgeschichtlichen Zusammenhang diese Darstellung gehört. Ohne viele zusätzliche Überlegungen könnte die Analyse im Englischunterricht am Ende der Sekundarstufe II nachvollzogen werden. Hier wird jedoch vorgeschlagen, Salingers Geschichte schon am Ende der Sekundarstufe I zusammen mit den Schülern zu erschließen. Das macht ausführlichere Überlegungen zum Erschließungsvorgang erforderlich, und zwar im Hinblick auf Motivationszusammenhang, Lernziele, Schwierigkeiten und methodische Maßnahmen.

3.1. Motivationszusammenhang

Literarische Texte sind für Jugendliche in der Regel ja nicht wegen formaler Qualitäten von Interesse, sondern wegen Identifikationsmöglichkeiten, die der Inhalt bietet. Ein psychologisch-pädagogischer Vorgang, wie er in Salingers Geschichte dargestellt wird, gehört zu den vertrautesten Erfahrungen Heranwachsender. Daß es sich um einen Erziehungsvorgang im Rahmen der Familie handelt, könnte einer Besprechung in der Schule einen besonderen Reiz verleihen, da häusliche und schulische Erziehung für den Schüler in der Regel unverbunden nebeneinander stehen. Einen ähnlichen Vorzug könnte man darin sehen, daß das dargestellte Kind erst in den Erziehungsprozeß eintritt, die lesenden Schüler aber sich davon zu lösen beginnen. Betroffen und doch zugleich distanziert können sie sich mit dem Verhältnis von Eltern und Kindern auseinandersetzen.

Es ist nicht wahrscheinlich, daß die Schüler auch schon von einem Interesse an der Rolle des Erziehers, die die meisten einmal einnehmen werden, bestimmt sind. Die Sympathie, mit der in Salingers Geschichte die junge Mutter dargestellt wird, würde es aber leicht machen, eine Motivation in dieser Hinsicht zu wecken. Der Identifikationsmechanismus bringt es mit sich, daß dies eher für Mädchen als für Jungen gilt. Dagegen läßt sich vermuten, daß der gesellschaftliche Kontext der Diskriminierungsproblematik, sofern ausführlicher auf ihn eingegangen wird, vor allem bei Jungen auf Interesse stößt.

Es gibt aber auch zwei eher formale Komponenten der Geschichte, die, sobald einmal mit der Lektüre begonnen worden ist, einen Motivationswert haben: 1. die Authentizität des wiedergegebenen Wirklichkeitsausschnitts, insbesondere der Sprache der Dialoge, die sich im Rahmen des Fremdsprachenunterrichts abhebt von der schwer vermeidbaren Künstlichkeit didaktisch aufbereiteter Texte, und 2. der auf das Ende hin konzipierte Spannungsaufbau, wie ihn viele Schüler wahrscheinlich von der Detektivliteratur her schätzen. Anders als in einer Detektivgeschichte braucht sich hier das Interesse nicht einmal mit dem Abschluß der Erzählung zu erschöpfen, denn der Problemgehalt, der in Lionels Antwort auf die Frage nach seinem Fortlaufen steckt, könnte das Interesse auf den Anfang zurücklenken.

Salingers Geschichte sollte nicht für sich allein stehen. Sowohl über den Autor wie über die Thematik könnte ein Anstoß zu weiterer Lektüre außerhalb des Unterrichts gegeben werden. Naheliegend wäre die Empfehlung einer deutschen Übersetzung von „The Catcher in the Rye". So könnte die Lektüre innerhalb und außerhalb des Unterrichts wechselseitig motivierend wirken.

3.2. Lernziele

Die Grundlage für die Auswahl der Lernziele bietet der beschriebene Motivationszusammenhang. Denkbar wäre es, in Richtung auf literarästhetische oder literarhistorische Erkenntnisse darüber hinauszugehen. Aber das ist für das Unterrichtsmodell auf der Sekundarstufe I nicht beabsichtigt. Von Symbolstruktur, Erzählsituation, Gattungsmerkmalen der Kurzgeschichte oder einer Tradition literarischer Kindheitsdarstellung soll nicht die Rede sein. Gleichwohl werden strukturelle Besonderheiten von Salingers Geschichte eine Rolle spielen: umgesetzt in die Gliederung des Unterrichts (Spannungsaufbau und Ringkomposition der Geschichte) und in die Aufgabenstellungen (z. B. Verteidigung Sandras entgegen der distanzierten Darstellung durch den Erzähler).

Zwei Lernzielbereiche sind vorgesehen, inhaltlich unterschieden in einen sprachlichen und einen psychologisch-sozialkundlichen. Zu jedem der Ziele wird im folgenden zugleich angegeben, auf welche Art es kontrolliert werden soll.

3.2.1. Sprachliche Lernziele

1. Verstehen des Textes / Beantwortung von Kontrollfragen.
2. Beherrschen von Wörtern aus der Sachgruppe „Seelen- und Gefühlsleben"/Anwendung in verschiedenen mündlichen und schriftlichen Aufgaben.
3. Erkennen des Zusammenhangs von Gefühl und sprachlicher Realisierung sowie Sprechintention und sprachlicher Realisierung / jeweils eine Zuordnungsaufgabe.
4. Herstellen eines situationsgebundenen Dialogs nach Anleitung in partnerschaftlicher Arbeit oder Herstellen einer Kurzfassung von Salingers Geschichte für eine Tonbandaufnahme / fertiger Text.
5. Sinngestaltendes Lesen.

3.2.2. Psychologisch-sozialkundliche Lernziele

1. Erkennen von Unterschieden und Übereinstimmungen in den Verhaltensmerkmalen der drei Hauptpersonen / Zuordnungsaufgaben.
2. Verstehen und Bewerten von Boo Boos psychologisch-pädagogischem Verhalten unter Bezug auf Alternativen / schematisierte Aufzeichnung des Dialogs, schriftliche und mündliche Stellungnahme.
3. Verstehen von Sandras Verhalten aus dem sozialpsychologischen Kontext und Aufzeigen von vergleichbaren Problemzusammenhängen / schriftlicher Erklärungsversuch und mündliche Beiträge.

3.3. Schwierigkeiten

Der Unterrichtsverlauf wird im folgenden Plan in 7 Einheiten gegliedert. Ob sich diese Einheiten in 7 Stunden durchführen lassen, hängt wesentlich von den Schwierigkeiten der gestellten Aufgabe im Verhältnis zu Kenntnisstand und Motivation der Schüler ab. Entsprechend den Lernzielbereichen lassen sich zwei Gruppen von Schwierigkeiten unterscheiden, sprachbedingte und themabedingte.

3.3.1. Sprachbedingte Schwierigkeiten

Für den Englischunterricht auf der Sekundarstufe I enthält der Text eine Fülle sprachlicher Schwierigkeiten. In Anbetracht einer starken Ausrichtung der Lernziele auf die Dialoge können vor allem in den erzählenden und beschreibenden Passagen Kürzungen vorgenommen werden, zumal dort auch die literarischen Schwächen liegen. Das gilt für die einführenden Beschreibungen aller vier Personen, die Schilderung der Seelandschaft und einige kommentierende Adverbien. Hier und da können auch ungebräuchliche Ausdrücke innerhalb der Dialoge gestrichen oder durch bekanntere ersetzt werden.

Verständnisschwierigkeit für den Schüler bedeutet auch das, was den sprachlichen Reiz des Textes ausmacht, nämlich die pragmalinguistische Vielfalt der Dialoge. Schichtenspezifische, affekt- und intentionsbedingte Abweichungen von der Norm des neutralisierten Lehrbuchenglisch bedürfen der Erklärung durch den Lehrer.

Der Wortschatz ist im wesentlichen konkret oder läßt sich doch aus der konkreten Situation heraus durch Gestik, Mimik oder Skizze semantisieren. Wie kaum ein anderer Text ist dieser geeignet für die Erschließung von Wortbedeutungen aus dem Kontext. Falls die Schüler mit der Benutzung eines Wörterbuchs vertraut sind, sollten sie die Wortbedeutungen in der häuslichen Vorbereitung klären.

Eine besondere Schwierigkeit ergibt sich für Schüler erfahrungsgemäß, wenn sie aufgefordert werden, sich zu einem Text zu äußern. Ein spezielles Interpretationsvokabular ist in Anbetracht der vorgeschlagenen Lernziele nicht erforderlich. Wichtig sind vor allem Wörter aus der Sachgruppe „Seelen- und Gefühlsleben", von denen einige wegen ihrer Subtilität besondere Schwierigkeiten machen. Eine Anzahl dieser Wörter kann dem Text selbst entnommen werden, zur Ergänzung empfiehlt sich für den Lehrer die Heranziehung eines nach Sachgruppen gegliederten Wörterbuchs.[12]

In Anbetracht eines Gegenstands, der einen Sprachgebrauch erfordert, wie er den meisten Schülern noch nicht geläufig ist, wird durch relativ stark lenkende Aufgabenstellungen eine Hilfe für die sprachlichen Äußerungen angeboten. Bei entsprechender Ausdrucksfähigkeit der Schüler im Englischen kann natürlich darauf verzichtet werden.

3.3.2. Themabedingte Schwierigkeiten

Weder die psychologischen Implikationen des Gesprächs zwischen Boo Boo und Lionel, noch der gesellschaftliche Kontext der diskriminierenden Äußerung Sandras sind leicht zu verstehen. Aber daraus ergeben sich ja auch erst Notwendigkeit und Legitimation für eine ausführlichere Beschäftigung mit der Geschichte.

Das Problemverständnis wird dadurch gelenkt, daß die Fragerichtung des Lesers mit der Erzählstruktur zusammenfällt: Der Leser fragt nach einem Grund; dieser wird erst am Ende genannt und verweist dann zugleich, wenn man ihn nicht als hinreichend akzeptiert, an den Anfang der Geschichte zurück. Anders gesagt: Die Erzählstruktur ist in dieser Geschichte derart motivierend, daß sie einen Leser veranlassen kann, einem Problemzusammenhang so weit nachzugehen, bis er gedanklich erfaßt ist.

4. Geplanter Unterrichtsverlauf

Methodische Hinweise	Didaktischer Kommentar
1. EINHEIT	
1. Ankündigung der Lektüre:	
1. A modern story about a little American boy who runs away from home. It is as interesting as a detective story because we want to know: Why does he run away? And: Will he come back?	Motivation für die ganze Unterrichtseinheit durch dosierte Vorinformation.
2. Hinweis auf den Autor Salinger und Empfehlung der Lektüre einer Übersetzung von „The Catcher in the Rye" (a book about a 16-year-old boy who runs away from school and spends a weekend in New York).	Erforderliche literaturhistorische Minimalkenntnisse. Motivation zur Privatlektüre mit möglicher Rückwirkung auf die Unterrichtseinheit.
2. Problemorientiertes Vorgespräch	
1. Anknüpfung an Vorkenntnisse:	Schaffung eines Verständnishorizonts.
Why do children run away from home? (Tafel) Hinweis auf Bekanntenkreis, Zeitungsberichte, eventuell eigene Erinnerung.	Motivation. Wortschatzaktivierung.

2. How do parents react? (Tafel)

Eventueller Impuls: problematisierender Bezug auf das Kinderlied „Hänschen klein" (englische Inhaltsangabe aus dem Stegreif für Schüler, denen es nicht bekannt ist).

Dolmetschübung.

3. Strukturierte Zusammenfassung (Tafel)

(Zu 1:) Two kinds of motives

home ➔ child ➔ world

fright	curiosity
hate	interest
...	...

Hefteintrag der Ergebnisse (oder Fixierung auf einer Folie des Tageslichtprojektors) für spätere Wiederaufnahme.

(Zu 2:) Four usual kinds of reactions:

- The parents are worried. (Hänschen klein)
- The parents order (force) the child to come back.
- The parents beg the child to come back.
- The parents help the child to come back.

Implizite Einführung des Wortschatzbereichs „Seelen- und Gefühlsleben".

3. *Beginn der Lektüre* (S. 74–75, „.... say and all.")

1. Worterklärungen

	Verständnishilfen:
2. Klärung von Sachverhalten 1. Lage des Hauses (lake-front window), Rolle der Angestellten (maid/cleaning, ironing) 2. Amerikanismen (besonders Aussprache), schichtenspezifische Sprachform (besonders ‚falsche' Grammatik) 3. Why does Sandra not like ‚the kid'?	1. zum Inhalt 2. zur Sprache 3. zum Gehalt
4. Hausaufgabe: Lektüre (S. 76–79 „. . . . behind her.") 1. Neue Wörter anstreichen 2. Fragen beantworten (je 1 Satz): 1. Why did Lionel run away when he was 'two-and-a-half? 2. Why did Lionel run away when he was three? 3. What does Boo Boo come into the kitchen for?	Verständniskontrolle und Vorbereitung auf psychologischen Motivzusammenhang
2. EINHEIT	
1. Vorgespräch 1. Besprechung der Hausaufgabe (3 Fragen) 2. What does Sandra tell Mrs. Snell?	Überprüfung des Inhaltsverständnisses.

3. Can you see any possible connection between Lionel's running away and Sandra's worry?

Förderung der Spannung durch unbestätigte Vermutungen und Vorbereitung auf Problemzusammenhang.

2. Lektüre (S. 76–79)

1. Worterklärungen

2. Klärung von Sachverhalten
   1. Ergänzung von Mrs. Snells unvollständigem Satz durch „a Job" (S. 76). „Boo Boo" kindliche Namensbildung („boo": slang word for excellent).
   2. „Tannenbaum": Jewish name; ergänzen: „kike": insulting name in American slang for Jews (cf. also „nigger" and in German „Itaker"). Die Anspielung auf Lionels Nase möglichst nicht berücksichtigen, erst in der 5. Einheit
   3. Central Park: im Stadtplan von New York zeigen, Ostseite gute, Westseite schlechte Wohngegend.

Verständnishilfen:
1. zum Text

2. vorbereitend zum sozialpsychologischen Problemkomplex

3. zum landeskundlichen Hintergrund (Authentizität motivierend!)

3. Lektüre (S. 79–80 „.... Admiral Tannenbaum.")

Situations- und Worterklärungen
1. Skizze von Boot und Pier
2. „Squatting", „role of an admiral": als Formen der Kontaktaufnahme deuten

Verständnishilfen:
1. zum Situationsrahmen
2. zum gestischen und sprachlichen Verhalten

4. *Hausaufgabe: Lektüre* (S. 80–Ende) 1. Neue Wörter anstreichen 2. Fragen beantworten: 1. Why did Lionel run away? (1 sentence) 2. Do you like Boo Boo? Why or why not? (about 5 sentences).	Förderung der Spannung Motivation durch persönliches Engagement (wahrscheinlich Identifikation).

3. EINHEIT

1. Vorgespräch Fragen der Hausaufgabe besprechen, aber noch · nicht vertieft	Verständniskontrolle, Motivation.
2. Lektüre (S. 80–Ende) 1. Worterklärungen 2. Hinweis auf kindersprachliche Besonderheit (kike/kite, Mrs. Smell) 3. Psychologische Deutung von Verhaltensweisen: Fortwerfen von Taucherbrille und Schlüsselbund, „Boo Boo flinched", „wild hand", „they raced".	Förderung des Interesses für psychische Vorgänge und Verständnishilfe.

3. *Hausaufgabe: schematisierte Aufzeichnung* der Begegnung von Boo Boo und Lionel in Vorbereitung auf die Frage: Is Boo Boo a good mother? Vorgabe:

What Boo Boo does	What Lionel does	
She squats	He doesn't look up. He swings the tiller.	Anleitung zu genauem Lesen, Spracharbeit: Umformungsübung (Dialog → Beschreibung, Vergangenheit → Gegenwart)
Introduces herself as an Admiral.	Doesn't believe her.	vgl. Textanalyse 2.2.1
Sounds something like a bugle call.	······	
······		

4. EINHEIT

1. *Auswertung der Hausaufgabe:*

Klärung des Ablaufs des Gesprächs zwischen Boo Boo und Lionel (eventuell Gliederung).

Grundlage der folgenden Bewertung.

2. Begründete Bewertung von Boo Boos Verhalten:

Is she a good mother? Lehrer nennt zum Vergleich alternative Verhaltensweisen. Bezug zu den Ergebnissen der 1. EINHEIT (im Heft oder auf der Folie). Problematisierung des harmonisierenden Schlusses (Kike → kite) ist notwendig.

Verständnis für psychologisch-pädagogische Verhaltensweisen. Sensibilisierung für die Notwendigkeit einer Begründung der Bewertung menschlichen Handelns.

3. Gelenkter Vergleich der Hauptcharaktere:
(eventuell als Hausaufgabe)

Relate the following adjectives or phrases to any of the three main characters: patient, impatient, worried, feels oppressed, cries, sensitive, sociable, unwilling to speak, comforts …, discontent, affectionate, prejudiced, eyes were filled with defiance, tender, is bored, helpless, homesick, unreasonable, proud, flinches, curious, ironical, shows contempt, talks matter-of-factly, hates …, inspires confidence, is alarmed, takes other people seriously, gets easily excited, delighted, mouth was open, mouth was set tight, mouth was distorted …, grumbles, wise.

Wichtigste Erkenntnisse:
Lionel und Boo Boo sind beide „sensitive"; Sandra ist so „unreasonable" wie das Kind Lionel; Sandras negatives Verhalten ist verstehbar: „is bored", „homesick", „sociable".

Auswertung im Hinblick auf den Problemzusammenhang zwischen den Charakteren.

4. Hausaufgabe:
(oder Arbeitsauftrag in der 5. EINHEIT)
Read the first part of the story once more and try to explain Sandra's attitude towards the Tannenbaums in about 5 sentences

Anbahnung eines Verständnisses der sozialpsychologischen Problematik.

203

5. EINHEIT

1. Erörterung der sozialpsychologischen Problematik

1. Auswertung der Hausaufgabe

2. Aufweis von Parallelbeispielen der Vorurteilsproblematik durch die Schüler (eventuell Bezug zu einer Englischlektion über schwarze Amerikaner).

3. Bedeutung der „labels" für Mrs. Snell.

Erkenntnis gesellschaftlicher Abhängigkeitsstrukturen. Vgl. Textanalyse 2.2.2.

2. Spracharbeit: Zuordnung von Aussagen zu Gefühlen bei Sandra:

Relate what Sandra says to what she feels.

Feelings: hate, sociability, contempt, hate, worry, homesickness, discontent.

Sentences: It drives you loony. I mean it. — I don't know what they want to stay here for. — Sure, they found him! What do you *think?* — I hate this crazy place. — The Mall's where they all go skating in New York. — He's gone to have a nose just like the father. — I'll be so glad to get back to the city. I'm not fooling.

Bewußtmachung des Zusammenhangs von Gefühlen und Sprache (Ausdrucksfunktion), aber ohne Detailanalyse der Sprachform. Vgl. Textanalyse 2.3.

3. *Ankündigung eines Projekts:*

Abfassung in Partnerarbeit und Aufzeichnung als Hörspiel: A dialogue between a parent and a child who has run away from home.

An dieser Stelle zur Begründung der Hausaufgabe.

4. *Hausaufgabe:*
(als sprachliche Vorbereitung des Projekts) Zuordnung von Aussagen zu Sprechakten:

Relate the sentences to the forms of behaviour and add at least one suitable sentence in each case. Think of Boo Boo and Lionel.

Forms of behaviour: proposal, introduction, defiance, promise, order, irony, appeal to love, defiance, comfort, wish, comfort, shrugging, offer.

Sentences: I'll tell you what we'll do. We'll drive to town. — Get off! — I'm so lonesome for you. — It is I, Admiral Tannenbaum. Come to inspect... — Nobody can come in. — Throw it? Please? — You aren't an admiral. You're a lady all the time. — That's nice. Those belong to your Uncle Webb. — This is a key-chain. — Sailors don't cry, baby. Sailors never cry. — If you'll tell me why you're running away, I'll blow every secret bugle call for you I know. — I don't care. — Well, that isn't too terrible.

Sensibilisierung für das Phänomen des Sprechhandelns, gelenkte Vorbereitung produktiver Spracharbeit.

6. EINHEIT

1. Besprechung der Hausaufgabe

2. Vorbesprechung des Projekts:
Hauptgesichtspunkte und Anregungen

1. What is the child's motive for running away? Afraid of punishment, sad because his dog has died . . .

2. Where does the parent (father/mother) meet the child (boy/girl)? In a locked room, on a tree, on top of a house, at the edge of a cliff . . .

3. How do the parent and the child behave? Vgl. letzte Hausaufgabe und Ergebnisse der 1. EINHEIT (im Heft oder auf der Folie)

3. Alternative Aufgabe:

Kürzung und Bearbeitung von Salingers Text für eine Hörspielfassung (für sprachlich schwächere oder weniger kreative Schüler).

4. Nochmalige Lektüre von ,,Down at the Dinghy'' im Hinblick auf Möglichkeiten der Kürzung.

Arbeitshilfe und Motivation

Differenzierung in der Aufgabenstellung

Abschließende Vergegenwärtigung des Textes als Ganzheit. Sinngestaltendes Lesen.

5. Hausaufgabe: Projekt in Zweiergruppen

ABSCHLUSS zu späterem Zeitpunkt

1. (Eventuell) Kombination verschiedener Textversionen durch Redaktionsgruppe oder Lehrer.	
2. Korrektur der Endfassungen.	
3. Leseübung und Tonbandaufnahme.	
4. Erörterung, ob das Ergebnis (mit deutschen Anmerkungen) den Eltern vorgeführt werden soll.	Verbindung der Erziehungssituation in Schule und Elternhaus. Objektivierte Form der Anregung zu einem Gespräch über Erziehung zwischen Schülern und Eltern.

5. Erweiterung des Unterrichtsmodells

Im Rahmen dieses Studienbuchs liegt es nahe, Salingers Kurzgeschichte im Unterricht zu anderen Texten in Beziehung zu setzen. Anfangs- und Schlußteil des vorliegenden Unterrichtsmodells müßten zu diesem Zweck fortgelassen oder verändert werden. Im Fremdsprachenunterricht der Sekundarstufe I ist es freilich aus motivationspsychologischen Gründen nicht ratsam, mehr als eine Ganzschrift zum gleichen Thema zu behandeln, mindestens nicht kurz nacheinander. Für Textvergleiche ist deshalb in erster Linie an fächerübergreifenden Unterricht oder an die Sekundarstufe II gedacht.

5.1. Fächerübergreifender Textvergleich

Thematisieren ließe sich eine problembelastete Mutter-Sohn-Beziehung, zu der es sowohl in der deutschen wie in der französischen Literatur eine Fülle von Beispielen gibt. So könnte eine Abstufung herausgearbeitet werden von der Unterdrückung in Renards „Poil de Carotte" (vgl. Interpretation 2.1.3.) über die Vernachlässigung in Kaschnitzens „Popp und Mingel" (vgl. 2.1.2.) zur verständnisvollen Zuneigung in Salingers „Down at the Dinghy". Ein interessantes Indiz für die Mutter-Kind-Beziehung ist im deutschen und amerikanischen Text das Fiktionsspiel: Im deutschen zeigt sich daran die Abwendung, im amerikanischen die Zuwendung der Mutter. Notwendig wäre es, ein paar Informationen zum historischen und biographischen Kontext zu geben, damit nicht etwa jeweils die Mutter als typisch für ein Land angesehen wird.

In der Zusammenarbeit von Fremdsprachen- und Deutschunterricht sollte in der Regel dort begonnen werden, wo die Schüler am wenigsten Ausdrucksschwierigkeiten haben, damit die Einführung in den Problemkreis nicht durch Rücksichten auf die Sprache belastet wird. Andererseits könnte die Tatsache, daß im Fremdsprachenunterricht notwendigerweise die Sprache eines Textes genauer beachtet wird, von positivem Einfluß auf die Arbeitsweise im muttersprachlichen Unterricht sein, zumal die Kindheitsthematik zu einem Abrücken von der Textgrundlage verleitet.

5.2. Vorurteilsproblematik

Auch die Wirkung, die die Vorurteile einer Erwachsenengesellschaft auf Kinder haben, ist häufiger von Autoren dargestellt worden. Sie könnte in verschiedenen Textkombinationen im Englischunterricht ab dem 11. Schuljahr thematisiert werden. Interpretation bedeutet in diesem Fall zugleich gesellschaftspolitische Aufklärung.

Sozial unterschiedliche Spielarten und Konstellationen der Vorurteils-problematik könnten in einem Vergleich von Salingers Geschichte mit Katherine Mansfields „The Doll's House" (vgl. *2.1.1.*) deutlich werden. Ist das Opfer von Vorurteilen bei Salinger ein Kind, dessen Eltern einer rassischen Minderheit angehören, so bei Mansfield ein Geschwi-sterpaar aus der sozialen Unterschicht. Schützt die Mutter aus bürger-lichem Hause im einen Fall das Kind vor der schädlichen Wirkung, so ist sie im anderen entscheidende Instanz der Indoktrination.

Unterschiedliche Erscheinungsformen des Antisemitismus würden erkennbar, wenn man Salingers Text das in sich abgeschlossene Kapitel „Vandhering Vindi Vendhor" (Der Straßenglaser) aus Sean O'Caseys Autobiographie „I Knock at the Door" an die Seite stellte (vgl. *2.3.2.*). Hier sind es Kinder, die in der Drangsalierung eines hilflosen jüdischen Arbeiters vermutlich einen unbarmherzigeren Gebrauch von einem Vorurteil machen als die Erwachsenen, von denen sie es übernommen haben. Bei O'Casey wie bei Salinger treten drei Erscheinungsformen von Abhängigkeit hervor: Kind, jüdische Minderheit, Arbeiterklasse; aber sie sind unterschiedlich personifiziert:

	Kind	jüdische Minderheit	Arbeiterklasse
Salinger		Opfer (Lionel)	Peiniger (Sandra)
O'Casey	Peiniger (Jungen)	Opfer (Straßenglaser)	

Schließlich könnte in einer Unterrichtseinheit auch auf eine andere gesellschaftliche oder rassische Minderheit Bezug genommen werden. Die Situation eines schwarzen Kindes in einer Gesellschaft, in der die Macht und die Vorurteile Weißer bestimmend sind, läßt sich an einem Auszug aus Richard Wrights Autobiographie „Black Boy" (1945) aufzeigen. Gegen die Bedrohlichkeit der Weißen sichert sich der schwarze Junge nicht, indem er der Mutter folgt und sich aus jedem Streit heraus-hält, sondern indem er sich einer „gang" anschließt.

5.3. Bild des Kindes

Im Englischunterricht ab dem 12. Schuljahr wäre es möglich, über stoff-liche Aspekte hinausgehend, literarische Darstellungen des Kindes als Bild, „image" oder modernen Mythos zu betrachten. Die symbolische Qualität der Kindheitsdarstellung in Salingers Kurzgeschichte würde am ehesten verständlich werden, wenn man sie im Anschluß an die psychologisierende Interpretation mit der am Ende der Textanalyse zitierten Kindheitsvision aus „The Catcher in the Rye" vergleicht. Hinweise auf die symbolischen Züge der Geschichte, die in dem Unterrichtsmodell für die Sekundarstufe I bewußt vermieden wurden, hätten in diesem Zusammenhang eine wichtige Funktion. Ein paar Sätze aus Rousseaus „Émile" könnten die späte Nachwirkung einer ideengeschichtlichen Tradition bewußt machen.[13]

Schließlich könnte Salingers Kindheitsdarstellung in einen literaturhistorischen Zusammenhang gestellt werden. Als Texte der Vergangenheit ließen sich heranziehen: Passagen aus Nathaniel Hawthornes Kurzgeschichte „Little Annie's Ramble" (Aus: „Twice Told Tales". 1837) und die Eingangsepisode von Mark Twains „The Adventures of Tom Sawyer" (vgl. Interpretation *2.2.3.*). Außer dem Bezug eines Kindes zu einer Erziehungsperson haben die drei Texte das Motiv des kurzfristigen Fortgehens von zu Hause gemeinsam. Ideengeschichtlich folgen alle drei der Vorstellung Rousseaus von dem naturgegebenen Glück des Kindseins, dem in unterschiedlicher Weise die Problematik des Erwachsenseins entgegensteht. Bei Hawthorne erscheint diese Vorstellung in einem religiös gestimmten moralischen Kontext: Das Kind kann in seiner Unschuld einen heilenden Einfluß auf den Erwachsenen ausüben; bei Twain, gegen den Hawthorneschen Kontext opponierend, in einem antimoralistischen Gestus und bei Salinger, Moral auch in der negierten Form hinter sich lassend, psychologisch vertieft und auf Existentielles abzielend.

Anmerkungen

1 Auf eine leicht zugängliche Taschenbuchausgabe dieses Bandes beziehen sich die den Werkzitaten nachgestellten Seitenzahlen der vorliegenden Interpretation: J. D. Salinger: Nine Stories. Toronto/New York/London: Bantam 1964 u. ö.

2 Five Modern American Short Stories. Frankfurt/M.: Diesterweg 1961 mit einem Lehrerheft "Commentaries".

3 John V. Hagopian/Martin Dolch: "Jerome David Salinger: Down at the Dinghy." In: Hagopian/Dolch: Insight I. Analyses of American Literature. Frankfurt/M.: Hirschgraben ³1967. S. 225–230.

4 Der Abdruck einer vereinfachten Textfassung ist für den ergänzenden Materialienband vorgesehen.

5 Vgl. Hagopian/Dolch, S. 227.

6 Vgl. Hagopian/Dolch, S. 229 f.

7 Diese Unterscheidung der Sprachfunktionen bezieht sich auf Karl Bühler: Sprachtheorie. Stuttgart ²1965. S. 24–48.

210

8 Vgl. Roman Jakobson: "Linguistics and Poetics." In: Thomas A. Sebeok (Hrsg.): Style in Language. Cambridge/Mass. ²1964. S. 350–377. — Ergänzend: Detlef von Ziegesar: „Sprachfunktionen und Sprechakte im Fremdsprachenunterricht." Linguistische Berichte. 36 (1975). S. 84–95.

9 Hagopian/Dolch, S. 227.

10 Z. B. in: Richard Wright: Black Boy (1945) oder James Baldwin: Go Tell It on the Mountain (1953).

11 J. D. Salinger: The Catcher in the Rye. Penguin Books 1958. S. 179 f. Vgl. dazu: Peter Freese: Die Initiationsreise. Studien zum jugendlichen Helden im modernen amerikanischen Roman. Neumünster: Karl Wachholtz 1971. S. 247–251.

12 Vgl. Grund- und Aufbauwortschatz Englisch. Bearbeitet von Erich Weis. Stuttgart: Klett ²1973. S. 136–142 oder Alfred Haase: Englisches Arbeitswörterbuch. Frankfurt/M.: Diesterweg ⁴1968. S. 247–248.

13 Etwa: "Let us lay it down as an incontrovertible rule that the first impulses of nature are always right; there is no original sin in the human heart; the how and why of the entrance of every vice can be traced". Und: „Men be human beings; this is your first duty . . . Love childhood, indulge its games, its pleasures, and its lovable nature. Who has not looked back with regret on an age when laughter is always on the lips and when the spirit is always at peace? Why take from these little innocents the pleasure of a time so short which ever escapes them . . .? Why fill with bitterness and sorrow these first swift years which will never return for them any more than they can return for you?" Zit. nach Peter Coveney: The Image of Childhood. Penguin Books 1967. S. 44 u. 46.

3.3. Textauszüge im Französischunterricht der Sekundarstufe II

1. Die Auswahl der Texte

Die Stellung der Literatur im Französischunterricht hat sich in den letzten Jahrzehnten stark gewandelt. Galt bislang die Lektüre insbesondere der klassischen französischen Literatur als erstrebenswertes Ziel, so ist mit dem Primat des Mündlichen und der Forderung nach kommunikativer Kompetenz als Lernziel im Fremdsprachenunterricht die Literatur stark in den Hintergrund getreten. In neuester Zeit geht die Tendenz jedoch wieder dahin, auch fremdsprachige Literatur in der Schule zu behandeln, ohne ihr jedoch, wie früher, eine bevorzugte Stellung etwa gegenüber der Landeskunde einzuräumen.

Bei einer sinnvollen Integration der Literatur in den Unterricht müssen die zu behandelnden Texte sorgfältig ausgewählt werden. Folgende Fragen müssen unbedingt vor der Behandlung geklärt werden: Sind die Schüler dem Text sprachlich gewachsen? Sind sie durch den Inhalt motiviert? Welche Lernziele sollen erreicht werden? Bei den sprachlichen Schwierigkeiten sind der Umfang des Wortschatzes und der syntaktische Bau des Textes zu beachten. Darüber hinaus gibt es häufig, insbesondere bei der Lyrik, Abweichungen von der Norm, die den Schülern große Schwierigkeiten bereiten. Texte dieser Art sollten erst bei einem relativ hohen Sprachniveau behandelt werden. Die Frage der Motivation ist im wesentlichen eine Frage des Alters, aber auch der jeweiligen Schülergruppe, ihrer Interessen, ihrer Vorbildung etc. Die Lernziele schließlich müssen sprachlicher und inhaltlicher Art sein. Der Schüler soll einerseits die sprachlichen Mittel und Techniken zum Umgang mit Texten lernen. Er soll andererseits die Besonderheit und Bedeutung des jeweiligen Textes verstehen. Dabei müssen ästhetische und außerästhetische Gesichtspunkte berücksichtigt werden. Und schließlich soll er, als Fernziel, zu eigener Lektüre, Auswahl und kritischer Stellungnahme befähigt werden.

Bei der Behandlung von längeren literarischen Texten im Französischunterricht gibt es grundsätzlich zwei Möglichkeiten:
1. Die kursorische Lektüre eines ganzen Textes (lecture suivie et dirigée).
2. Die genaue Analyse eines Textauszugs (explication de texte).
Beide Methoden können selbstverständlich auch gekoppelt werden. Für die erstgenannte macht Werner Arnold in seiner „Fachdidaktik Französisch" einen als Modell gedachten Unterrichtsvorschlag, der in unser Rahmenthema paßt, nämlich die Lektüre von „Le Petit Prince" von Antoine de Saint-Exupéry. [1] Ein weiteres Unterrichtsmodell einer „lecture

suivie et dirigée" bietet François Hingue für Alain Fourniers „Le Grand Meaulnes"[2] an, bei dem allerdings die Beschreibung der Kindheit bis in die Pubertät hineinreicht.

Wir haben uns für die zweite Möglichkeit, die Analyse von Textauszügen, entschieden und zum Thema „Kind und Schule" drei Texte ausgewählt, in denen die Konfrontation des Kindes mit der Erwachsenenwelt besonders deutlich wird. In diesem Fall sind Textauszüge sinnvoll, da sie das gleiche Thema von verschiedenen Seiten her beleuchten. Außerdem sind die Passagen, in denen der Konflikt sich zuspitzt, meist relativ kurz. Wir werden uns jedoch bei der Interpretation nicht streng an die klassische französische „explication de texte" halten, sondern bestimmte Schwerpunkte setzen.

Folgende Texte sollen behandelt werden:

Raymond Queneau: Zazie dans le métro, 1959[3] (S. 20–21)
Monique Wittig: L'Opoponax, 1964[4] (S. 71–75)
Sempé-Goscinny: Le petit Nicolas, 1960[5] (S. 39–47).

2. Textanalyse

Die drei Texte haben inhaltliche Gemeinsamkeiten. Alle drei behandeln das Thema Kind und Schule oder, genauer gesagt, die Konfrontation des Kindes mit der in der Schule durch die Lehrer repräsentierten Welt der Erwachsenen. Dieser Konflikt ist in der Schule anders und härter als etwa in der Familie. Die dargestellten Kinder sind noch ziemlich klein (Primarstufe) und haben Schwierigkeiten, das, was sie in der Schule erleben, zu verstehen. Das Rollenverhalten von Schüler und Lehrer ist dabei von entscheidender Bedeutung. Diese psychologischen und soziologischen Gesichtspunkte werden jeweils aus der Sicht des Kindes dargestellt. Die sprachliche Realisierung ist allerdings in den einzelnen Texten verschieden.

2.1. Raymond Queneau: Zazie dans le métro

Die ausgewählte Passage ist in der obigen Interpretation (2.2.2.) schon einmal kurz erwähnt worden. Zazie erklärt, sie wolle Lehrerin werden. Auf die Bemerkung ihrer Tante, das sei gar kein so schlechter Beruf, da gebe es „ne schöne Pension", erwidert Zazie, die Pension sei ihr „wurscht", sie wolle Lehrerin werden, „um die Plagen zur Sau zu machen". Und sie führt dann aus, was sie sich für Gemeinheiten ausgedacht hat. Ihr Onkel Gabriel wendet ein, in den Zeitungen sei aber zu lesen, daß sich die moderne Erziehung ganz anders entwickele. Man gehe jetzt „den Weg der Milde, des Verstehens, der Güte". Auf die besorgte Frage von Tante Marceline, ob man sie denn in der Schule mißhandelt habe, antwortet Zazie empört: „Hätten sie sich mal erlauben sollen." Als schließlich der Onkel berichtet, in den Zeitungen habe gestanden, die Lehrerinnen würden durch Kino, Fernsehen, Elektronik „und solche Dinger" ersetzt, beschließt Zazie, Astronaut zu werden.

Betrachtet man den Text abgelöst vom Roman als in sich geschlossene Einheit, so handelt es sich um die realistische Wiedergabe eines Gesprächs zwischen einem Kind und zwei Erwachsenen. Thema ist der Berufswunsch des Kindes, Lehrerin zu werden. Dabei wird die „vernünftige" Argumentation der Erwachsenen (Pensionsanspruch) konfrontiert mit dem naiven, emotionalen Wunsch des Kindes, Macht auszuüben. Den von den Erwachsenen aus der Zeitung übernommenen Schlagwörtern einer modernen Erziehung setzt Zazie ihre blühende Phantasie im Ausmalen von Grausamkeiten entgegen. Dabei muß jedoch bedacht werden, daß Kinder nicht eigentlich grausam sind, weil sie sich in den anderen als Leidenden nicht hineinfühlen können. Auch entspricht das verbale Ausleben der Grausamkeit nicht unbedingt einer realitätsbezogenen Vorstellung. Doch drängt sich unwillkürlich die Frage auf, ob die Anschauungen, die Zazie vom Lehrerberuf hat, wohl auf eigenen Erfahrungen beruhen. Sie lehnt das jedoch ab, und es wäre, selbst bei einigem guten Willen, in dieser Form auch kaum glaubhaft. Die Frage bleibt aber bestehen: Was muß das Kind in der Schule erlebt haben, um solch ein Wunschbild zu entwickeln? Offenbar fühlt es sich unterdrückt durch eine willkürliche Machtausübung von Seiten des Lehrers. Diese Tatsache nimmt es anscheinend als naturgegeben hin, sie wird ihm wohl auch gar nicht richtig bewußt, führt aber zu dem Wunschtraum, später einmal diejenige zu sein, die unterdrückt. In der grotesken Übersteigerung der Situation in der Phantasie wird das Rollenverhalten des Lehrers transparent und die vielleicht nur unterschwelligen Erfahrungen des Kindes werden bewältigt. Zazie weiß im übrigen genau, daß es sich dabei nicht um individuelle, sondern um allgemeine Probleme handelt, die in der Situation des Kindes begründet sind, denn sie spricht von denen, „die . . . mein Alter haben werden". Vom Standpunkt des Kindes ist der spätere Rollentausch der Ausgleich für erlittene Unterdrückung. Der Lehrerberuf ist etwas ebenso Erstrebenswertes wie der des Astronauten.

Sprachlich gewinnt der Text seinen Reiz durch den Gebrauch des Argot, besonders in den Ausführungen Zazies über ihre spätere Lehrtätigkeit, die ihre kindliche Freude an sogenannten „unanständigen" Ausdrücken zeigt. Zazie versucht, die Erwachsenen mit Wörtern aus dem Fäkalbereich zu schockieren. Und in der Tat verfügt sie da wortschatzmäßig über eine große Variationsbreite: faire chier les mômes, emmerder les gosses, le derrière, les fesses, le derche. Auch sprachlich wird also der unechten, gekünstelten Erwachsenenwelt eine direkte, unverblümte Kinderwelt entgegengesetzt.

2.2. Monique Wittig: L'Opoponax

Der Roman erzählt die Geschichte des Mädchens Catherine Legrand vom Kindergarten bis zum Ende der Schulzeit. Opoponax ist, laut Brockhaus, eine „Doldenpflanze am östlichen Mittelmeer, die das echte O., ein heute kaum mehr gehandeltes Gummiharz, liefert. Das im Handel befindliche O. stammt von dem in Arabien heimischen Balsambaumgewächs commiphora kataf; es wird zu Räuchermitteln und in der Parfümerie verwendet." Für Catherine Legrand allerdings ist das Opoponax etwas anderes, etwas Geheimnisvolles, das sie so definiert: „. . . kann sich ausdehnen. Man kann es nicht beschreiben, weil es ständig seine Form verändert. Es gehört weder zum Tierreich noch zum Pflanzenreich noch zum Mineralreich, es ist also nicht einzuordnen. Naturell launisch, es ist ratsam, das Opoponax zu meiden."[6] Später dient ihr dieser Name als Pseudonym für Briefe, die sie an eine Mitschülerin schreibt.

In dem ausgewählten Text geht es um eine Schulstunde. Das Fräulein ist krank und wird durch Frau La Porte vertreten. Diese ist hübscher als das Fräulein: Sie trägt keine Brille, keinen Knoten, keine schwarzen Kleider. Sie hat geschminkte Lippen und lächelt immer. Um die Schülerinnen kennenzulernen, ruft sie sie einzeln auf. Dann beginnt sie mit der Erdkundelektion, in der sie die Kenntnisse der Klasse überprüfen will. Sie fragt Catherine Legrand, was ein Strom, ein Gebirge, ein Meer sei. „Catherine Legrand kann diese Fragen nicht beantworten. Jeder hat schon mal einen Strom gesehen. Es ist ein Fluß in größer." Nachdem diese Antwort scheinbar falsch ist, versucht sie es von neuem: „Es ist wo Wasser ist. Nein das ist es nicht. Es ist Wasser, das fließt, ein Meer ist Wasser, das nicht fließt. Das geht auch nicht." Die Lehrerin sagt, daß Catherine ihre Lektion nicht kann und gibt selbst die richtige Antwort: „Ein Strom ist ein großer Wasserlauf, der in ein Meer mündet." Sie stellt noch andere Fragen, z. B. was ein Tal sei. Wieder ist die Antwort nicht zufriedenstellend. Eine andere Schülerin meldet sich, sie „stellt sich neben die Bank und spricht sehr schnell". Sie erklärt, was ein Flußtal und was ein Gletschertal ist. Ihre Antwort ist richtig, sie bekommt eine Zwei. Catherine Legrand bekommt eine Fünf. Frau La Porte lächelt, während sie die Fünf einträgt und gibt Catherine „einen Klaps auf die Wange".

Im Gegensatz zum vorigen Text, wo die Schulsituation nur indirekt aus dem Wunschtraum des Kindes rekonstruiert werden konnte, gibt dieser Text die Situation direkt wieder. Er schildert das Geschehen unmittelbar, so wie es abläuft, ohne zu werten. Doch es wird deutlich, daß Schülerin und Lehrerin aneinander vorbeireden. Die Schülerin beantwortet die ihr gestellten Fragen aus ihrem eigenen Anschauungsbereich. Die Lehrerin aber erwartet auswendiggelerntes Schulwissen. Die treffenden Beschreibungen, die das Kind gibt, sein Versuch, die Dinge selbst zu definieren, werden abgelehnt zugunsten vorformulierten, abfragbaren Wissens, unter dem es sich nichts vorstellen kann. Die Entscheidung darüber, was richtig ist, hat die Lehrerin als die Autorität in der Schule. Sie lobt das andere Kind, das brav auswendiggelernt hat. Hier wird exemplarisch auf sehr eindringliche Weise die Gefahr aufgezeigt, die in der Schule allzu leicht gegeben ist, daß nämlich originelle, eigenwillige Kinder unterdrückt werden. Catherine hat das Gefühl, im Unrecht zu sein, etwas falsch gemacht zu haben, wo sie doch in Wirklichkeit selbständig und kreativ war.

Die Erwachsenenwelt wird hier in der Schule durch die Lehrerin repräsentiert. Sie gefällt den Kindern, denn sie sieht hübsch und freundlich aus. Doch dieses Aussehen täuscht. Hinter ihrem Lächeln verbirgt sich Verständnislosigkeit. Sie kann sich nicht in die Kinder und ihre Art der Formulierung hineinversetzen und klammert sich starr an die Erwachsenenausdrücke (Wasserverhältnisse, Schneeschmelze, atmosphärische Niederschläge, Erosion). Es ist aber nicht nur ihre Unfähigkeit, die kindliche Sprache zu verstehen und zu akzeptieren, die eine Kommunikation zwischen ihr und den Kindern unmöglich macht. Sie nimmt auch die Kinder nicht als Partner ernst. So geht sie auf den Einwand einer Schülerin, das Fräulein habe nie Lektionen abgehört, nicht nur nicht ein, sondern sie beschuldigt das Kind auch noch der Unwahrheit — „Stimmt das auch, was du da sagst?" — und gibt ihm keine Gelegenheit, sich zu rechtfertigen. Am irritierendsten für die Schülerinnen ist aber, daß diese Verständnislosigkeit mit einem zur Schau gestellten Wohlwollen einhergeht. Die Lehrerin lächelt immerzu, besonders aber, wenn sie ein Kind gekränkt hat. Die Kinder sind durch die Diskrepanz zwischen Aussehen und Verhalten sichtlich verunsichert. Es kommt aber nicht zu einem offenen Konflikt, da sie nicht in der Lage sind, die Situation zu durchschauen. Hinzu kommt, daß die Schülerinnen schon durch die äußeren Umstände in der schwächeren Position sind. Die hier geschilderte Schule erinnert an das Militär: Die Lehrerin ruft auf, die Kinder stehen neben der Bank bis sie die Erlaubnis bekommen, sich wieder zu setzen. Die Schüler warten höflich, bis die Lehrerin ausgeredet hat, während diese ihnen nicht zuhört oder diejenigen, die ohne ihre Erlaubnis etwas sagen, mit einer Handbewegung zum Schweigen bringt.

Interessant an diesem Text ist vor allem der Versuch, die Situation aus der Perspektive des Kindes zu schildern. Die besondere Schwierigkeit ist dabei, daß ja ein Erwachsener schreibt, daß er also versuchen muß, sich in das Kind hineinzuversetzen. Das hat die Autorin getan. Ihre Protagonistin, Catherine Legrand, schildert, meist in kurzen Hauptsätzen, was unmittelbar, in jedem Augenblick geschieht. Dies jedoch nicht als Protokoll, in Form von Dialogen, sondern so, wie das Geschehen in ihrem Bewußtsein abläuft, in einer Art innerem Monolog. Sie spricht von sich selbst als Catherine Legrand, so wie ganz kleine Kinder zu tun pflegen. Das Fehlen der ersten Person nimmt der Schilderung jede emotionale Färbung. Die direkte Rede des Kindes steht unmittelbar und in gleicher sprachlicher Form neben dem Bericht dessen, was die Lehrerin sagt oder tut. Diese reine Beschreibung, die sich jeglichen Urteils und jeglicher Wertung enthält, macht gerade durch ihre Objektivität den Konflikt für den Leser umso deutlicher. Im Stil des „Nouveau Roman"[7], in dessen weiterem Umkreis Monique Wittig gehört, wird der Leser zum Mitdenken und zum eigenen Urteilen gezwungen.

2.3. Sempé-Goscinny: Le petit Nicolas

Der kleine Nicolas und seine Kameraden sind die Helden einer Reihe von Schulgeschichten, die man etwa mit den „Lausbubengeschichten"[8] von Ludwig Thoma vergleichen könnte. Der von Goscinny verfaßte Text ist von Sempé illustriert worden.

In unserer Geschichte wird der Schulrat erwartet. Die Lehrerin, die einen möglichst guten Eindruck machen will, schärft den Schülern ein, sich anständig zu benehmen. Vor allem sollen sie nur sprechen, wenn sie gefragt sind, und nur mit Erlaubnis der Lehrerin lachen. Ein Schüler wird beauftragt, die Tintenfässer zu füllen, falls der Schulrat ein Diktat schreiben lassen möchte. Durch einen Mitschüler erschreckt, schüttet er die Tinte über die ganze erste Bank. Nun sollen die Schüler diese Bank nach hinten stellen und in diesem allgemeinen Trubel betritt der Schulrat mit dem Direktor das Zimmer. Nach einigen weiteren Zwischenfällen beschließt er, der Lehrerin vorzuführen, wie man mit ein wenig psychologischem Einfühlungsvermögen die Schüler gewinnt. Er erzählt ihnen einen Witz. Die Schüler würden gern lachen, trauen sich aber nicht, weil die Lehrerin es verboten hat. Nun fragt der Schulrat, was gerade behandelt wird, und die Lehrerin sagt ihm, daß sie bei der (unvermeidlichen!) Fabel von La Fontaine „Der Rabe und der Fuchs" sind. Bei der Nacherzählung der Fabel bricht zwischen den Schülern ein Streit aus, ob der Rabe einen Roquefort oder einen Camembert im Schnabel gehabt habe. Die Diskussion endet mit einer Schlägerei. Im allgemeinen Durcheinander drückt der Schulrat der Lehrerin die Hand und sagt ihr, sie habe sein volles Mitgefühl, noch nie sei ihm so klar geworden, daß man als Lehrer berufen sein müsse: „Nur weiter so! Nur Mut! Bravo!" Obwohl sie ja ihre Lehrerin sehr gern hätten, meint der kleine Nicolas, hätten sie sie doch an diesem Tag sehr ungerecht gefunden. Ihretwegen sei sie beglückwünscht worden, und dann habe sie sie alle in Arrest geschickt.

Auch dieser Text lebt von Mißverständnissen zwischen Erwachsenen und Kindern. Die Schüler wollen alles recht machen und machen doch alles falsch, weil sie das, was man ihnen sagt, allzu wörtlich nehmen. So etwa, als sie sich krampfhaft an den Befehl der Lehrerin halten, nicht ohne ihre Erlaubnis zu lachen, in einem Augenblick, wo sie nur mit Lachen die Situation hätten retten können. Doch können sie selbst nicht entscheiden, ob sie hier „den Befehl verweigern" dürfen, weil ihnen der Sinn dieses Befehls gar nicht einsichtig ist. Sie haben nicht begriffen, daß die Lehrerin dem Schulrat gegenüber einen guten Eindruck machen muß. Bei der Fabel diskutieren sie nur das, was ihnen wichtig erscheint, nämlich technische Einzelheiten über die jeweiligen Käsesorten, während sie die „Moral" überhaupt nicht interessiert. Hier ist also eine deutliche Diskrepanz zwischen Schulweisheit und Interessen der Schüler.

In diesem Text ist die Lehrerin zum ersten Mal nicht alleinige Autorität, sondern ihrerseits von einer höheren Instanz abhängig. Das ändert natürlich ihr Rollenverhalten. Bezeichnenderweise wird sie in ihrem Verhalten dem Schulrat gegenüber mit dem schwächsten Schüler verglichen. Auch das Verhältnis zwischen Lehrer und Schüler ist in diesem Text anders. Die Schüler sind nicht unterdrückt. Sie mögen ihre Lehrerin. Sie sind in ihrer fröhlichen Naivität die Stärkeren. Das liegt nicht zuletzt daran, daß sie als Gruppe auftreten. Und doch führt auch hier die Rollenverteilung zu Unverständnis und zu Konflikten. Zu guter Letzt fühlen sich auch hier die Schüler ungerecht behandelt. Und die Lehrerin ist von ihrem Standpunkt aus mit ihnen unzufrieden, da sie sie mit Erwachsenenmaßstäben mißt.

Der Erzähler dieses Textes stellt das Geschehen ebenfalls aus der Perspektive des Kindes dar, allerdings in ganz anderer Form als bei Monique Wittig. Denn hier wird das Geschehen nachträglich, im passé composé, erzählt. Das passé composé ist laut Weinrich „im französischen Tempussystem das Rückschautempus der besprochenen Welt"[9]. Der Schüler erzählt nachträglich (wem?), was heute in der Schule passiert ist. Daraus resultiert eine gewisse Inkohärenz in der Darstellung. In der Rückschau hat der Erzähler, der kleine Nicolas also, den Überblick. Er weiß genau, wie die Geschichte ausgeht, und baut die Erzählung sorgfältig auf. Das Nicht-lachen-dürfen und das tintenverschmierte Taschentuch des Schulrats werden rechtzeitig erwähnt, damit der Leser oder Hörer später den Witz sofort, ohne Erklärung, versteht. Das aber widerspricht der angeblichen Naivität, mit der der Schüler berichtet. Dasselbe gilt für den Schluß, wo die Feststellung: „Unseretwegen hat man sie beglückwünscht, und sie hat uns allen Arrest gegeben", ein Unverständnis vorgibt, das, wenn es wirklich Unverständnis wäre, diesen Zusammenhang gar nicht herstellen könnte. Hier wird die Schwierigkeit, aus der kindlichen Perspektive zu erzählen, ganz deutlich. Hinter dem vorgeschobenen Erzähler Nicolas wird immer wieder der eigentliche Erzähler Goscinny sichtbar. Das gilt vor allem für die eingeschobenen Reflexionen im Stil von: „Übrigens hat die Lehrerin unrecht...", oder: „Manchmal frage ich mich...".

Ähnliche Widersprüche treten in der Syntax auf. Während im Dialog umgangssprachliche, parataktische Sätze vorherrschen, wie sie der kindlichen Sprache entsprechen, findet sich im Bericht oft komplizierter hypotaktischer Satzbau, den nur ein erwachsener Erzähler gebraucht. Andererseits resultiert aus dieser Inkohärenz des Textes auch wieder seine Komik.

2.4. Vergleich

Die drei Texte handeln also von Schwierigkeiten in der Kommunikation, wie sie durch die Rollenverteilung in der Schule entstehen. Dabei ist die Erzählperspektive in den letzten beiden Texten gleich: Aus der Sicht des Schülers wird ein Geschehen geschildert, das ihm nicht verständlich ist. Das Erzähltempus ist allerdings verschieden. Der Text von Monique Wittig ist im Präsens geschrieben, folgt also unmittelbar den Gedanken des Kindes, während Goscinny im Perfekt das Geschehen in der Rückschau erzählen läßt. Auch thematisch stehen sich die beiden letzten Texte näher: Beide schildern Kommunikationsschwierigkeiten zwischen Schüler und Lehrer. Im ersten Text steht ein einzelnes Mädchen im Mittelpunkt und ist der Autorität der Lehrerin ausgeliefert; im zweiten bringt eine Gruppe von Schülern durch striktes und naives Befolgen unsinniger Anweisungen die Lehrerin dem Schulrat gegenüber in eine unmögliche Situation. In Queneaus Text ist die Situation anders. Von den Gegenspielern Lehrer-Schüler wird nur ein Teil dargestellt, und der Konflikt wird überhaupt nur in der Spiegelung durch Zazies Wunschträume sichtbar. Doch wird andererseits der Rollenkonflikt hier besonders eindringlich, denn Zazie erscheint ja in ihrem Verhalten Erwachsenen gegenüber durchaus als überlegen und selbstsicher. Trotzdem empfindet sie unterschwellig die Unterdrückung und kompensiert sie in ihrer Phantasie.

3. Didaktische Analyse

Wenn man davon ausgeht, daß Französisch in der Regel als zweite oder dritte Fremdsprache gelehrt wird, so kommen die ausgewählten Texte erst für die Sekundarstufe II in Frage. Bei Französisch als erster Fremdsprache wäre auch eine Behandlung in der Sekundarstufe I denkbar, wobei der folgende Unterrichtsvorschlag entsprechend vereinfacht werden müßte.

3.1. Sprachlicher Schwierigkeitsgrad

Vom Sprachniveau her bieten die Texte keine besonderen Schwierigkeiten. Es gibt keine Abweichungen von der Norm, wenn man das System der gesprochenen Sprache zugrunde legt. Mit den Besonderheiten des Satzbaus in der Umgangssprache sollten die Schüler beim heutigen Stand des Fremdsprachenunterrichts vertraut sein. Die Schwierigkeiten beim Wortschatz rühren vom Gebrauch des Argot bei Queneau und einiger Ausdrücke aus der Schülersprache bei Goscinny her. Sie lassen sich jedoch ohne weiteres erklären und werden sogar auf die Schüler einen gewissen Reiz ausüben.

3.2. Motivation

Das Thema ist für Schüler insofern relevant, als es ihre augenblickliche Lage unmittelbar betrifft. Denn die Texte gehören in die Kategorie von Literatur, die „typische menschliche Verhaltensweisen als Reaktion auf vorfindbare gesellschaftliche Forderungen, Zwänge und Verheißungen vorführt"[10]. Zwar können sich die Schüler mit den dargestellten Kindern nicht identifizieren, da diese viel jünger sind als sie selbst, aber umso eher ist eine kritische, rationale Betrachtungsweise möglich. Der Konflikt, der in der Schule aus dem Rollenverhalten und wechselseitigen Rollenverständnis entsteht, kann in der Verfremdung durch den altersmäßigen Abstand für den Schüler durchsichtig werden. So können auch im Fremdsprachenunterricht einmal Probleme behandelt werden, die den Schüler persönlich angehen und interessieren. Ja, im gegebenen Fall können die Texte sogar Konflikte oder Spannungen zwischen Lehrer und Schüler bewußt machen und als Ausgangspunkt für eine gemeinsam zu suchende Lösung dienen. Dann würde den Schülern endlich einmal bewußt, daß die Fremdsprache nicht nur Unterrichtsgegenstand, sondern auch echtes Kommunikationsmittel ist — ein Ziel, das jeder kommunikative Fremdsprachenunterricht anstrebt.

3.3. Lernziele

Die Lernziele müssen, wie schon erwähnt, bei diesen Texten in sprachliche und inhaltliche, in ästhetische und außerästhetische gegliedert werden:
— Die Schüler sollen zunächst die Texte verstehen. Sie sollen die Besonderheiten der gesprochenen Sprache darin erkennen.
— Sollte es sich um die erste Begegnung mit Literatur handeln, so müßten sie außerdem ein Instrumentarium für den kritischen Umgang mit Texten erwerben.
— Die Schüler sollen erkennen, mit welchen stilistischen Mitteln die einzelnen Autoren versuchen, die Geschichte realistisch aus der Sicht des Kindes zu erzählen.
— Inhaltlich sollen die Schüler die Situationen als durch das Rollenverhalten entstandenen Konflikt erkennen. Es soll deutlich werden, daß die Situationen exemplarisch sind für die Konfrontation des Kindes mit der Erwachsenenwelt.
— Durch das Durchschauen schulischen Rollenverhaltens kann ein über den literarischen Text hinausführendes emanzipatorisches Lernziel verfolgt werden.

4. Methodische Vorschläge

Wie bereits in der Einleitung erwähnt, geht es uns nicht um eine klassische „explication de texte" mit ihrer streng festgelegten Gliederung [11], die auch in Frankreich immer mehr in den Hintergrund gedrängt wird. [12] Vielmehr sollen bei der Interpretation von vorn herein bestimmte Schwerpunkte gesetzt werden: Inhaltlich geht es, wie das Thema besagt, um das Lehrer-Schüler-Verhältnis. Sprachlich soll im wesentlichen die Erzählperspektive herausgearbeitet werden.

4.1. Problemstellung

Der Text aus Raymond Queneaus „Zazie dans le métro" kann als Einstieg in die Problemstellung dienen. Dabei müssen aber zunächst die sprachlichen Schwierigkeiten ausgeräumt, der Text muß inhaltlich erfaßt werden. Um den Schülern den Spaß an der Entdeckung des Argot nicht zu nehmen, sollte man sie den Text in Partner- oder Gruppenarbeit mit Hilfe entsprechender Wörterbücher erarbeiten lassen. Reizvoll könnte in diesem Fall auch eine Übersetzung ins Deutsche sein, denn dabei werden die Eigenheiten dieses Textes erst richtig deutlich.

Nach dieser Phase selbständiger Bearbeitung, die entweder durch eine französische Wiedergabe des Inhalts oder durch eine Übersetzung ins Deutsche kontrolliert wird, kann im fragend-entwickelnden Verfahren das Hauptthema, die Einstellung zum Lehrberuf, herausgestellt werden. Die beiden Positionen, die des Kindes und die der Erwachsenen, könnten graphisch etwa so einander gegenübergestellt werden:

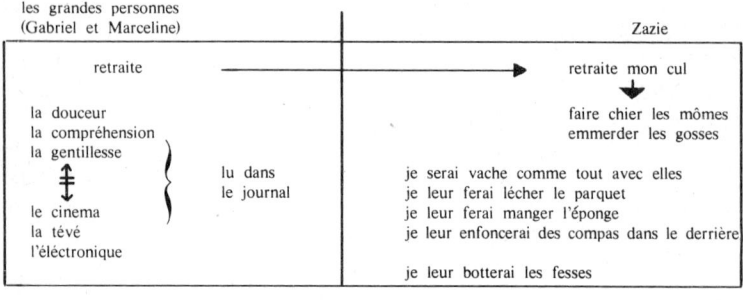

Aus dieser Aufstellung wird deutlich, daß die Erwachsenen als erstes ihr eigenes Interesse im Auge haben, nämlich den Pensionsanspruch. Alles andere haben sie als Schlagwörter aus der Zeitung übernommen und merken nicht einmal den Widerspruch zwischen der menschlich-verständnisvollen Seite der Erziehung einerseits und der totalen Technisierung andererseits. Zazies einziges, in vielen Variationen wiederholtes Argument ist die Lust an der Unterdrückung. Vielleicht erinnern sich einzelne Schüler daran, daß sie selbst oder andere einmal Lehrer gespielt haben, und daß dabei das Schimpfen, Schlagen und Strafen eine große Rolle gespielt hat. Viele Schüler scheinen also, wie Zazie, den Lehrer als jemanden zu empfinden, der Macht hat und diese nach Gutdünken einsetzt. Hier müßten nun Fragen zu diesem Problemkreis auftauchen, die dann an die anderen beiden Texte herangetragen werden sollen, etwa

— Quelle est la situation psychologique de l'élève à l'école?
— Quelles sont les expériences de l'élève?
— Quelle est l'image que l'élève se fait du professeur?
— Correspond-elle à la réalité?
— Quelle est la repartition des rôles à l'école?

4.2. Textarbeit

Die Beantwortung dieser Fragen kann sinnvollerweise im arbeitsteiligen Verfahren in Gruppen erfolgen. In einer ersten Phase müssen zunächst einmal die Texte inhaltlich verstanden und Sprachschwierigkeiten ausgeräumt werden. Der Lehrer kann die Arbeit erleichtern durch eine Liste einsprachiger Wort- und gegebenenfalls Sacherklärungen (z. B. l'inspecteur, mettre un zéro, „le Corbeau et le Renard"). Anschließend können die Gruppen die zuvor gemeinsam erarbeiteten Fragen für ihren jeweiligen Text beantworten. Dabei ist es sinnvoll, ihnen vorzuschlagen, zunächst die Passagen, die die Schüler betreffen, und die, die den Lehrer betreffen, in verschiedenen Farben zu unterstreichen oder katalogartig aufzuschreiben. Denn eine solche Aufzählung wird die Beantwortung der Fragen erleichtern und garantieren, daß eng am Text gearbeitet wird. Im Plenum sollten anschließend die Ergebnisse vorgetragen und zur Diskussion gestellt werden. Gemeinsamkeiten und Unterschiede beider Texte sollen deutlich werden.

Das könnte etwa so aussehen (die Pfeile sollen anzeigen, daß und von wem auf eine oder mehrere Personen Druck ausgeübt wird):

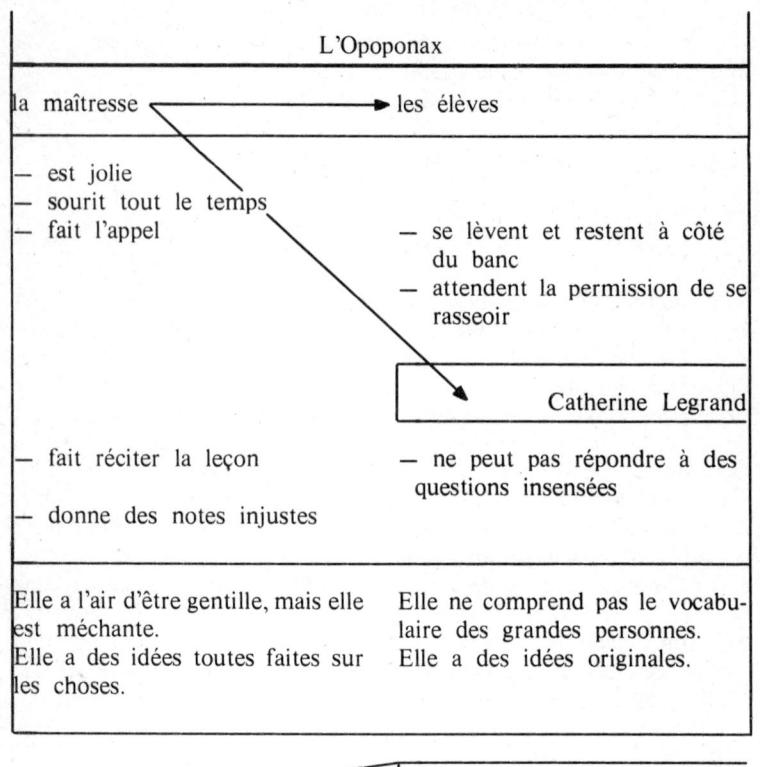

L'Opoponax

la maîtresse ——————▶ les élèves

— est jolie
— sourit tout le temps
— fait l'appel

                  — se lèvent et restent à côté du banc
                  — attendent la permission de se rasseoir

Catherine Legrand

— fait réciter la leçon

                  — ne peut pas répondre à des questions insensées

— donne des notes injustes

Elle a l'air d'être gentille, mais elle est méchante.
Elle a des idées toutes faites sur les choses.

Elle ne comprend pas le vocabulaire des grandes personnes.
Elle a des idées originales.

La maîtresse et les élèves

parce que la maîtresse parle un autre langage que les élèves, et parce qu'elle n'est pas prête à les considérer comme ses égaux

224

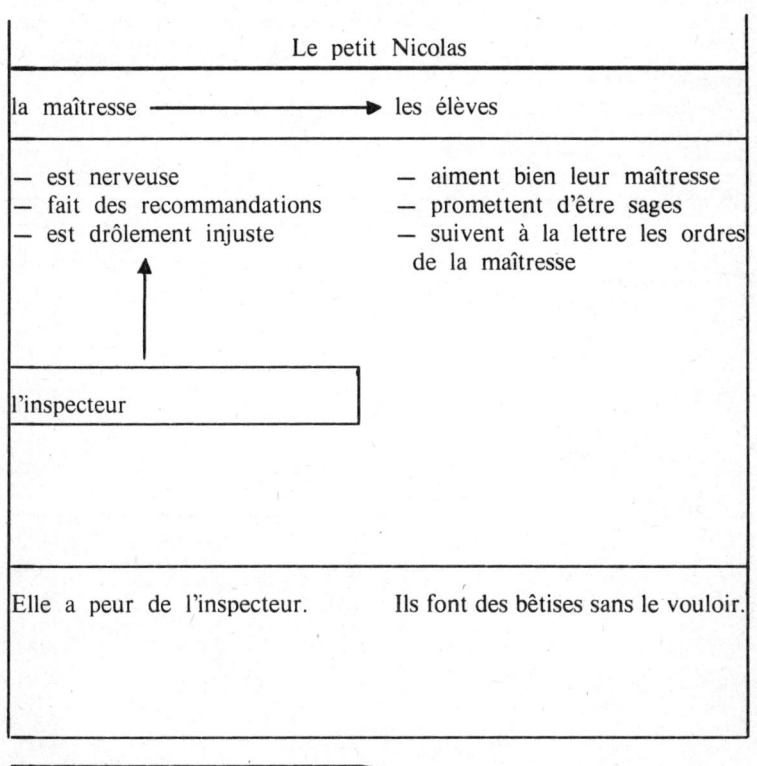

Le petit Nicolas	
la maîtresse ──────────► les élèves	
— est nerveuse — fait des recommandations — est drôlement injuste	— aiment bien leur maîtresse — promettent d'être sages — suivent à la lettre les ordres de la maîtresse
l'inspecteur	
Elle a peur de l'inspecteur.	Ils font des bêtises sans le vouloir.

ne se comprennent pas

parce que les élèves ne se rendent pas compte de la situation difficile de la maîtresse, et parce qu'ils ne comprennent pas le sens des re-commandations

Vielleicht fällt den Schülern selbst auf, sonst muß der Lehrer darauf
aufmerksam machen, daß die Form der Darstellung in beiden Texten
ganz verschieden ist. In einem neuen Arbeitsgang muß nun herausgearbeitet werden, welche sprachlichen und stilistischen Mittel der Autor
gebraucht, um aus der Sicht des Kindes zu erzählen. Um den Schülern
die Arbeit zu erleichtern, wird ihnen ein Raster vorgegeben mit dem
Arbeitsauftrag:
— Analysez les textes en utilisant le schéma suivant:

1° vocabulaire	choix des mots	
	expressions typiques	
2° construction des phrases		
3° temps narratif		
4° narrateur		
5° caractère du texte		
6° point de vue du narrateur (vision „derrière", „avec" ou „du dehors")[13]		
7° effet produit sur le lecteur		

Die in den Gruppen gewonnenen Ergebnisse werden anschließend wieder im Plenum diskutiert und an der Tafel einander gegenübergestellt:

		L'Opoponax	Le petit Nicolas
1° vocabulaire	choix des mots	simple, concret	riche
	expressions typiques	absentes	spécial école
2° construction des phrases		simple	compliquée
3° temps narratif		présent	imparfait/passé composé
4° narrateur		Catherine Legrand	Nicolas
5° caractère du texte		monologue intérieur	récit
6° point de vue du narrateur		avec le personnage	soi disant avec, en vérité derrière le personnage
7° effet produit sur le lecteur		provoque une prise de position	fait rire

Ein wichtiges Ergebnis dieser Aufstellung ist, daß trotz inhaltlicher Gemeinsamkeiten (fehlgelaufene Kommunikation und Unverständnis zwischen Lehrer und Schüler) die Wirkung auf den Leser durch die sprachliche Realisierung ganz verschieden ist.

4.3. Textproduktion und Rollenspiel

Waren die bisherigen Phasen der Unterrichtseinheit eher rezeptiver Natur, so soll in der Fortführung nun versucht werden, die Schüler produktiv und kreativ werden zu lassen.

Eine gute Möglichkeit dazu bietet die Textproduktion (production de textes). Dabei sollen die Schüler, als Vorstufe für späteres eigenes Schreiben, zunächst ein vorgegebenes Modell formal oder inhaltlich imitieren.[14]

In unserem Fall sollten sie beides, nämlich eigene Schulerlebnisse oder typische Schulsituationen im Stil der vorliegenden Texte niederschreiben. Welchen der beiden Texte sie stilistisch kopieren wollen, können sie selbst wählen. Als Hilfsmittel werden ihnen außer den Textvorlagen Wörterbücher an die Hand gegeben.

Eine weitere Möglichkeit produktiver Sprachanwendung ist das Rollenspiel (dramatisation). Inwieweit es bei diesem Thema in der vorgeschlagenen Altersstufe möglich ist, muß der einzelne Lehrer entscheiden. Im wesentlichen hängt es wohl davon ab, ob die Klasse Erfahrung mit dem Rollenspiel hat und es als selbstverständliche Unterrichtsform akzeptiert.[15]

Während der zweite Vorschlag eine vertiefte Einsicht in das Rollenverhalten anstrebt, ist der erste eine ‚Stilübung', die garantieren soll, daß die Schüler die Technik der Autoren verstanden haben. Welche Übung man einsetzt, hängt einerseits vom Interesse der Klasse ab, andererseits davon, ob man die inhaltlichen oder die sprachlichen Lernziele betonen möchte.

5. Weiterführende Texte

Für eine eventuelle Weiterführung der Unterrichtseinheit wären u. a. folgende Texte zu empfehlen:
„Maîtres et élèves", herausgegeben von Daniel Hameline.[16]
In dieser Textsammlung zum Thema Lehrer-Schüler finden sich neben literarischen auch viele pädagogische Texte, die zum Teil sprachlich nicht schwierig sind.

Eine weitere Gruppe von Texten, die man zu einer Einheit zusammenfassen könnte, ließen sich Romanen vom Ende des 19. Jahrhunderts entnehmen:

Jules Vallès: L'Enfant. Chap. XI: Le Lycée.[17]
Alphonse Daudet: Le Petit Chose. Chap. II: Les Babarottes.[18]
Alphonse Daudet: Jack. Chap. II: Le Gymnase Moronval.[19]

In ihnen wird das Kind als Opfer der Erwachsenen gezeigt, vergleichbar Jules Renards „Poil de Carotte" (2.1.3.).

Im übrigen finden sich in den meisten Kindheitsdarstellungen Passagen über die Schule, da diese eine maßgebliche Rolle im Sozialisationsprozeß des Kindes spielt.

Anmerkungen

1 W. Arnold: Fachdidaktik Französisch. Stuttgart: Klett 1973. S. 206 ff.

2 F. Hingue: Propositions pour une méthodologie des lectures suivies et dirigées. In: Le Français dans le Monde 118, 1/1976. S. 19 ff.

3 R. Queneau: Zazie dans le métro. Paris: Gallimard (Livre de poche) 1959. Deutsche Ausgabe: Zazie in der Metro. Übers. von E. Helmlé. Frankfurt: Suhrkamp (Bibliothek Suhrkamp 431) 1975.

4 M. Wittig: L'Opoponax. Paris: Editions de Minuit 1964. Deutsche Ausgabe: Opoponax. Übers. von E. Tophoven. Reinbek bei Hamburg: Rowohlt 1966.

5 Sempé-Goscinny: Le petit Nicolas. Paris: Denoël (Collection folio) 1960. Als Lektüreheft beim Verlag M. Diesterweg, Frankfurt ²1970. Goscinny wird den Schülern als Autor von „Astérix" bekannt sein.

6 M. Wittig: Opoponax, S. 170.

7 Unter der Bezeichnung „Nouveau Roman" wird eine Gruppe von Autoren zusammengefaßt, die dem traditionellen psychologisierenden Roman einen „Ding-Roman" entgegensetzen. Vertreter sind u. a. Michel Butor, Claude Ollier, Robert Pinget, Alain Robbe-Grillet, Nathalie Sarraute, Claude Simon.

8 L. Thoma: Lausbubengeschichten (1905).

9 H. Weinrich: Tempus. Besprochene und erzählte Welt. Stuttgart: Kohlhammer 1964, S. 97.

10 K. Köhring/R. Beilharz: Begriffswörterbuch Fremdsprachendidaktik und -methodik. München: Hueber 1973. S. 167.

11 Vgl. etwa H. Hatzfeld: Initiation à l'explication de textes français. München: Hueber 1957.

12 Beispiele neuer Interpretationsformen für den Unterricht bringt M. Benamou: Pour une nouvelle pédagogie du texte littéraire. Paris: Hachette/Larousse (Collection Le Français dans le Monde B. E. L. C.) 1971.

13 Diese von J. Pouillon in „Temps et Roman" (1946) vorgeschlagene Einteilung ist übersichtlich zusammengestellt in: T. Todorov: „Les catégories du récit littéraire." In: Communications n° 8, 1960. S. 141 f.

14 Vgl. R. Nataf: „L'écrit littéraire." In: Le Français dans le Monde 109, 12/1974. S. 45 ff.
15 Zum Rollenspiel vgl. B. Kochan (Hrsg.): Rollenspiel als Methode sprachlichen und sozialen Lernens. Kronberg: Scriptor 1974; für den Fremdsprachenunterricht: H. E. Piepho: Kommunikative Kompetenz als übergeordnetes Lernziel im Englischunterricht. Dornburg-Frickhofen: Frankonius 1974.
16 D. Hameline: Maîtres et élèves. Paris: Classiques Hachette (Collection: Thèmes et parcours littéraires) 1973.
17 J. Vallès: L'Enfant. Paris: Gallimard (Collection folio) 1973. S. 140 ff.
18 A. Daudet: Le Petit Chose. Paris: Fasquelle (Livre de poche) 1975. S. 21 ff.
19 A. Daudet: Jack. Paris: Flammarion (Livre de poche) 1973. S. 37 ff.

4. Literaturbericht

4.1. Allgemeine Untersuchungen

Wie in der Einführung erwähnt, ist Kindheit erst gegen Ende des 19. Jahrhunderts ein eigenwertiges und zentrales Thema der Literatur geworden; dies gilt im wesentlichen auch für das meist nicht scharf gegen die Kindheit abzugrenzende Jugendalter. Entsprechend werden in Untersuchungen über die literarische Darstellung des Kindes oft auch Darstellungen des Heranwachsenden einbezogen. Getrennte Betrachtungen sind vor allem dann nicht zu erwarten, wenn die untersuchten Texte selbst Kindheit und Jugendalter umschließen.

Neben dem Zusammenhang von Kindheit und Jugend ist auch die Beziehung zwischen der Auffassung der Pädagogik und dem Bild, das die Literatur vom Kind entwirft, ein leitender Untersuchungsgesichtspunkt. Schließlich locken Unterschiede in der Kindheitsdarstellung verschiedener Nationalliteraturen zu vergleichender Betrachtung. Diese drei Aspekte sind je bestimmende Fragestellungen in den Arbeiten von Jens, Söntgerath und Hagen.

In seiner Untersuchung „Das Bild des Jugendlichen in der modernen Literatur" (1962) kommt Walter Jens[1] in einem entscheidenden Punkt auf Kindheit zu sprechen. Ohne immer strikt zwischen später Kindheit und Jugendzeit zu trennen, unterscheidet er zwei Epochen in der literarischen Darstellung des Jugendlichen, seitdem der junge Mensch um seiner selbst willen beschrieben wird. In dem halben Jahrhundert zwischen C. F. Meyers „Leiden eines Knaben" (1883) und Ernst Gläsers Roman „Jahrgang 1902" (1928) stehen die Jugendlichen in der Auseinandersetzung mit der Väterwelt, mit der Schule und anderen pädagogischen Institutionen; zarte, oft musisch veranlagte junge Menschen zerbrechen unter dem Zwang elterlichen Ehrgeizes und einer inhumanen Schule. Viele dieser Jugendlichen in der Literatur der Wilhelminischen und Weimarer Zeit sind Nachfahren Anton Reisers, mit dem Karl Philipp Moritz das Jugendporträt eines sozial Deklassierten gezeichnet hat, in dessen Kampf mit einer feindlichen Umwelt Jens Seelenanalyse und Gesellschaftskritik zusammenfließen sieht. Die Jugend in der Literatur dieser Jahrzehnte steht in der Defensive und lebt zugleich aus der Empörung und dem Kampf gegen die Väter.

Gegenüber dieser kämpferischen oder auch ohnmächtig beobachtenden Jugend beschreibt die Literatur der Folgezeit und insbesondere der Gegenwart eine charakteristische jugendliche Eigenwelt, in der die Söhne nicht mehr unter den Vätern stehen, sondern als Herren einer emanzipierten Welt den Erwachsenen gegenüber als Gleiche auftreten. Diesen Befund belegt Jens hauptsächlich mit Beispielen aus den fünfziger Jahren nun nicht nur aus der deutschen, sondern auch aus der spanischen, italienischen, französischen und amerikanischen Literatur. Schon in André Gides „Falschmünzern" (1925) ist angelegt, was in den Romanen des Spaniers Juan Goytisolo („Die Falschspieler", 1954. „Trauer im Paradies", 1955.) deutlich wird: Die Jugendlichen sind stärker, weil sie das Erwachsenen-Dasein kopieren, es aber konsequent zu Ende denken und so kompromißloser und skrupelloser handeln können. So ist, folgert Jens, „die Jugend-Welt in der modernen Poesie... identisch mit der auf ihre ‚Idealität' reduzierten Erwachsenen-Welt... die Kopie demonstriert die Essenz des Originals."[2]

Angesichts solcher die Erwachsenen entlarvenden Jugendlichen in der zeitgenössischen Literatur wird Kindheit zum Inbegriff des Ganz-Anders-Seins. Besonders in der italienischen, amerikanischen und deutschen Literatur finden sich Kindergestalten, deren Wesen „Unschuld, Bei-Sich-Sein, mythische Allmacht" ist. „Kindheit heißt: Antithese (nicht Vergröberung!) der Erwachsenen-Welt; Kindheit: das ist die wahre Idealität, deren Existenz die Heillosigkeit unserer Gesellschaft spiegelt."[3]

Neben einer solchen Kinderwelt als einer Sphäre des Reinen und Ursprünglichen stehen in der modernen Literatur die vielen Kindergestalten, „die man zwang, weit vor der Zeit erwachsen zu sein".[4] Dieser Befund ist für Jens entscheidend für die Bestimmung des Verhältnisses der Lebensabschnitte Kindheit, Jugend, Erwachsenenalter; danach gibt es in der modernen Literatur, von Ausnahmen abgesehen, keine Jugendlichen im Sinne der traditionellen Zwischenstufe zwischen Kindheit und Erwachsenen, „sondern nur erwachsene Kinder und kindliche Erwachsene".[4] Kinder dürfen oft unvermittelt nicht mehr Kinder sein; aus der Zweiphasigkeit Kindheit-Erwachsenensein erklärt Jens auch die für die Darstellung des Jugendalters charakteristische Verbindung so heterogener Elemente wie Kälte und Romantik. Am Beispiel von Carson McCullers' Roman „Mein Herz ist ein einsamer Jäger" (1940) wird das Leben „erwachsener Kinder" zwischen Realität und Phantasie aufgezeigt.

Waren also um die Jahrhundertwende das Generationsproblem, der Kampf gegen die Väter, die Entwicklungsprobleme der Pubertät wesentliche Elemente dargestellter Jugend, so zeichnet die neuere Literatur eine Generation, „die keine Jugend hat, eine Generation von Menschen, die man zwang, viel zu früh erwachsen zu sein und die deshalb, vor der Zeit gereift, auch viel zu lange Kinder sind: Kinder mit der Erfahrung von Männern, Erwachsene mit kindlichen Träumen".[5]

Jens' These ist einleuchtend, hängt aber davon ab, welchen repräsentativen Wert man den von ihm angeführten Werken zubilligt. Irritierend ist, daß zur Vergangenheit nur deutsche Beispiele angeführt werden, zur Gegenwart aber auch solche aus anderen Nationalliteraturen, die doch jeweils ihre eigene Tradition haben. Es gibt amerikanische Untersuchungen[6], in denen Bild und Rolle des Jugendlichen in der neueren Literatur anders gesehen werden als bei Jens.

Günter Biens Aufsatz „Das Bild des Jugendlichen in der modernen Literatur" (1964)[7] bleibt im Rahmen der Einsichten des Beitrags von Walter Jens. Im Blick auf die Kindheitsthematik ist hervorzuheben, daß das Verhalten der jugendlichen Hauptfigur in Jerome D. Salingers Roman „Der Fänger im Roggen" (1951) als unbewußter Wunsch gedeutet wird, ein Kind zu bleiben, das mit der Welt der Erwachsenen nichts zu tun hat; verlängerte Schulzeit erscheint als verlängerte Kindheit. — In den Vorschlägen des gleichen Verfassers zur unterrichtlichen Behandlung des Jugendlichen in der Literatur des 20. Jahrhunderts finden sich auch die Kindheit betreffende Aspekte.[8]

Bleibt die Untersuchung von Walter Jens innerliterarisch, indem sie die Erscheinungsweise des Kindes und Jugendlichen in der Literatur nachzeichnet und in einer These formuliert, so will Alfred Söntgerath den Bereich der Kunst überschreiten und den Beziehungen zwischen wissenschaftlicher und pädagogischer Auffassung vom Kind und seiner literarischen Spiegelung nachgehen: Pädagogik und Dichtung.[9]

Söntgerath geht davon aus, daß das Kind in der modernen Literatur mit dem Kind in der Wirklichkeit nicht identisch ist. Das Kind in der Literatur kann sich aber nicht völlig von der Realität entfernen, während diese wiederum Rückwirkungen von der Literatur her ausgesetzt ist. Der Verfasser geht weiter davon aus, daß das Kind nicht nur als Figur in der Dichtung auftritt, sondern daß es in jeder Epoche als literarisches Thema in einer jeweils kulturimmanenten Weise behandelt wird.[10]

Unter dieser Voraussetzung stellt sich das Buch die Aufgabe, die Darstellung des Kindes in der deutschen Literatur des 20. Jahrhunderts — auch nichtdeutsche Werke werden herangezogen — zu untersuchen, Themen und Motivkreise zu finden. Darüber hinaus soll die Literatur aber auch als wichtige Quelle für die Erziehungswissenschaft beachtet werden. Andererseits will der Autor möglichen Einwirkungen der Wissenschaftsentwicklung, insbesondere der Sozialwissenschaften, auf die Literatur nachgehen; so verweist er besonders auf den Einfluß der Tiefenpsychologie und Psychoanalyse auf literarische Kinderdarstellungen. Betont werden schließlich die Parallelen in der Pädagogik und der Literatur. Hat, so Söntgerath, der Dichter zur Zeit der Reformpädagogik aus der Perspektive des Kindes — anklagend — gesprochen, so ändert sich das Bild des Kindes in der Literatur parallel zu den gewandelten pädagogisch-soziologischen Auffassungen und Befunden. Einschränkend muß Söntgerath jedoch feststellen, daß der schon bald nach der Jahrhundertwende wachsende Skeptizismus in der jungen Generation von der amerikanischen und französischen Literatur und Pädagogik gleichermaßen registriert wird, während den skeptisch beobachtenden jungen Menschen in der deutschen Literatur, die seit Musils „Törleß" (1906) immer zahlreicher werden, zunächst noch optimistisch-idealistische Jugendkonzeptionen der Pädagogik (Litt, Spranger) gegenüberstehen. Als dann in Helmut Schelskys sozialpädagogischen Studien „Die skeptische Generation" (1957) der Leitbegriff des Skeptizismus aufgegriffen wird, hat sich das Bild des jungen Menschen in der Literatur schon wieder geändert.

Bezüglich der Darstellung des Kindes in der deutschen Literatur des 20. Jahrhunderts unterscheidet Söntgerath drei Epochen: Im ersten Drittel des Jahrhunderts überwiege, parallel zur reformpädagogischen Bewegung, die Darstellung der Eigenwelt des Kindes. In Übereinstimmung mit pädagogischen Auffassungen in den Sozialwissenschaften sei die zweite Phase durch die Darstellung der Partnerschaft zwischen dem Kind und dem Erwachsenen gekennzeichnet (Jugendbewegung). Nach dem 2. Weltkrieg schließlich rücke die Rivalität zwischen dem Kind und seiner Umwelt in den Vordergrund; dabei werde der Mythos vom guten Kind geradezu verkehrt in die Darstellung des kindlich Bösen.

Eigenwelt, Partnerschaft, Rivalität sind die je leitenden Gesichtspunkte der drei Hauptteile des Buches, in denen sie umfangreich dokumentiert werden. Nach Angaben des Autors werden etwa 200 Schriftsteller mit fast 1000 Texten berücksichtigt; dabei sind nicht immer alle Werke und bibliographischen Angaben im Detail richtig wiedergegeben. Der Wert des Buches liegt vor allem in seinem Materialreichtum und in dem Versuch, die große Fülle dargestellter Kindheit in der Literatur des 20. Jahrhunderts unter übergreifenden Gesichtspunkten zu ordnen.

Rainer Hagen geht in seiner komparatistisch verfahrenden Arbeit[11] von der Annahme aus, daß jede Nation ihr eigenes Kinderbild hat. Diese Kinderbilder sind die Vorstellungen der Erwachsenen, die sie in die Kinder hineinprojizieren. Solche Projektionen werden von den Autoren gestaltet und von den Lesern in einem Kreislauf verfestigter Traditionen akzeptiert. So reproduzieren sich jeweils in den Literaturen der verschiedenen Länder die unterschiedlichen Bilder vom Kind, die den Vorstellungen der Erwachsenen entsprechen.

Bei der inhaltlichen Füllung der Kinderbilder verschiedener Nationalliteraturen muß das Material beachtet werden, aus dem Hagen die

Bilder gewinnt. In der deutschen Literatur steht Goethes Mignon für das meist verklärte und idealisierte Kind. Der frühe Tod vieler literarischer Kinder wird als Indiz dafür gesehen, daß Idealisiertes nicht lebensfähig ist. Hagen erklärt die Beliebtheit dieses Kinderbildes in Deutschland aus der außerordentlich großen Verbreitung autobiographischer Bücher mit verklärenden Kindheits- und Jugenddarstellungen (z. B. W. v. Kügelgen: Jugenderinnerungen eines alten Mannes. 1870. — C. L. Schleich: Besonnte Vergangenheit. 1920 u. ö.). Kritisch fügt der Autor hinzu, daß es von der Kindesverherrlichung zur Kindesmißhandlung nur ein kleiner Schritt sei.

Zwar setzt Hagen mit dem Oskar aus Günter Grass' „Die Blechtrommel" (1959) dem Kinderengel die Anti-Mignon-Gestalt entgegen. Und in Hubert Fichtes „Das Waisenhaus" (1965) oder Christian Grotes „Für Kinder die Hälfte" (1963) sieht er die Darstellung von Unruhe und Angst aus der Perspektive der Kinder. Doch ändere dies nichts am Mignonbild, da, so Hagen, literatursoziologisch argumentierend, Grotes und Fichtes Bücher nicht gelesen werden.

Im Gegensatz zum deutschen „Unschuldengel" ist das französische Kind ein barbarischer Antitypus, der nicht höher, sondern niedriger als der Erwachsene eingestuft wird. Auf jeden Fall schätzt die französische Literatur die Kinder nüchterner ein; sie haben Körper und Geschlechtsregungen, lügen, stehlen, zerstören und töten. Wie ihre Eltern haben sie vielfältig gemischte Eigenschaften. Als Beweisstücke werden vor allem die Autobiographien Rousseaus (1781), André Gides (1924) und Sartres (1964) genannt.

In der Tradition der amerikanischen Literatur findet sich sowohl das gute, geniale und engelgleiche Kind als auch der heimatlose, einsame Außenseiter (Tom Sawyer/Huckleberry Finn). Selbst die „bad boys" in der Literatur des ausgehenden 19. Jahrhunderts sind trotz ihrer Streiche Engel.

In der englischen Literatur, der eine gute Kenntnis des Kindes bescheinigt wird, sei die Grausamkeit der Kinder ein charakteristischer Zug, jedoch ohne Einbeziehung der Sexual- und Analsphäre wie im französischen Kinderbild. Die Grausamkeit wird als Indiz für den Realismus der Engländer und ihre Kolonialerfahrung gewertet — dazu werden Kiplings Indienbücher angerufen. Bestialität erscheint aber auch, ebenso wie der Nonsense, als literarische Kompensation für das tägliche fair play.

Aus dem Kinderbild der italienischen Literatur ist nach Hagen auf Angst im Lebensgefühl der Italiener zu schließen. Als Kehrseite des Familienkults zeigt sich das Elend der unehelichen Kinder. Die frühe

Anpassung wird als beherrschender Zug im Kinderbild der italienischen Literatur herausgestellt.

Der Reiz von Hagens Buch liegt in der Hypothese von der publikumsbedingten nationalen Verschiedenheit literarischer Kinderbilder, seine Problematik in der allzu oberflächlichen Verifizierung. Die Frage bleibt offen, welcher Art genau die Zusammenhänge sind zwischen dem von Autoren dargestellten und dem von Lesern vorgestellten Kinderbild, zumal sowohl die Leser als auch die Autoren unterschiedlichen Schichten und Lebensbereichen angehören können. Eine komparatistische Untersuchung, die zuverlässiger sein will als die Hagens, müßte sehr viel umfangreicheres Material mit sehr viel differenzierteren Methoden bearbeiten und vor allem auch den historischen Aspekt beachten.

Anmerkungen

1 Walter Jens: Das Bild des Jugendlichen in der modernen Literatur. In: Die Jugend in den geistigen Auseinandersetzungen unserer Zeit. Veröffentlichung der Joachim-Jungius-Gesellschaft der Wissenschaften Hamburg. Göttingen: Vandenhoeck und Ruprecht 1962. S. 103–118.
Unter verändertem Titel — Erwachsene Kinder. Das Bild des Jugendlichen in der modernen Literatur — ebenfalls erschienen in Walter Jens: Statt einer Literaturgeschichte. Pfullingen: Neske. 5. erweiterte Aufl. 1962. S. 135–159.

2 Statt einer Literaturgeschichte, S. 145.

3 Statt einer Literaturgeschichte, S. 149.

4 Statt einer Literaturgeschichte, S. 150.

5 Statt einer Literaturgeschichte, S. 159.

6 Vgl. z. B. W. Tasker Witham: The Adolescent in the American Novel. 1920–1960. New York: Frederick Ungar 1964 und James W. Johnson: "The Adolescent Hero: A Trend in Modern Fiction." Twentieth Century Literature, 5 (1959). S. 3–11. Siehe außerdem den Bericht zur amerikanischen Literatur unter 4.3.3.

7 Günter Bien: „Das Bild des Jugendlichen in der modernen Literatur". In: Deutsche Rundschau. 90 (1964), Heft 3. S. 40–45.

8 Günter Bien: „Das Bild des Jugendlichen in modernen Dichtungen". In: Der Deutschunterricht. 21 (1969), Heft 2. S. 5–27.

9 Alfred Söntgerath: Pädagogik und Dichtung. Das Kind in der Literatur des 20. Jahrhunderts. Stuttgart: Kohlhammer 1967.

10 Zum Problem einer Kulturmorphologie des Kindes und Jugendlichen sei hier verwiesen auf die Bücher von Hans Heinrich Muchow: Sexualreife und Sozialstruktur der Jugend. Reinbek: Rowohlt 1959 (rowohlts deutsche enzyklopädie 94). — Ders.: Jugend und Zeitgeist. Morphologie der Kulturpubertät. Reinbek: Rowohlt 1962 (rowohlts deutsche enzyklopädie 147/148).

11 Rainer Hagen: Kinder, wie sie im Buche stehen. München: List 1967.

4.2. Untersuchungen zur deutschsprachigen Literatur

Die in 4.1. referierten Untersuchungen beziehen sich in starkem Maße auch auf Kindheitsdarstellungen der deutschen Literatur. Die im folgenden zu besprechenden Abhandlungen stellen eine Auswahl von spezielleren Arbeiten zur Gestalt des Kindes und Jugendlichen in der neueren deutschsprachigen Literatur dar. Sie werden in eine Gruppe von mehr historisch und eine solche von vorwiegend systematisch verfahrenden Untersuchungen eingeteilt und innerhalb dieser Gruppierungen unter Teilaspekten vorgestellt.

1. Überblicke, Epochendarstellungen, Teilbereiche

Allgemein ist zu sagen, daß das Thema „Kindheit in der deutschen Literatur" noch keine befriedigende Gesamtdarstellung gefunden hat. Zu den älteren Arbeiten, die, von ihrer wissenschaftsgeschichtlichen Bedeutung abgesehen, vorwiegend nur noch als Materialsammlungen zu benutzen sind, gehört Heinrich Kraegers Aufsatz „Die Darstellung des Kindes in alter und neuer Zeit" (1911).[1] Der Leser erhält Hinweise auf Kindergestalten im antiken Drama, bei Shakespeare und in der klassischen deutschen Literatur (Klopstock, Lessing, Goethe, Schiller, Kleist).

Einen knappen, aber instruktiven Überblick über die unterschiedliche Rolle des Kindes in der Literatur vom Mittelalter bis zu Hesse und Rilke bietet Elsbet Linpinsel: „Das Kind und die Jugend in der Literatur" (1941/42).[2] Die sich verändernde Auffassung vom Kind wird von den geistesgeschichtlichen Wandlungen her begründet, und ihre literarischen Spiegelungen werden an einzelne Autoren und Werken aufgezeigt.

Keinen Gesamtüberblick, aber die Entwicklung eines längeren Zeitraumes zeigt Joachim Müller: „Die Gestalt des Kindes und des Jugendlichen in der deutschen Literatur von Goethe bis Thomas Mann" (1971).[3] Die Studie vermittelt anregende Einsichten, wie z. B. die in die Bedeutung der Einbettung der Kindheit und Jugend in die Zeitereignisse, wie sie Goethe in „Dichtung und Wahrheit" darstellt, oder die in den zunehmend tragischen Charakter des literarischen Kinderbildes in der untersuchten Epoche. Neben Goethe und Thomas Mann werden Werke von Karl Philipp Moritz, Ulrich Bräker, Novalis, Friedrich Schlegel, Jean Paul, E. T. A. Hoffmann und Gottfried Keller besprochen; auf Kindheitsdarstellungen bei C. F. Meyer, H. Hesse und R. M. Rilke wird hingewiesen. Die Funktion der Dichter, falsche Erziehung anzuprangern und das pädagogisch Notwendige aufzuweisen, wird positiv beurteilt.

Den Typus einer sich auf einen kleineren Zeitraum beschränkenden Untersuchung stellt Alexander Beinlichs sehr materialreiches Buch „Kindheit und Kinderseele in der deutschen Dichtung um 1900" dar.[4] Beinlich setzt, ähnlich wie Söntgerath, die literarische Darstellung des Kindes zu der Entwicklung der Psychologie in Beziehung. Danach bringt das ausgehende 18. Jahrhundert eine erste Blütezeit der „Kinderseelenkunde"; in Karl Philipp Moritz' „Anton Reiser" (1785–1790) verbinden sich praktische Erforschung und literarische Darstellung der Kinderseele. Nach der romantischen Auffassung von der Kindheit als verlorenem Paradies tritt die Beschäftigung mit dem Kind bis zur Mitte des 19. Jahrhunderts wieder zurück. Dann wird, nicht zuletzt unter dem Einfluß des Darwinschen Entwicklungsgedankens, das Kind in seinen Lebensbedingungen immer mehr beachtet. Entsprechend wird in der erzählenden deutschen Dichtung der Folgezeit Kindheit erstmals als gleichberechtigter Lebensabschnitt dargestellt, von 1875 an, bis in den Jahren um 1905 ein erster Höhepunkt der Kindheitsdarstellung erreicht ist.

Die große Anzahl von Texten aus dem Untersuchungszeitraum (1875–1905) bespricht Beinlich unter Entwicklungsaspekten, im Blick auf Umweltfaktoren und unter Beachtung besonderer Beziehungen des Kindes zu Gegenstands- und Lebensbereichen (Tier, Eltern, Schule, Kirche . . .). Kinderexistenzen in gestörten Erziehungs- und Sozialverhältnissen, Sonderfälle des hochbegabten oder des körperlich und seelisch belasteten Kindes finden besondere Beachtung. Im ganzen steht nach Beinlichs Ergebnissen um 1900 das leidende Kind im Vordergrund. Art und Akzent der Kindheitsdarstellungen werden im Zusammenhang mit den jeweils vorherrschenden Literaturrichtungen gesehen (Realismus, Naturalismus, Neuromantik). Aufschlußreich für das Verhältnis von Kinderpsychologie und literarischer Kindheitsdarstellung ist, immer auf seinen Untersuchungszeitraum bezogen, Beinlichs Beobachtung, daß die frühe Kindheit bis etwa zum 4. Lebensjahr psychologisch gut erforscht, diese Zeit aber in den Kindheitsdarstellungen meist nur knapp vertreten ist. Die weitere Kindheit, besonders die ab Schuleintritt, ist wissenschaftlich schlechter erfaßt, nimmt aber in der Dichtung einen größeren Raum ein, insbesondere die späte Kindheit und Vorpubertät (10.–14. Lebensjahr). Die Reifezeit dagegen wird von Psychologie und Literatur gleichermaßen aufgegriffen.[5]

Macht Beinlich eine historisch abgeschlossene, aus der Distanz zu übersehende Epoche zum Gegenstand seiner themabezogenen Untersuchung, so beschäftigt sich Adolf von Grolmann in seinem 1930 erschienen Buch „Kind und junger Mensch in der Dichtung der Gegenwart"[6] mit der Behandlung des Themas in seiner eigenen Zeit. Schon in der Bestimmung des Untersuchungszeitraumes jedoch kommt Grolmanns stark normative Haltung zum Ausdruck; er rechnet zur Gegenwart alles, „was jenseits der fliehenden Jahre auch heute mindestens für einen Personenkreis noch künstlerische und menschliche Geltung hat . . ." (S. 13). In einem solchen Gegenwartsverständnis werden Kindheitsdarstellungen von 1883 (C. F. Meyer: Das Leiden eines Knaben) bis 1930 vorgestellt. Das Buch bringt weniger Analysen als Wertungen, in denen sich der nationale oder gar nationalistische Standpunkt seines Verfassers widerspiegelt; so werden Thomas Mann und Hermann Hesse als „Halbdeutsche" (S. 123) bezeichnet, die in ihrem Schöpferwillen zwar deutsch seien, nicht aber in der Verwirklichung dieses Willens. Als Zeitkritiker verurteilt Grolmann das Krisenhafte und Disparate der allgemeinen Lage, die dem Wesen des Kindes nicht gerecht werde; das zeige sich in der Zerstörung von Kindheiten in der zeitgenössischen Kindheitsdichtung. — Das Buch kann heute nur noch als wissenschaftsgeschichtliche Quelle gelesen werden. Auch als Materialsammlung läßt es sich benutzen.

Im engeren Sinne einer Gegenwart zugeordnet, skizziert Inge Meidinger-Geise einige Grundlinien in den literarischen Spiegelungen der Kinder der Nachkriegszeit: „Die Kinder des Chaos — und ihr literarisches Porträt".[7] In der Wirklichkeit des Krieges und der Nachkriegszeit stößt die Eigenwelt des Kindes mit den Forderungen der Umwelt zusammen. Aber trotz der Bedrohung und Zerstörung der Welt des Kindes zeige die Literatur auch Refugien für kindliches Leben und den Schutz des Sich-Angleichens. So gibt es bei aller Illusionslosigkeit in einer dunklen Welt auch das Wunder der Liebe und Unschuld, und die Schrecknisse der Zeit können dem Kind zum Abenteuer werden. Bei allen Lichtern jedoch, die die Schriftsteller ihren ins Chaos hineingestellten Kindergestalten beigeben, werden die Kinder vorzeitig älter (vgl. dazu Walter Jens) und sehnen sich als verkrüppelte Erwachsene nach Herd und Familie.

Für einen Sonderaspekt literarischer Kindheitsdarstellung stellt Hans Würtz („Das Waisenkind in der schönen Literatur", 1931)[8] umfangreiches literarisches Material seit dem Mittelalter zusammen, das sich bis zur Gegenwart ergänzen ließe (z. B. Hubert Fichte: Das Waisenhaus. 1965).

Unter dem Aspekt der Deutung der eigenen Kindheit von der späteren Existenz der Dichter her untersucht Frieda Jahn „Die autobiographische Kindheitsdichtung der Gegenwart" (1942).[9] Die zwischen 1875 und 1900 geborenen Autoren der untersuchten Texte haben überwiegend glückliche Kindheiten verbracht. F. Jahn gruppiert die autobiographischen Texte, die sie Erinnerungsdichtungen nennt, in die Typen Seele, Erziehung, Familie, Dorf, Heimat und Politik.

Einem räumlich begrenzten Bereich der deutschsprachigen Literatur zugewandt ist die Arbeit von Viktor Ott: „Studien zur Darstellung des Kindes in der modernen Schweizer Erzählungsliteratur" (1940).[10] Die Arbeit untersucht vorwiegend die autobiographischen Werke von M. Lienert, A. Steffen, J. Schaffner und H. Federer. Grundsätzlich stellt Ott fest, daß im Gegensatz zum 18. und 19. Jahrhundert in der Schweizer Erzählliteratur des 20. Jahrhunderts das Kind größtenteils nur dekorative Funktion hat. Er steht damit in Gegensatz zu allen anderen Untersuchungen, nach denen das Kind gerade erst in den letzten hundert Jahren als eigenwertiges Thema von der Literatur entdeckt wurde.

Der Typ von Untersuchungen zur Kindheitsdarstellung ausschließlich bei einem Autor ist vertreten in der Arbeit von Klaus Hoffer: „Das Bild des Kindes im Werk Franz Kafkas" (1970).[11] Nach Hoffers Ergebnissen hat das Kind bei Kafka die Aufgabe, Überholtes und nutzlos Gewordenes in Humanes zu verwandeln; Kindheit ist, wie auch das Alter, eine vom Profitdenken freie Zeit im Leben des Menschen, in der zwischenmenschliche Beziehungen möglich werden. Das Kind weise den Menschen auf das Eigentliche seiner Verantwortung hin. Diese Sendung des Kindes bezieht sich auf alle Personen im Werk, zu denen eine Bindung besteht, die als Vater-Sohn-Verhältnis gekennzeichnet ist. Dieser Selbstverwirklichung des Kindes stehen aber gesellschaftlich bedingte Verhaltensforderungen entgegen. Doch bleibt das von der zweckhaften Zielsetzung unabhängige Kind im Spiel aktiv und angstfrei, weil es, im Gegensatz zum Erwachsenen, noch im Grundgefühl der Geborgenheit lebe.

2. Untersuchungen zu inhaltsorientierten Teilaspekten

Einer der wichtigsten Sozialisationsfaktoren in der zweiten Hälfte der Kindheit und in der Jugendzeit ist die Schule. Literarische Werke, in denen dieser Tatsache eine zentrale Bedeutung zukommt, werden üblicherweise als Schul- oder Schülergeschichten bezeichnet. Dieses Genre ist Thema der Arbeit von Julius Bach: „Der deutsche Schülerroman und seine Entwicklung" (1922).[12] Bach leitet den Schülerroman aus dem Entwicklungs- und Erziehungsroman her und unterscheidet zwischen radikalkritischen (gegen die Schulmaschinerie, die Verschleierung des sexuellen Problems, das Internatswesen) und gemäßigt kritischen Schülerromanen.

Umfassender an der literarischen Darstellung des pädagogischen Vorgangs interessiert ist Ignatz Bick: „Das Erziehungsproblem im modernen Roman seit dem Naturalismus" (1931).[13] Je nach der Wirkung eines entscheidenden Kindheitserlebnisses auf das Schicksal des Erwachsenen unterscheidet Bick zwischen dem Untergangs- und dem Überwindungsroman. Aus der Verurteilung des Erwachsenen in den aus der Perspektive des Kindes geschriebenen Romanen im ersten Drittel des 20. Jahrhunderts gewinnt das Kind die moralische Vormacht. Der daraus entspringende Konflikt mit Eltern, Lehrern und den Erziehungsinstitutionen ist der zentrale Gesichtspunkt bei der Analyse von Romanen aus der Zeit zwischen 1900 und 1930 (H. A. Krüger, Emil Strauß, Thomas Mann, Leonhard Frank, Franz Werfel, Hermann Hesse, Joseph Ponten, Friedrich Huch, Jacob Wassermann). Wichtige Merkmale sind u. a. die Rettung durch einen illusionslosen jugendlichen Freund, Ironisierung der Erwachsenen, der mündige Jugendliche. Bick betrachtet die Romane als Spiegel der Zeitinhalte, zieht jedoch kein außerliterarisches Vergleichsmaterial heran.

In Franz Ebners Arbeit „Das Seelenleben des Kindes und des Jugendlichen in der deutschsprachigen Erzählung des 20. Jahrhunderts" (1953)[14] werden kindliche und jugendliche Hauptgestalten deutscher und österreichischer Entwicklungsromane und Novellen charakterologischen Entwicklungstypen zugeordnet. In loser Anlehnung an die Typenlehre in Sprangers Jugendpsychologie stellt Ebner folgende Typen zusammen: den jugendlichen ästhetischen Schwärmer der Neuromantik, den ethischen Enthusiasten, den mit dem Vaterkomplex Beladenen, den lebensvollen Typus und den ästhetischen Schwärmer im expressionistischen und versachlichten Pubertätsroman.

Noch stärker als bei Ebner steht das pädagogische Interesse im Vordergrund bei Barbara Hensel: „Das Kind und der Jugendliche in der deutschen Roman- und Erzählliteratur nach dem 2. Weltkrieg. Eine pädagogische Untersuchung" (1962).[15] Das pädagogische Interesse an der Literatur konkretisiert sich in den Fragen nach dem Menschenbild, nach der Auffassung von Kindheit und Jugend und der Wirkungsmacht äußerer Umstände. Die Kindergestalten in den inhaltlich vorgestellten Texten werden unter bestimmten Aspekten (Erscheinungsweise, Verhalten, soziale Zugehörigkeit u. ä.) betrachtet; dabei findet die Autorin zwei Gruppen; denen, die in geordneten Familienverhältnissen aufwachsen, stehen diejenigen gegenüber, die durch das Kriegsschicksal und die Sorgen der Erwachsenen frühzeitig menschliche Existenznot kennenlernen. Für die Jugendlichen stellt sie fest, daß sie alle durch geschädigte Umweltverhältnisse innere Ungeborgenheit erfahren. Im Rahmen des Versuchs, die Beziehung zwischen Nachkriegsliteratur und Pädagogik zu bestimmen, erkennt B. Hensel eine geistig-metaphysische und eine biologisch-psychologische Auffassung von Kindheit und Jugend; dabei besteht über die große Bedeutung der Kindheit, der Erziehung und der Umweltfaktoren sowohl in der Pädagogik als auch in der Literatur kein Zweifel. Dadurch, daß die Literatur dem Kind und dem Jugendlichen so große Beachtung schenkt, macht sie auf die große Bedeutung dieser Lebensabschnitte für das ganze Leben aufmerksam. Für die Erziehungspraxis folgert die Autorin aus den literarischen Darstellungen von Kindheit und Jugend die Notwendigkeit musischer, sozialer, geschlechtlicher und religiöser Erziehung.

Einem Sonderaspekt der Darstellung des Kindes in der deutschen Literatur ist die Studie von Waltraud Hartmann gewidmet: „Das Motiv des Kindertodes in der neueren deutschen Erzählkunst" (1953).[16] Die Verfasserin ordnet ihr Material, das von Goethe bis Thomas Mann reicht, in zwei Motivgruppen. In der ersten Gruppe steht das Kind im Mittelpunkt der Handlung. Der Tod tritt als notwendige Folge eines seelischen Prozesses, an dem es zugrunde geht, auf; das Motiv des Kindertodes steht hier meistens im Zusammenhang einer moralischtendenziösen Anklage (z. B. C. F. Meyer: Das Leiden eines Knaben. Hermann Hesse: Unterm Rad.). Als handelnde Figur eher im Hintergrund steht das Kind bei den Werken der zweiten Gruppe; hier hat der Kindertod die Funktion eines formalen künstlerischen Elements im Verlauf der Erzählhandlung (z. B. Gerhart Hauptmann: Bahnwärter Thiel. Thomas Mann: Doktor Faustus). Einen Sonderfall dieser Motivgruppe stellt das Auftreten des Todes in Gestalt eines Kindes dar (Thomas Mann: Der Tod in Venedig).

Ein pädagogisch-psychologisches Ziel verfolgt die Arbeit von Gerda-Karla Sauer: „Kindliche Utopien" (1954).[17] Aufgrund von kindlichen Utopien in literarischen Werken und Selbstzeugnissen von Kindern kommt die Autorin durch ihre psychoanalytische und pädagogische Interpretation zum Ergebnis, daß Kinder versuchen, eine ideale Welt zu konzipieren, die in vielen Zügen den großen Utopien eines Morus oder Campanella ähneln.

Zur Besprechung literarisch gestalteter Kindheit und Jugend im Deutschunterricht wollen die folgenden Beiträge anregen. Ursula Heise teilt ihre „Kindergestalten in moderner Dichtung" (1959)[18], die sie nur der deutschen Literatur entnimmt, in vier Gruppen ein: Kinder in heiler Wirklichkeit, in der Not der Zeit, in den Konflikten der frühen Reifezeit und mit besonderer künstlerischer Begabung. Günter Bien konzentriert sich auf „Das Bild des Jugendlichen in modernen Dichtungen" (1969).[19]; er bezieht in seine Lektürevorschläge auch nichtdeutsche Literatur ein.

1 Heinrich Kraeger: Die Darstellung des Kindes in alter und neuer Zeit. In: Heinrich Kraeger: Vorträge und Kritiken. Oldenburg und Leipzig: Schulzesche Hof-Buchhandlung 1911. S. 24–92.
2 Elsbet Linpinsel: „Das Kind und die Jugend in der Literatur." In: Der Bücherwurm. Monatsschrift für Bücherfreunde. 27. Jg. (Sept. 1941/August 1942). S. 167–182.
3 Joachim Müller: Die Gestalt des Kindes und des Jugendlichen in der deutschen Literatur von Goethe bis Thomas Mann. (Sitzungsberichte der Sächsischen Akademie der Wissenschaften zu Leipzig. Philolog.-histor. Klasse. Bd. 116, Heft 1) Berlin: Akademie Verlag 1971 [38 S.].
4 Alexander Beinlich: Kindheit und Kinderseele in der deutschen Dichtung um 1900. Diss. Breslau 1937.
5 Diese Zusammenhänge werden noch einmal dargestellt: Alexander Beinlich: „Zum Verhältnis von kindes- und jugendpsychologischer Forschung und dichterischer Darstellung des Kindes." In: Zeitschrift für Pädagogische Psychologie und Jugendkunde. 41. Jg. (1940). S. 37–40.
6 Adolf von Grolmann: Kind und junger Mensch in der Dichtung der Gegenwart. Berlin: Junker und Dünnhaupt o. J. [1930].
7 Inge Meidinger-Geise: „Die Kinder des Chaos — und ihr literarisches Porträt." In: Welt und Wort. Literarische Monatsschrift. 7. Jg. (1952). S. 407–411.
8 Hans Würtz: „Das Waisenkind in der schönen Literatur." In: Waisenhilfe. Zeitschrift des Reichsverbandes für Waisenfürsorge (Deutsche Reichsfechtschule), des Deutschen Erziehungsbeirats für verwaiste Jugend und des Hessischen Fechtvereins „Waisenschutz". 51. Jg. (1931). Heft 5, S. 129–132; Heft 6, S. 161–165; Heft 8, S. 202–206; Heft 9, S. 219–223; Heft 10, S. 234–239.
9 Frieda Jahn: Die autobiographische Kindheitsdichtung der Gegenwart. Diss. (Masch.) Wien 1942.
10 Viktor Ott: Studien zur Darstellung des Kindes in der modernen Schweizer Erzählungsliteratur. Diss. Freiburg (Schweiz) 1940; St. Gallen 1944.
11 Klaus Hoffer: Das Bild des Kindes im Werk Franz Kafkas. Diss. (Masch.) Graz 1970.
12 Julius Bach: Der deutsche Schülerroman und seine Entwicklung. Diss. Münster 1922.
13 Ignatz Bick: Das Erziehungsproblem im modernen Roman seit dem Naturalismus. Diss. Frankfurt/Main 1931.
14 Franz Ebner: Das Seelenleben des Kindes und des Jugendlichen in der deutschsprachigen Erzählung des 20. Jahrhunderts. Diss. (Masch.) Wien 1953.
15 Barbara Hensel: Das Kind und der Jugendliche in der deutschen Roman- und Erzählliteratur nach dem 2. Weltkrieg. Eine pädagogische Untersuchung. Diss. München 1962.
16 Waltraud Hartmann: Das Motiv des Kindertodes in der neueren deutschen Erzählkunst. Diss. (Masch.) Erlangen 1953.
17 Gerda-Karla Sauer: Kindliche Utopien. Weinheim: Beltz 1954 (Göttinger Studien zur Pädagogik, Heft 34).

18 Ursula Heise: „Kindergestalten in moderner Dichtung. Hinweise für Privat- und Klassenlektüre." In: Der Deutschunterricht. 11 (1959), Heft 6. S. 94–112.
19 Günter Bien: „Das Bild des Jugendlichen in modernen Dichtungen." In: Der Deutschunterricht. 21 (1969), Heft 2. S. 5–27.

4.3. Untersuchungen zur englischsprachigen Literatur

Wer sich über Untersuchungen zur Kindheitsthematik in der englischsprachigen Literatur informieren will, findet eine Fülle bibliographischer
Hinweise in zwei neueren deutschen Dissertationen: Ekkehard Spann:
„ ‚Problemkinder' in der englischen Erzählkunst der Gegenwart" (1970)[1]
und Peter Freese: „Die Initiationsreise. Studien zum jugendlichen Helden
im modernen amerikanischen Roman" (1971).[2] Ein erster Blick in die
Bibliographien dieser beiden Arbeiten zeigt, daß sich die Kinder in
der englischen Literatur bei deutschen Anglisten besonderer Beliebtheit
erfreuen, während die Kinder in der amerikanischen Literatur vor allem
die Zuwendung ihrer eigenen Landsleute finden. Freilich, das Stan-
dardwerk zum gesamten Themenkomplex, das Bücher beider Nationalliteraturen umfaßt, stammt von einem Engländer: Peter Coveney:
„The Image of Childhood" (1967).[3]

Die zahlreichen Arbeiten, meist Dissertationen, die bis in die vierziger
Jahre zur Kindheitsthematik verfaßt wurden, können vor dem heutigen
Methodenbewußtsein kaum noch bestehen. Mehr als ein summarischer
Hinweis auf die Titel ist deshalb in dem nachfolgenden Bericht nicht
erforderlich. Ausführlicher soll nur auf Untersuchungen eingegangen
werden, die seit den fünfziger Jahren erschienen sind. Gruppiert werden
sie nach ihrem Gegenstandsbereich in Untersuchungen 1. zur gesamten
englischsprachigen Literatur, 2. zur englischen und 3. zur amerikanischen
Literatur. Innerhalb des ersten Abschnitts ist die Reihenfolge der Besprechung an der Bedeutung der Arbeiten orientiert, innerhalb des zweiten
und dritten an der Chronologie der Erscheinungsjahre. Arbeiten über
das Kindheitsbild in der Literatur anderer als der beiden genannten
englischsprachigen Länder scheinen bisher nicht vorzuliegen.

Ehe über die einschlägigen Untersuchungen zum Thema dieses
Studienbuchs berichtet wird, seien noch zwei Anmerkungen gemacht,
die darüber hinausweisen. Wenn sich für einen Zeitpunkt der Vergan-
genheit die Frage nach dem Verhältnis der dargestellten zur tatsächlichen
Kindheit ergibt, dann könnten folgende Untersuchungen hilfreich sein:
Ivy Pinchbeck/Margaret Hewitt: „Children in English Society" (1. Bd.
1969)[4] und Richard L. Rapson: „The American Child as Seen by British
Travelers, 1845-1935" (1965).[5] Und dem Interessenten von Kinder- und
Jugendliteratur bieten sich für einen Vergleich an: Gillian Avery: „Nine-
teenth-Century Children. Heroes and Heroines in English Children's
Stories, 1780-1900" (1965)[6] und Monica Kiefer: „American Children
through their Books, 1700-1835" (1948).[7]

1. Zur gesamten englischsprachigen Literatur

Peter Coveneys grundlegende Studie, erstmals erschienen als „Poor Monkey: The Child in Literature" (1957), wurde für die zweite Auflage überarbeitet und mit einem genaueren Titel versehen: „The Image of Childhood. The Individual and Society: a Study of the Theme in English Literature" (1967). Die Arbeit umfaßt zeitlich das 19. und frühe 20. Jahrhundert, nationalliterarisch vor allem englische Autoren, aber auch in Anbetracht der Bedeutung ihrer Kindheitsdarstellung zwei amerikanische (Twain, James) und einen irischen (Joyce) und gattungsmäßig — entscheidend ist die Originalität des Beitrags zum Thema — Gedichte (Blake, Wordsworth, Coleridge), Romane (außer den genannten Autoren besonders Dickens, Eliot, Butler, Woolf, Lawrence) und Kinderbücher (Jefferies, Carroll, Barrie). Das Interesse des Historikers Coveney an dem gewählten Thema ist gleichermaßen geistes- und sozialgeschichtlich. Ihn reizt das Kindheitsthema nicht um seiner selbst willen, sondern vielmehr als ein Indiz im Werk vieler Autoren, an dem sich die Herausbildung von „Isolation, Entfremdung, Zweifel und intellektuellem Konflikt" (S. 31) im Bereich der Kunst in Parallele und Opposition zum Fortgang der industriellen Revolution ablesen läßt.[8] „Wenn das zentrale Problem des Künstlers in der Tat das der Anpassung war, kann man leicht die Möglichkeiten für die Identifizierung des Künstlers mit dem Bewußtsein des Kindes sehen, dessen Schwierigkeit und Hauptgrund des Schmerzes oft in der Anpassung ... an die Umwelt liegt." (S. 31) Die Funktion der Kindergestalt in der Literatur ist ambivalent: Sie ist „mal ein Symbol für Wachstum und Entwicklung und mal ein Symbol persönlicher Regression und eines Rückzugs ins Selbstmitleid." (S. 32) Was Coveney in historischer Abfolge als Bild der Kindheit bei einzelnen Autoren herausarbeitet, ist also nicht Abbild einer für objektiv faßbar gehaltenen Wirklichkeit, sondern Projektionsbild subjektiver Erfahrung dieser Wirklichkeit. Dabei besteht die Gefahr seines Ansatzes, wie er selber deutlich sieht, in der Herstellung falscher Bezüge zwischen dem Werk eines Autors und seinem Leben, nicht jedoch, könnte man hinzufügen, in der Verwechslung fiktiver mit tatsächlichen Kindern. Das Werk eines Autors ist nun freilich nicht nur von seiner Biographie geprägt, sondern auch von dem, was Coveney das „intellektuelle Klima" einer Zeit nennt (S. 35). Zwei Veränderungen dieses Klimas sind in engem Zusammenhang mit der Kindheitsthematik zu sehen: im 18. Jahrhundert der Widerspruch gegen den christlichen Gedanken der Erbsünde durch Rousseaus Auffassung von der ursprünglichen Unschuld des Menschen und zu Beginn des 20. Jahrhunderts, nun in Widerspruch zur Rousseauschen Tradition, die wissenschaftliche Analyse der Kindheit durch Freud. Coveney ist es nicht so sehr um den Einfluß berühmter Theoretiker auf Autoren zu tun, als vielmehr um Gemeinsamkeiten in ihrer Auffassung vom Kinde. So stehen Joyce und Lawrence Freud ähnlich nahe wie Blake, Wordsworth, Dickens und Twain Rousseau. An solchen Übereinstimmungen zeigt sich zugleich jener Grad von Allgemeinheit, der die Kindheitsdarstellungen der genannten Autoren mehr sein läßt als persönliche Bekenntnisse.

Ein amerikanisches, nahezu gleichzeitig entstandenes Pendant zu Coveneys Studie ist eine Reihe von Essays Leslie Fiedlers, die zuerst 1958 in der Zeitschrift „The New Leader" erschienen und dann unter dem Titel „The Eye of Innocence" in dem Buch „No! in Thunder" (1960) nachgedruckt wurden.[9] Fiedler setzt wie Coveney bei Rousseau ein, wendet sich dann aber hauptsächlich amerikanischen Autoren zu, wenn er auch immer wieder Hinweise auf englische gibt. Seine Aussagen zur Kindheitsthematik, essayistisch-polemisch vorgetragen, sind wissenschaftlich weniger abgesichert als Coveneys, aber kaum weniger nachdenkenswert. Vorstellungen vom Kinde gehören für ihn zu den archetypischen Bildern einer Gesellschaft, die, faßbar in der Literatur, einer kritischen Analyse bedürfen: „Das Kind bleibt, was es seit den Anfängen der Romantik gewesen ist, ein Surrogat für unsere unbewußten, triebhaften Lügen." (S. 291) In Literatur und Bewußtsein der Amerikaner spielen das „Good Good Girl" und der „Good Bad Boy" eine wichtige Rolle. Von dem Typ des guten Mädchens (Beispiel: Eva in „Onkel Toms Hütte") sagt Fiedler: „In dieser einzigartigen Figur werden befriedigt: das Verlangen der Mittelschicht, Weiblichkeit zu idealisieren; die protestantische Entschiedenheit, voreheliche Keuschheit zu feiern; der nordeuropäische Wunsch, Blondes zu verherrlichen und Schwarzes herabzusetzen; ebenso wie das sentimentale Bedürfnis, Kindheit zu erlösen vom Geruch der Windeln und den Implikationen der Erbsünde." (S. 257 f.) Diesem Mädchentyp an die Seite gestellt ist ein Jungentyp (Becky Thatcher und Tom Sawyer!), von dem es heißt: „Der gute böse Bube ist natürlich Amerikas Bild von sich selbst, das authentische Amerika, ungehobelt und aufsässig in seinen Anfängen, aber von seinem Schöpfer ausgestattet mit einem instinktiven Sinn für das, was richtig ist; sexuell so rein wie ein Milchmädchen, ist er dennoch ein Rauhbauz, zugleich potent und unterwürfig." (S. 263) In der Entwicklung seit der Romantik sieht Fiedler die fiktiven Kinder besonders in drei Themenkomplexen auftauchen: das gute Kind als Erlöser in Rivalität zum bösen Erwachsenen als Verführer (z. B. bei Dickens: Oliver Twist und der Jude Fagin), die Initiation als „ein Fall durch Erkenntnis in die Reife" (S. 279) (bei Greene, James, Salinger) und — vor allem in der Gegenwart — die Beschmutzung (profanation) des Kindes (bei Faulkner, McCullers,

Capote, Nabokov). Fiedlers Essays haben eine Reihe von Anstößen gegeben, die in konventionelleren Abhandlungen weiter verarbeitet worden sind.

Im Vergleich zu Coveneys und Fiedlers Ansatz ist die Fragestellung aller übrigen Untersuchungen zur Kindheitsthematik, ob sie nun die englische, die amerikanische oder beide Literaturen betreffen, begrenzter. Wilhelmine Nievoll[10] geht bei ihrer Betrachtung von 60 englischen und 30 amerikanischen Erzählwerken aus der Zeit von 1930 bis 1948 der Frage nach, „inwiefern sich männliche und weibliche Autoren in der Darstellung des Kindes unterscheiden" (S. 2) und außerdem englische und amerikanische. Es bleibt aber zweifelhaft, von welchem Erkenntnisinteresse etwa die Ergebnisse sind, daß weibliche Autoren Familienbande und Gefühlsleben des Kindes betonen, männliche dagegen den alleinstehenden Kindertypus bevorzugen oder daß amerikanische Autoren Kinder eher in Problemzusammenhängen darstellen als englische.

Ein praktisches Interesse an der Beschäftigung mit Kindheitsdarstellungen dokumentieren zwei Berichte in einer Fachzeitschrift für den muttersprachlichen Unterricht in England. Zwei Dozenten, Edward Blishen[11] und Kenneth Watson[12], erläutern jeweils eine Liste von Büchern, mit deren Hilfe sie Studenten in Grundfragen der Erziehungswissenschaft einführen. Gegen solch eine Nutzung literarischer Darstellungen als anthropologische Modelle lassen sich unter historischem wie literaturwissenschaftlichem Aspekt Einwände vorbringen; aber in Anbetracht des offensichtlichen Erkenntnis- und Motivationswertes der Methode wiegen derartige Einwände nicht schwer.

Der als englischer Jugendbuchautor bekannt gewordene Wallace Hildick verfolgt ein praktisches Interesse anderer Art. Im ersten Kapitel seines Buches „Children and Fiction" (1970)[13] erörtert er anhand von Auszügen aus der Erwachsenenliteratur (Dickens, Twain, Joyce, Baldwin u. a.), wie der Erzählzusammenhang fiktiver Kinder aussehen muß, daß sich junge Leser mit ihnen identifizieren können. Zu den unsystematisch aufgereihten Ergebnissen gehört etwa: Reichtum an konkreten Details, Appell an die Neugier, Improvisationsfähigkeit der Charaktere, humorvolle Darstellung der Erwachsenen. (S. 29).

2. Zur englischen Literatur

In der Zeit zwischen der Jahrhundertwende und dem zweiten Weltkrieg scheinen die Kindergestalten der englischen Literatur mehrere deutsche Doktorväter bewegt zu haben. Was aber in deren Auftrag über sie geschrieben wurde, ist heute höchstens noch von stofflichem Interesse. Folgender summarischer Hinweis möge genügen[14]: 6 Dissertationen behandeln Kindergestalten von Shakespeare bis zur Gegenwart, 3 die moderne Jugend im Spiegel der Literatur, 2 den Generationenkonflikt in neueren Werken und eine die Mutter-Kind-Beziehung im Roman des 18. und 19. Jahrhunderts. Eine amerikanische Dissertation über englische Kindheitsdarstellungen zwischen 1557 und 1798 läßt sich noch hinzufügen.[15]

Zwei Dissertationen der sechziger Jahre dokumentieren die allmähliche Herausbildung eines realistischen, und das heißt individualisierenden, Kinderbildes im 18. und 19. Jahrhundert. Gerda Gamerdinger[16] weist für das 1. Jahrhundert der Romanliteratur in England nach, daß, trotz einer unverkennbaren Entwicklung vom modellhaft gezeichneten zum differenzierteren Charakter, die Kindergestalten noch keineswegs als wirklichkeitsgetreu gelten können, ging es doch auch den Autoren im Sinne der zeitgenössischen Philosophie darum, planvoll geformte Menschen darzustellen. Jürgen Graebel[17] sieht in den frühviktorianischen Romanen zwei Einflüsse zusammenkommen: den der Erzählliteratur des 18. Jarhunderts mit ihrem Bild vom „Erwachsenen in Kindergestalt" und den der Romantik mit ihrer Auffassung von der „original innocence". Über diese Einflüsse hinaus weisen der Held von Dickens' „Great Expectations" (1860) als erstes ‚echtes' Kind in der englischen Literatur und die psychologisch gezeichneten Kleinkinder besonders bei George Eliot. Methodisch sind die beiden Dissertationen sehr verschieden. Während Gamerdinger nach systematischen Gesichtspunkten die „stilistische Ausprägung der Thematik ‚Kind' " (S. 46) untersucht und dabei in Kauf nimmt, daß sich die Ganzheit der Figuren in statistischen Daten auflöst, reiht Graebel Einzelstudien zu 14 Autoren aneinander, die oft allzu nahe im Inhaltlichen bleiben.

Ekkehard Spann[18] hat den methodischen Ansatz Gamerdingers noch weiterentwickelt. Sämtliche Werke von acht zeitgenössischen Autoren (Greene, Wilson, Wain, Amis, Murdoch, Golding, Braine, Sillitoe) werden „deskriptiv und quantitativ zählend" (S. 9) im Hinblick auf die Darstellung des Kindes ausgewertet, und zwar unter den drei Kategorien „mediale Funktionen", „strukturelle Bedeutung" und „sprachliche Ausprägung". Wenn die statistische Methode in bezug auf die typisierten Kinderdarstellungen des 18. Jahrhunderts einige Berechtigung haben mag, so gerät sie bei der Anwendung auf gegenwärtige Literatur in krassen Widerspruch zu ihrem Gegenstand, den Spann zusammenfassend benennt als „das Kind konkret und individualisiert als ein von Leben erfülltes Wesen" (S. 150). Von erzähltechnischem Interesse ist der Teil zur strukturellen Bedeutung der Kinderfiguren (S. 48–73). Die Zusammenfassung bestätigt die Ergebnisse von Jens und Söntgerath.[19]

Am ehesten läßt sich vielleicht der Untersuchung Spanns ein Wert abgewinnen, wenn man sie als Bezugsrahmen für traditionellere Werkinterpretationen versteht. So könnte etwa Raimund Borgmeiers Interpretation von fünf Kurzgeschichten zeitgenössischer Autoren[20] (Wain, Wilson, Sillitoe, Samson, O'Connor) mit Spanns Analyse in Zusammenhang gebracht werden, zumal drei der Geschichten auch dort berücksichtigt sind. Borgmeier konstatiert eine Affinität zwischen Kindheitsthematik und Kurzgeschichtenform und betont an den untersuchten Texten „die ausdrückliche Darstellung der Auseinandersetzung des Kindes mit der Erwachsenenwelt gegenüber einer mehr immanenten Zeichnung der Kinderwelt" (S. 120), wie er sie bei früheren Autoren, namentlich Katherine Mansfield, sieht. Borgmeiers Auffassung, daß die Aussagemöglichkeiten der modernen Autoren gegenüber denen Katherine Mansfields weiter entwickelt worden seien (S. 119), kann hier nicht geteilt werden.

Nachdem nun hinsichtlich der Untersuchungen wie der untersuchten Literatur die Gegenwart erreicht ist, sei, kurz zurückblickend, noch auf eine Spezifizierung des Kindheitsthemas hingewiesen: das Schulthema. Eine ältere englische Arbeit dazu, „The School in English and German Fiction" (1934) von W. R. Hicks[21], ist kaum mehr als Stoffsammlung; eine neuere amerikanische aber, die der literarischen Spiegelung des historisch einflußreichsten englischen Schultyps nachgeht, „Old School Ties: the Public Schools in British Literature" (1964) von John R. Reed[22], enthält aufschlußreiche Werkanalysen sowie geistes- und sozialgeschichtliche Bezüge.

3. Zur amerikanischen Literatur

In der amerikanischen Literatur scheint die schon erwähnte Figur des „bad boy", des bösen Buben mit Herz, von besonderem Interesse für literaturhistorische Untersuchungen zu sein.[23] John Peter Hinz[24] zeigt in seiner Dissertation von 1959, daß dieser Typus, den er wie Fiedler für ein Selbstbild der Amerikaner hält, aus Elementen von Büchern wie Davy Crocketts Autobiographie und Egglestons „The Hoosier Schoolmaster" entstand, mit Aldrichs „Story of a Bad Boy" 1870 ins allgemeine Bewußtsein trat und in Mark Twains Tom Sawyer und Huckleberry Finn seine nicht mehr zu überbietenden Verkörperungen fand. Nachgewirkt habe er noch bis auf die Jungengestalten bei Hemingway (Nick Adams) und Faulkner (Ike in „The Bear").

Dieser motivgeschichtliche Überblick wird durch Albert E. Stones exemplarischen Beitrag zum entscheidenden Autor, Mark Twain, bestätigt und differenziert.[25] Stone untersucht alle Kindergestalten bei Mark Twain, auch die historischen. Von allgemeinerer Bedeutung ist dabei sein Nachweis, daß Tom Sawyer zwar über die moralisch konzipierten Kindergestalten eines Hawthorne hinausragt, aber als der bei allem Mutwillen Anpassungsbereite ein Kind seiner Zeit ist, Huckleberry Finn dagegen als ein Urbild des Unangepaßten auf die Moderne vorausweist bis hin zu Salingers „Catcher in the Rye".[26]

Neben Mark Twain — das ging schon aus Coveneys Studie hervor — ist vor allem Henry James für die Darstellung von Kindern in der amerikanischen Literatur bedeutsam geworden. Seine jugendlichen Personifizierungen der Auffassung von der Unschuld des Amerikaners, „des relativen Zustands geistiger Unschuld bei meinen Landsleuten"[27], sind oft analysiert worden, am umfassendsten von Muriel G. Shine.[28] Die Verfasserin, die eine detaillierte Untersuchung der wichtigsten Themenkomplexe in den Kindheitsdarstellungen durchführt, einschließlich der Erziehungsvorstellungen des Autors, kommt zu dem Ergebnis, daß das Moderne von James' Heranwachsenden in ihrer Darstellung als „Gefäßen des Bewußtseins" (S. 176) liege.

Henry James' Mädchengestalten und Mark Twains Huckleberry Finn sind signifikante Beispiele dafür, daß die beherrschende Figur der amerikanischen Literatur nicht so sehr das Kind ist als vielmehr der Jugendliche. Das Thema vieler Erzählwerke ist die schockartige Erfahrung, die einen Jugendlichen zum Erwachsenen werden läßt, im Amerikanischen meist als „initiation" bezeichnet. Unter Aufarbeitung einer Fülle schon vorliegender Studien hat Peter Freese[29] in gattungstheoretischer Absicht Mermale und Tradition eines Romantyps aufgezeigt, den er „Initiationsreise-Roman" nennt. „Der Protagonist des Initiationsreise-Romans ist ein Jugendlicher meist männlichen Geschlechts, der altersmäßig etwa in die Gruppe der Zwölf- bis Zwanzigjährigen gehört und dessen Wandlung ... vom Kind oder Jugendlichen zum Mann im Verlauf seiner Reise zum entscheidenden Teil ... wird. Diese Entwicklung realisiert sich in ihrer umfassenden Form auf einer psychischen, sozialen und religiösen Ebene ... Sie bewirkt eine so grundlegende existentielle Veränderung, daß sie wie ein Tod des alten und eine Wiedergeburt eines neuen Menschen erscheint." (S. 175) Wie die Altersangabe erkennen läßt, ist die menschliche Entwicklungsphase, die im Mittelpunkt von Freeses Arbeit steht, nicht identisch mit der, auf die sich dieses Studienbuch bezieht. Aber der Übergang zwischen den beiden Phasen, nämlich Kindheit und Jugend, ist derart fließend, daß auch Untersuchungen der Kindheitsdarstellungen in der amerikanischen Literatur von Freeses

Studie profitieren können. So geht etwa die exemplarische Interpretation von „The Catcher in the Rye" im Schlußteil des Buches auf das Bild der Kindheit ein, wie es für Salingers Roman eine wichtige Rolle spielt. In der Weite des historischen Überblicks und in dem Reiz der kritischen Einblicke kann dieses Buch am ehesten der eingangs referierten Studie Peter Coveneys an die Seite gestellt werden.

Anmerkungen

1 Ekkehard Spann: ‚Problemkinder' in der englischen Erzählkunst der Gegenwart. Diss. Tübingen 1970.
2 Peter Freese: Die Initiationsreise. Studien zum jugendichen Helden im modernen amerikanischen Roman. Kieler Beiträge zur Anglistik und Amerikanistik. Bd. 9. Neumünster: Karl Wachholtz 1971.
3 Peter Coveney: The Image of Childhood. The Individual and Society: A Study of the Theme in English Literature. Rev. Ausg. Harmondsworth / Middlesex: Penguin 1967.
4 Ivy Pinchbeck/Margaret Hewitt: Children in English Society. Bd. 1: From Tudor Times to the Eighteenth Century. London: Routledge & Kegan Paul 1969.
5 Richard L. Rapson: "The American Child as Seen by British Travelers, 1845–1935." American Quarterly. 17 (1965). S. 520–534.
6 Gillian Avery: Nineteenth Century Children. Heroes and Heroines in English Children's Stories, 1780–1900. London: Hodder & Stoughton 1965.
7 Monica Kiefer: American Children through their Books, 1700–1835. Philadelphia: University of Pennsylvania Press 1948.
8 Einen ähnlichen Zusammenhang sieht schon Theodor W. Adorno in seiner Deutung einer berühmten Kinderfigur von Dickens, der kleinen Nell, in: „Rede über den ‚Raritätenladen' von Charles Dickens", zuerst erschienen in der Frankfurter Zeitung vom 18.4.1931, nachgedruckt in Theodor W. Adorno: Noten zur Literatur IV. Frankfurt/M.: Suhrkamp 1974. S. 34–44.
9 Leslie Fiedler: No! in Thunder. Essays on Myth and Literature. Boston: Beacon Press 1960. S. 251–291.
10 Wilhelmine Nievoll: Die Darstellung des Kindes in modernen englischen und amerikanischen Romanen und Erzählungen. Diss. Graz 1951.
11 Edward Blishen: "English for Education Students." The Use of English. 18 (Winter 1966). S. 99–105. — Blishen nennt — zur Thematik ‚Lehrer und Kind in der Literatur' — entsprechend dem Einsatz in einem Kurs folgende Werke in Original oder englischer Übersetzung: Goldings „Lord of the Flies", das Vorwort zu Shaws „Misalliance", Butlers „The Way of All Flesh", Lawrences „The Rainbow", Hughes' „A High Wind in Jamaica", „Lore and Language of School-children" von den Opies, Tolstois „Childhood, Boyhood and Youth", Turgenjews „Fathers and Sons", Fourniers „The Lost Domain", Layes „The Dark Child" und George Eliots „The Mill on the Floss".

12 Kenneth Watson: "The Child in Literature". The Use of English. 20 (Autumn 1968). S. 25–29. — Watson nennt nur drei Werke: Goldings „Lord of the Flies", Careys „Charley is My Darling" und Twains „Huckleberry Finn".

13 Wallace Hildick: Children and Fiction. A Critical Study in Depth in the Artistic and Psychological Factors Involved in Writing Fiction for and about Children. London: Evans 1970. S. 7–29.

14 Nachweis der Titel bei Spann, S. 1–4.

15 Spann, S. 1.

16 Gerda Gamerdinger: Das Kind in der englischen Prosa des 18. Jahrhunderts. Eine vergleichende Untersuchung zur sprachlichen Gestaltung. Diss. Tübingen 1963.

17 Jürgen Graebel: Die Kindergestalten im frühen viktorianischen Roman. Unter besonderer Berücksichtigung ihrer Entwicklung zur Persönlichkeit. Diss. Göttingen 1965.

18 Vgl. Anm. 1.

19 Vgl. den Literaturbericht unter 4.1.

20 Raimund Borgmeier: „Welt im Kleinen. Kinder als Zentralcharaktere in der modernen englischen short story." Poetica. 5 (1972). S. 98–120.

21 W. R. Hicks: The School in English and German Fiction. London: The Socino Press 1934.

22 John R. Reed: Old School Ties: the Public Schools in British Literature. Syracuse University Press 1964.

23 Vgl. hierzu auch Rainer Hagen: Kinder, wie sie im Buche stehen. München: List 1967. S. 36–52.

24 John Peter Hinz: Restless Heir: the Boy in American Fiction. Diss. Columbia University 1959. Dissertation Abstracts. 20 (1959/60) S. 3727–28. — Vgl. auch Ders.: "Huck and Pluck: ‚Bad' Boys in American Fiction." South Atlantic Quarterly. 51 (1952). S. 120–129.

25 Albert E. Stone: The Innocent Eye. Childhood in Mark Twain's Imagination. New Haven/Conn.: Yale University Press 1961.

26 Vgl. bes. das letzte Kapitel "Mark Twain's Tradition". Stone, S. 264–279.

27 Zit. nach Freese, S. 39.

28 Muriel G. Shine: The Fictional Children of Henry James. Chapel Hill: University of North Carolina Press 1969. — Vgl. auch Tony Tanner: "The Literary Children of James and Clemens." Nineteenth Century Fiction. 16 (1961/62). S. 205–218 („James glaubte, daß der Gewinn der Reife den Verlust der Unschuld wert sei, Clemens nicht." S. 217). — Außerdem: Albert E. Stone: "Henry James and Childhood: ‘The Turn of the Screw'." In: American Character and Culture. Hrsg. v. John A. Hague. De Land/Florida 1964. S. 85–100.

29 Vgl. Anm. 2.

4.4. Untersuchungen zur französischsprachigen Literatur

Der folgende Bericht bezieht sich im wesentlichen auf die umfassende Darstellung von Marie-José Chombart de Lauwe: „Un monde autre: l'enfance — de ses représentations à son mythe."[1] Dieses 1971 erschienene, im „Centre d'Ethnologie Sociale et de Psychosociologie" mit Unterstützung des „Centre National de la Recherche Scientifique" (C. N. R. S.) entstandene Buch arbeitet die voraufgehende Literatur so gut auf, daß wir sie hier nur kurz erwähnen.

Etwa gleichzeitig sind zwei Arbeiten über das Kind in der Literatur erschienen: Jean Calvet: „L'enfant dans la littérature française" (1930)[2] und Aimé Dupuy: „Un personnage nouveau du roman français, l'enfant" (1931).[3] Während Calvet in seinem Buch eine Typologie der Kinder versucht, unterscheidet Dupuy bestimmte Themen. Beiden geht es dabei auch um eine ästhetische Bewertung der Romane, eine Fragestellung, die M.-J. Chombart de Lauwe völlig ausklammert. A. Brauner versucht in seinem Buch „Nos livres d'enfants ont menti" (1951)[4] eine historisch orientierte Typologie, doch geht es ihm im wesentlichen um eine Kritik der Bücher für Kinder, weniger um Bücher über Kinder. Eine neuere Arbeit, die thematisch der hier besprochenen sehr ähnlich ist, ist Max Primault/Henry Lhong/Jean Malrieu: „Terres de l'enfance. Le mythe de l'enfance dans la littérature contemporaine" (1961).[5] Das Buch ist unterteilt nach Romanen (Autoren wie Alain Fournier, Henri Bosco, Jean Cocteau, Jean Giraudoux, Valéry Larbaud), Gedichten (Arthur Rimbaud, Paul Eluard, Saint-John Perse, Léon-Paul Fargue u. a.) und von Kindern selbst verfaßten Gedichten. Die Autoren werden einzeln vorgestellt, es fehlt jedoch eine systematische Darstellung dessen, was den Mythos der Kindheit ausmacht.

Eben diese systematische Darstellung bietet das Buch von M.-J. Chombart de Lauwe. Für sie ist die Literatur, wie sie ausdrücklich betont, nicht der Gegenstand der Untersuchung, sondern eine Materialsammlung, aus der sie das Bild des Kindes in der französischen Gesellschaft zu entwickeln sucht. Die literarischen Werke, die sie analysiert, werden daher auch nicht einzeln besprochen, sondern die entsprechenden Belege werden unter systematischen Gesichtspunkten zusammengestellt. Da leider ein Register fehlt, ist es für den Leser, der nach einem bestimmten Buch sucht, schwer, sich zurechtzufinden.

Wie der Titel bereits andeutet, geht es der Verfasserin nicht nur um eine Analyse der Kindheitsdarstellungen und ihrer Bedeutung, sondern auch um die Frage, wieweit man von einem Mythos der Kindheit sprechen kann. Mit dieser Fragestellung steht sie in der Nachfolge von Roland Barthes, der sich in seinem Buch „Mythologies" (1957)[6] mit der Entstehung moderner Mythen in Frankreich beschäftigt hat. Sie übernimmt Barthes' Unterscheidung von Objektsprache (langage-objet), die den Inhalt des Mythos ausdrückt, und Metasprache (méta-langage), die die dahinterstehende Aussage macht.[7] Für die dargestellte Kindheit heißt das, daß aus der Sprache über das Kind (langage sur l'enfant), der Objektsprache, eine Sprache entsteht, die das Kind zum Ausgangspunkt nimmt (langage à partir de l'enfant), eine Metasprache also, die etwas darüber Hinausgehendes ausdrückt. So entstehen in der Gesellschaft aus Bildern und Darstellungen des Kindes mythische Vorstellungen.

Um diese Behauptung zu beweisen, hat die Verfasserin Kindheits-darstellungen der letzten hundert Jahre, d. h. aus der Zeit von 1850 bis 1968, untersucht. Sie bezieht sich hauptsächlich auf Romane und Autobiographien, in zweiter Linie auch auf Filme. Die zeitliche Beschrän-kung begründet sie damit, daß erst ab der Mitte des 19. Jahrhunderts das Kind eine wichtige Rolle in der Literatur zu spielen beginnt. Bis Ende des 18. Jahrhunderts erschienen kaum Kinder in literarischen Werken, ja die Kindheit existierte gar nicht als eigenständiger Wert. Kinder waren unvollkommene Erwachsene. Die Verfasserin beruft sich hier auf zwei Untersuchungen über Kinder im ‚Ancien Régime': einmal auf das 1960 erschienene, historisch vorgehende Buch von Philippe Ariès: „L'enfant et la vie familiale sous l'Ancien Régime", das 1975 auch in deutscher Übersetzung mit einem Vorwort von Hartmut von Hentig erschienen ist[8]; zum andern auf das mehr pädagogisch orientierte Werk von Georges Snyders: „La pédagogie en France aux XVIIe et XVIIIe siécles" (1965).[9] Beide stellen die Behauptung auf: „ ‚Kindheit' hat es nicht immer gegeben — nämlich jener von uns wahrgenommene und wahrgemachte prinzipielle Abstand zwischen Erwachsenen und Kindern."[10]

Die 75 sehr genau untersuchten Werke werden befragt nach der Bedeutung der Kindheit in unserer Gesellschaft und dem daraus resul-tierenden Wertsystem. Die dialektische Beziehung von Kind und Erwach-senem zeigt das Kind entweder als Vorbild oder als Opfer. Vom Stand-punkt der Psychosoziologie, die sich mit der Interaktion zwischen Indi-viduum und Gesellschaft beschäftigt, unterscheidet die Verfasserin zwischen dem „authentischen", natürlichen, noch unverdorbenen Kind, das positiv, und dem angepaßten Kind, das negativ beurteilt wird.

Von dieser Typologie ausgehend, untersucht sie zunächst die „authen-tischen" Kindergestalten in der Literatur. Dabei stellt sie das symbolische, idealisierte Kind dem realistischen gegenüber. Es zeigt sich, daß beide bestimmte, immer wiederkehrende Charakterzüge haben. Das symbo-lische Kind z. B. ist zeitlos, echt, wahr, frei, hat direkten Zugang zu den Menschen und den Dingen, es ist verschlossen, nicht in die Gesellschaft integriert. Diesen Eigenschaften entsprechen bestimmte körperliche Merkmale: Es hat einen durchdringenden Blick, ein trauriges Lächeln, Stimme und Hände spielen eine wichtige Rolle. Das symbolische Kind repräsentiert den wahren Menschen, das wahre Leben und läßt eine bessere Welt ahnen.[11] Die realistischen Darstellungen zeigen gute und schlechte Eigenschaften des Kindes. Auf der einen Seite ist es ernst, stolz, mutig, auf der anderen gewalttätig, grausam, egozentrisch.[12] Dem „authentischen" Kind (l'enfant authentique) wird sodann das durch die Gesellschaft verformte (l'enfant-modelé) gegenübergestellt. Die Traumwelt als Zuflucht des Kindes und die Beziehungen der Kinder untereinander werden untersucht.

Im zweiten Teil des Buches geht es um die Beziehung des Kindes zu den Erwachsenen, im dritten um seine Stellung in der Gesellschaft, um Fragen des Milieus und der Sozialisation, im vierten schließlich um Sprache und Sexualität und um existenzielle Fragen wie Angst, Leiden, Tod, Glauben. Auch in diesen Teilen des Buches geht M.-J. Chombart de Lauwe mit minutiöser Genauigkeit vor. Sie sammelt sorgfältig Belege aus den von ihr untersuchten Werken, stellt sie zusammen und formuliert schließlich vorsichtig ihre Ergebnisse.

Aus dem so (auf 380 Seiten) gewonnenen Material versucht sie schließlich, die Gesamtheit der Darstellungen in ein kohärentes System zu bringen. Ihre These ist: Ein Mythos der Kindheit ist in der heutigen französischen Gesellschaft latent vorhanden. Um das zu beweisen, vergleicht sie die Struktur des Mythos mit den Kindheitsdarstellungen:
1. Im Mythos will die erzählte Geschichte etwas aussagen. Es existiert eine Meta-Sprache hinter der vordergründigen Objektsprache. Dem entspricht in den Kindheitsdarstellungen die Tatsache, daß das „authentische" Kind das eigentliche und bessere Wesen des Menschen bedeutet, von dem aus sich eine Einteilung der Welt in Gut und Böse ergibt.
2. Das Kind als Symbol für die Anfänge der Menschheit erinnert an die Schöpfungsmythen.
3. Symbolische Kinder haben außergewöhnliche Macht und außergewöhnliches Wissen. Sie haben direkte Verbindung mit den Menschen und den Dingen. Sie haben oft einen geheimnisvollen Ursprung. Und sie sehen Dinge, die den Erwachsenen nicht sichtbar sind. Damit nähern sie sich den Gestalten der traditionellen Mythen an.
4. Auch die Tatsache, daß sie sich räumlich oder zeitlich oft in einer „anderen" Welt befinden, erinnert an Mythen.

So kann M.-J. Chombart de Lauwe zusammenfassen: „Auf der inhaltlichen Ebene besitzt ein Teil der Kindheitsdarstellungen durchaus Eigenschaften der Mythen: dem Kind wird eine geheimnisvolle Kraft zuerkannt, es lebt in einer Zeit und/oder Welt, die sich von unserer gegenwärtigen, alltäglichen Welt unterscheidet. Auf der strukturellen Ebene hat die Analyse die Doppelschichtigkeit der Sprache deutlich gemacht und gezeigt, wie eine Erzählung über das Kind zu einer solchen wird, die über das Kind hinausführt. Damit hat sie eine mythische Struktur offengelegt. Darüber hinaus wird die Gesamtheit der Personen, der Elemente, der Institutionen durch ihre Beziehung zum Kind gewertet. Als Hauptgestalt bedeutet und zeigt dieses den eigentlichen Sinn der Menschen und der Dinge, wie gewisse Helden der Ursprungsmythen. All diese Dinge zusammengenommen verraten das Vorhandensein eines Kindheitsmythos in der französischen Gesellschaft, wie er seit einem Jahrhundert latent vorhanden ist, typisch für das gegenwärtige mythische Denken, das durch das Vernunftdenken stark eingeengt wird."[13]

Die Entwicklung dieses Mythos erklärt die Verfasserin historisch. Ende des 18. Jahrhunderts verliert das Ideal des rationalen Erwachsenen an Bedeutung, ihm wird der „natürliche", ursprüngliche, nicht durch die Zivilisation verdorbene Mensch entgegengesetzt. Dieser wiederum ist am reinsten im Kind repräsentiert.

Dieser latente Mythos ist gegenläufig zur Entwicklung der französischen Gesellschaft in den letzten hundert Jahren. Das Kind wird in ihm als Modell und Vorbild dargestellt. Dies führt unwillkürlich zum Vergleich von idealer und realer Welt. Die ideale Welt, da sie nicht mit der Realität übereinstimmt, wird in der Vergangenheit gesucht, und damit die Menschheitsgeschichte als Abstieg gewertet.

Die Verfasserin sieht in diesem mythischen Bild der Kindheit Gefahren für das reale Kind in der heutigen Gesellschaft:
— Das Kind wird in einer archaischen Welt erzogen (vgl. die Schulbücher, die noch das Bild einer bäuerlichen Gesellschaft zeigen).
— Es wird ihm nahegelegt, sich abzukapseln, nicht erwachsen werden zu wollen.

Doch kann der Mythos auch positive Auswirkungen haben:
— Er kann den Konflikt zwischen den Werten der Kindheit und den Normen der Gesellschaft deutlich machen und zu einer Veränderung der Verhältnisse anregen.
— Er kann dazu auffordern, die realen Bedingungen des Kindes zu verbessern und die Gesellschaft so zu verändern, daß Störungen in der Kommunikation, soziale Ungerechtigkeiten und Normen abgebaut und die schöpferischen Kräfte des Lebens geweckt werden.

257

1 M.-J. Chombart de Lauwe: Un monde autre: l'enfance — de ses représentations à son mythe. Paris: Payot 1971.
2 J. Calvet: L'enfant dans la littérature française. Paris: Lanore 1930.
3 A. Dupuy: Un personnage nouveau du roman français: l'enfant. Paris: Hachette 1931.
4 A. Brauner: Nos livres d'enfants ont menti. Paris: S. A. B. R. I. 1951.
5 M. Primault/H. Lhong/J. Malrieu: Terres de l'enfance. Le mythe de l'enfance dans la littérature contemporaine. Paris: P. U. F. 1961.
6 R. Barthes: Mythologies. Paris: Seuil 1957.
7 Die Unterscheidung zwischen Objektsprache und Metasprache macht Barthes auch in seiner Besprechung von Queneaus „Zazie dans le métro" (s. 2.2.2.).
8 Ph. Ariès: L'enfant et la vie familiale sous l'Ancien Régime. Paris: Plon 1960. Deutsche Ausgabe: Geschichte der Kindheit. Mit einem Vorwort von H. v. Hentig. München/Wien: Hanser 1975.
9 G. Snyders: La pédagogie en France aux XVIIe et XVIIIe siècles. Paris: P. U. F. 1965.
10 H. v. Hentig in: Ph. Ariès: Geschichte der Kindheit. S. 9 f.
11 Die wichtigsten Vertreter des symbolischen, authentischen Kindes, die in einem Anhang auch noch einmal ausführlich miteinander verglichen werden, sind Le Kid in Giraudoux' „Les aventures de Jérôme Bardini" (1930), der kleine Prinz in A. de Saint-Exupérys „Le Petit Prince" (1945), Patricia in J. Kessels „Le lion" (1958).
12 Zu den realistisch gezeichneten Kindern zählen selbstverständlich die aus dem Ende des 19. Jahrhunderts, also „Poil de Carotte" (1894) von J. Renard (s. 2.1.3.) und Jacques Vingtras in „L'Enfant" (1884) von J. Vallès. Außerdem nennt die Verfasserin die Kinder aus L. Pergaud: „La guerre des boutons" (1912) und aus V. Larbaud: „Enfantines" (1918), und in neuerer Zeit Josyane aus Ch. Rochefort: „Les petits enfants du siècle" (1961) und Queneaus „Zazie" (1959), deren Zuordnung nicht mit unserer Interpretation übereinstimmt (s. 2.2.2.). Außerdem fallen in diese Kategorie die Autobiographien von A. Gide: „Si le grain ne meurt" (1927), von M. Pagnol: „La gloire de mon père" (1958) u. a.
13 M.-J. Chombart de Lauwe: Un monde autre, S. 419.

Namenregister

261

Sachregister

Abenteuer 61, 82–85, 87, 89, 90, 93, 94, 107f., 109, 110, 118, 156, 239
Abgeschlossenheit der Generationen 166, 173
Aggression/Aggressivität 22f., 24, 80, 92, 103, 129, 131, 175, 179–181
Altersmundart s. Kindersprache
Altertum s. Antike
Amerika/Amerikaner 3, 182, 191, 204, 245, 247, 251f.
amerikanische Literatur 182, 232, 233, 235, 236, 245, 247, 250ff.
Angst 37, 44–47, 49, 54, 75, 86, 142, 146, 151, 152, 163–167, 169, 198, 225, 235, 240, 256
Anthropologie 1, 91, 134, 248
Antike 2, 95, 99, 102, 138, 237
Antisemitismus 186, 209
Arbeiterfamilie 22
Arbeiterklasse 209
Archetypen 86, 108f., 247
Argot 75, 214, 220, 222
Arzt 36, 38, 68, 86, 102, 127, 131
Astronaut 214
Außenseiter(in) 17, 18, 45, 63, 235
Autobiographie 4, 5, 9, 10, 95ff., 120, 128, 135–137, 159, 161, 209, 235, 239, 240, 243, 250, 255, 258
autobiographische Elemente (in fiktionaler Literatur) 16, 26, 43, 51, 53, 82f., 134f.

‚bad boy' 90, 235, 247, 250, 253
Bande 31, 34–37, 40, 88, 175, 177, 178, 209
Begabung 51, 53, 57, 60, 71, 121, 238, 242
Beobachtung (des Kindes) 145, 151–153, 231, 234
Bericht 11, 22, 33, 46, 47, 95, 217, 219
Bibliothek 104ff.
Bild s. Bildlichkeit
Bild der Kindheit (image of child-

hood) 1, 11f., 21, 70, 80, 92, 99, 119, 151, 152, 191f., 209f., 211, 231, 234, 245, 246ff., 252, 257
Bildlichkeit 11, 16, 19, 25f., 46f., 118, 165
Blumen 25, 108
Brief 137ff., 148, 149, 150, 159, 180, 215
Bruder 15, 39, 44, 48, 49, 62, 131, 133, 142, 167
bürgerliche Gesellschaft/Familie 22, 27, 28, 121, 152, 209

Christentum 122, 128, 130, 246

Detektivgeschichte 193, 197
deutsche Literatur 2, 5, 208, 233 bis 235, 237ff., 250
Deutschland 43, 137, 138, 235
Deutschunterricht 3, 157, 162ff., 180, 208, 242
Dialog 44–46, 58, 75, 183, 187, 188, 191, 193–195, 202, 205, 217, 219
didaktische Analyse 160, 164ff., 169ff., 192ff., 220ff.
Dingsymbol 18, 59
Diskriminierung 186, 191, 193, 196
Drama 3, 8, 43, 50, 116, 124, 125, 129, 133, 183, 237

Ehrgeiz 53, 54, 63, 231
Einfühlung(svermögen) 24, 37, 53, 106, 175, 183, 214, 216, 217
Einsamkeit 30–32, 36, 37, 53, 66, 86, 87, 166, 167, 235
Einzelkind s. Kind
Eltern 6, 7, 9, 17, 22, 26, 30, 31, 36, 38–41, 52, 57, 59, 88, 102, 121, 145, 163–167, 169, 173, 175, 177, 179–181, 183, 185, 193, 206, 207, 231, 235, 238, 241
Engagement 116, 119, 124, 129, 134, 135, 180, 201
England 15, 124f., 134, 248